YINGKE® 盈科

盈科全国业务指导委员会系列丛书

财产再保险合同的法律与实务

盈科律师事务所 / 编
汪鹏南　武东旭 / 著
邹志洪 / 审定

THE LAW AND PRACTICE OF PROPERTY & CASUALTY REINSURANCE CONTRACT

法律出版社 LAW PRESS · CHINA
北京

图书在版编目（CIP）数据

财产再保险合同的法律与实务 / 盈科律师事务所编 ；汪鹏南，武东旭著. -- 北京 ：法律出版社，2024

ISBN 978 - 7 - 5197 - 8628 - 1

Ⅰ. ①财… Ⅱ. ①盈… ②汪… ③武… Ⅲ. ①再保险－保险合同－保险法－中国 Ⅳ. ①D922.284

中国国家版本馆 CIP 数据核字（2023）第 247999 号

财产再保险合同的法律与实务
CAICHAN ZAI BAOXIAN HETONG DE FALÜ YU SHIWU

盈科律师事务所 编
汪鹏南 武东旭 著
邹志洪 审定

策划编辑 朱海波
责任编辑 朱海波 杨雨晴
装帧设计 汪奇峰 臧晓飞

出版发行 法律出版社
编辑统筹 法律应用出版分社
责任校对 邢艳萍
责任印制 刘晓伟
经　　销 新华书店

开本 710 毫米×1000 毫米 1/16
印张 23.5 **字数** 400 千
版本 2024 年 1 月第 1 版
印次 2024 年 1 月第 1 次印刷
印刷 固安华明印业有限公司

地址：北京市丰台区莲花池西里 7 号（100073）
网址：www.lawpress.com.cn
投稿邮箱：info@lawpress.com.cn
举报盗版邮箱：jbwq@lawpress.com.cn

销售电话：010 - 83938349
客服电话：010 - 83938350
咨询电话：010 - 63939796

书号：ISBN 978 - 7 - 5197 - 8628 - 1　　**定价**：86.00 元

凡购买本社图书，如有印装错误，我社负责退换。电话：010 - 83938349

本书编著者

汪鹏南 武东旭 著

邹志洪 审定

序 言

2023年是贯彻落实党的二十大精神、迈上全面建设社会主义现代化国家新征程的开局之年,党的二十大报告为我国保险业和再保险业的发展指明了方向。

我国已经是世界第二大保险市场,这为我国再保险业的发展提供了坚实基础,同时也提出了紧迫要求,特别是在涉及农业、核电、航空航天、首台(套)重大技术装备、新能源汽车、网络等巨灾风险以及环境污染责任保险、建设工程安全生产责任保险、建筑质量潜在缺陷保险等创新保险产品,再保险业对保险业的影响巨大。提高公共安全治理水平,推动公共安全治理模式向事前预防转型,提高防灾减灾救灾和重大突发公共事件处置保障能力,全面提升社会韧性,也需要再保险业发挥越来越大的作用。

我国坚持经济全球化正确方向,在大数法则基本原理驱动下,再保险天然具有全球化特征;再保险作为开展国际经济合作的重要手段以及联系国内和国际保险市场的桥梁,深度参与全球风险治理,我国再保险业必须强化与各国在产品技术、数字科技、标准规则等方面的密切交流和经验互鉴,逐步提高我国再保险业在全球再保险市场的规则制定权,解决好国内企业“走出去”面临的特殊风险隐患,为全面提高我国对外开放水平保驾护航。

为了与我国快速和高质量发展的再保险业和不断增多的再保险司法实践相适应,我国亟须秉承开放心态,对我国再保险法作出全面的法学理论探索和总结。当汪鹏南、武东旭两位长期关注再保险法的朋友,在2022年年初告诉我他们的写作计划,并邀请我对他们的书稿提出审核意见时,我便欣然接受,而且很享受同他们一起创作和交流的过程。

《财产再保险合同的法律与实务》一书简明扼要地系统介绍了再保险在合同法层面的基本概念体系，紧密结合《民法典》对合同的一般法律规定、再保险合同的特殊性、再保险合同实务、相关国际惯例和我国已有的再保险法案例，并借鉴了在再保险合同法方面具有重要影响的英美普通法，为中文读者准确了解再保险合同法律与实务的全貌开了一扇方便之门。我乐意把这本书推荐给我国保险业的从业人员和其他对再保险法有兴趣的同仁。

邹志洪

2023 年 9 月 27 日于北京

目录

第一章

再保险的基本法律概念

第二章

再保险合同的订立

第三章

再保险合同的效力、保全、变更和转让

第四章

再保险合同的履行

附录

第一章

再保险的基本法律概念

第一节 绪　　论

一、再保险的起源和定义

最早可追溯的再保险(Reinsurance)合同出现在1370年7月12日,①该份以拉丁语订立的合同约定,保险人将一段航程的货物运输风险转移给另外一个保险人。该合同已经基本符合现代再保险合同的定义,但由于种种原因,此后300余年保险业和再保险业的发展都比较缓慢。直到1666年,发生在英国伦敦的大火灾才促进了现代保险业的兴盛。此后与再保险有关的立法不断出现在英国、法国、德国、比利时和意大利等欧洲主要国家,1842年发生在汉堡的大火灾直接催生了世界上第一家专业再保险公司——科隆再保险公司(Cologune Reinsurance Company)。1852年,科隆再保险公司签订了第一份再保险合同,此后再保险发展进入"快车道",1863年瑞士再保险公司(Swiss Re)成立,1880年慕尼黑再保险公司(Munich Re)成立。之后,世界各地相继出现再保险公司。再保险行业从此伴随着人类社会经历了1906年旧金山大地震、1914~1918年第一次世界大战、1918年流感大流行和1939~1945年第二次世界大战等。第二次世界大战后,随着第三次和第四次工业革命,人类社会经历了史无前例的快速发展,大型灾害和事故的影响也急剧放大。这些大型事故和灾害对于保险和再保险行业提出了更高的要求,再保险合同也更加专业化、体系化和规范化,最终发展成为现代保险合同体系中一个重要的分支。

在我国,普遍认为我国现代意义上的再保险大致兴起于20世纪初期,早期国内保险公司在上海将风险分出到海外市场,后来陆续有经营再保险的国内保险机构产生,例如1929~1930年的"上海四行联合水火保险公司总经理处",承

① David M. Holland, A Brief History of Reinsurance Reinsurance News Special Edition, p. 8 (2009).

继前者于1930～1933年运营的"中国联合保险总经理处"。1933年6月,在"中国联合保险总经理处"的基础上由九家保险公司发起、在上海创办华商联合保险有限公司(United Insurance Company of China Limited),这是中国近代的第一家专业再保险公司。[①] 此后受战争影响,再保险业发展缓慢。1949年10月,中国人民保险公司成立,实行国内业务不办理再保险、国际再保险业务实行国家垄断经营的再保险政策。[②] 当时国际再保险业务以船舶保险和海洋货运保险为主,保险公司设置海外业务室经营国外保险和再保险业务,与苏联、捷克、匈牙利、保加利亚等社会主义阵营国家建立再保险业务关系,通过再保险经纪公司签订分出外币海洋货运险合约,并与英国劳合社(Lloyd's)建立业务关系。[③] 1951年"海后轮"和1963年"跃进轮"发生损失,再保险及时摊回大量赔款,为国民经济恢复、外汇储备积累作出了巨大贡献。1979年,国内恢复保险业务以后,再保险行业重获新生。1996年,中国人民保险公司(The People's Insurance Company of China Limited,PICC)改组为中国人民保险(集团)公司(后又恢复为中国人民保险集团公司),新中国成立后第一家专业再保险公司——中保再保险公司(以下简称中再)成立,此后中再从中国人民保险公司中分离,并在2007年改组为股份有限公司,目前已经是亚洲最大、全球第八大专业再保险公司。[④] 2017年,人保集团设立人保再保险股份有限公司(PICC Re)[⑤]。2001年,伴随着中国加入世界贸易组织,外国再保险公司通过合资企业、分支机构和子公司等形式开始在中国经营再保险业务。

对于再保险,最通俗的理解就是保险公司的保险。1799年,英国法官帕克(James Allen Park)在其《海上保险法的法律体系》一书中,将再保险定义为:"根据英格兰法律,再保险是一种合同。原保险人通过这个合同,将自己不当承保所

---

① 参见盛和泰、江生忠编著:《再保险商业逻辑与创新》,南开大学出版社2019年版,第60页。

② 参见盛和泰、江生忠编著:《再保险商业逻辑与创新》,南开大学出版社2019年版,第62页。

③ 参见《中再集团改革发展回顾与展望:回眸七十载 护航新时代》,载人民网2019年10月25日,http://ccnews.people.com.cn/n1/2019/1025/c141677-31420817.html。

④ See *Top 50 Global Reinsurance Groups*, Reinsurance News, https://www.reinsurancene.ws/top-50-reinsurance-groups/.

⑤ 参见中国再保险(集团)股份有限公司,www.chinare.com.cn和人保再保险股份有限公司,www.piccre.com.cn。

带来的风险转移给其他保险人。"[①]此后,英国的法官在不同判例中不断修正和调整再保险的定义。目前,常见的再保险法理论认为,再保险合同是再保险分出人根据合同约定,向再保险接受人支付保费,再保险接受人对于合同约定的原保险或再保险风险造成的损失承担赔偿责任的合同。[②] 该定义中包含了再保险合同的两个要素:再保险合同的保费和承保范围(covered perils)。这里的保险责任包括再保险人对原保险(转移)风险或再保险(进一步转移)风险造成的损失所承担的赔偿责任,即再保险责任或再保险的转分保责任。

"保险人将其承担的保险业务,以分保形式部分转移给其他保险人的,为再保险。"这是我国《保险法》第 28 条第 1 款给"再保险"所下的定义。用"分保"(Cession)来定义再保险,难免循环定义。原中国银行保险监督管理委员会(以下简称原银保监会[③])制定的 2021 年 12 月 1 日起施行的《再保险业务管理规定》与 2005 年《再保险业务管理规定》均在第 2 条第 1 款规定:"本规定所称再保险,是指保险人将其承担的保险业务,部分转移给其他保险人的经营行为。"可见,再保险(法律用语)与分保(业务用语)大致是同义的。

再保险合同指保险人将其承担的保险业务,部分转移给其他保险人而订立的保险合同。《保险法》和《再保险业务管理规定》的上述定义都明确了两点:一是再保险法律关系发生在"再保险分出人"(Cedant)与"再保险接受人"(Reinsurer)之间,是一个独立的合同关系,《保险法》第 29 条的规定进一步说明了这一点;二是再保险分出人只能将其承担的保险业务部分转移给再保险接受人。

本书将"再保险分出人"简称为"分出人"或"原保险人"(primary insurer, direct insurer),将"再保险接受人"简称为"再保险人"。

根据《再保险业务管理规定》第 2 条第 2 款,再保险与"原保险"(Original

---

① James Allen Park, *A System of the Law of Marine Insurances*, Second American Edition From the Latest English Edition, Boston, Massachusetts: Thomas and Andrews, David West, John West, 1799; http://books.google.com, p. 276 -277.

② 此处引用的是国际统一私法协会(UNIDROIT)项目组撰写的《再保险合同法通则》(Principles of Reinsurance Contract Law 2019)再保险合同定义:"Contract of reinsurance" means a contract under which one party, the reinsurer, in consideration of a premium, promises another party, the reinsured, cover against the risk of exposure to insurance or reinsurance claims。

③ 2023 年 5 月 18 日在其基础上组建成立中国国家金融监督管理总局。

insurance, primary insurance, underlying insuranc, 也称“直接保险”Direct insurance)相对应。

再保险人将其接受分入的保险业务,又部分转向其他保险人投保的行为,称为“转分保”(Retrocession,Retrosurance),形成“转分保分出人”(Retrocedant)与“转分保接受人”(Retrocessionair)之间的再保险合同关系①,如此可以进一步分散风险。

分出人的主要义务是支付再保险费(Reinsurance premium),作为对价,再保险人在约定的“损失”(Loss)发生时,对分出人予以赔偿,称为“再保险摊赔”或“再保险理赔”(Reinsurance recovery, Reinsurance claim)。

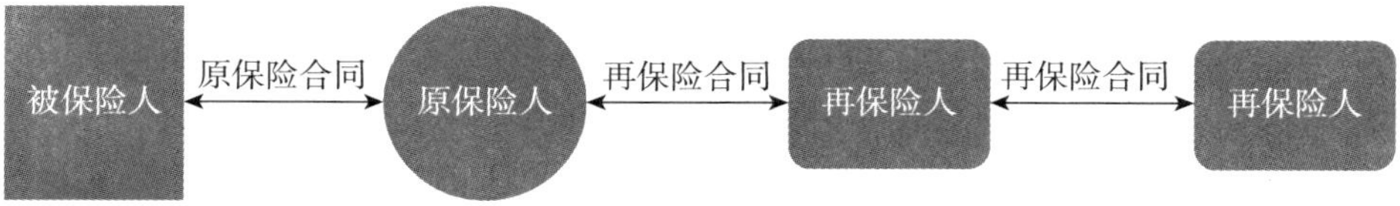

图 1-1 保险和再保险合同链

二、再保险的功能和特点

现代各国保险业都离不开再保险,即通过保险公司之间办理再保险来实现风险分散。从分出人的角度看,经营直接保险业务的保险公司和经营再保险业务的保险公司都可以借此来实现下列目标:(1)分散风险,平衡业务总体组合状况;(2)控制分出人责任,提高业务稳定性;(3)扩大承保能力,增强经营能力;(4)降低经营成本,提高经营效益;(5)解决资本管理问题,提高资本管理效益;(6)引进技术和服务,实现互利共赢。此外,在不同市场,根据法律和监管规定,还有可以获得参与涉及公共利益风险管理、②税负管理、“未了责任转移”

---

① 再保险人除了向其他再保险人转移风险,当前国际巨灾实务中,再保险人还可以向国际资本市场转移风险。具体转移风险的合同形式包括巨灾债券合同(Cat bond agreement)、再保险边车合同(Sidecars)、再保险行业损失保证合同(Industry loss warranty)、抵押再保险(Collateralized Reinsurnace agreement)等。

② 《再保险业务管理规定》(2021修订)(中国银行保险监督管理委员会令2021年第8号),第7条规定:“中国银行保险监督管理委员会(以下简称银保监会)鼓励保险人、保险联合体和保险经纪人积极为农业保险,地震、台风、洪水、突发公共卫生事件等巨灾保险和国家重点项目提供保险及再保险服务。”

(Portfolio Transfer)等益处。

《保险公司偿付能力监管规则(Ⅱ)》是原中国保险监督管理委员会(以下简称原保监会)、原银保监会实施的保险业监管标准。保持偿付能力是对保险公司的最重要法定要求之一,[①]《保险法》第86条规定了偿付能力报告,第101条规定了最低偿付能力,第137条规定了对偿付能力的监管体系。再保险是保险公司偿付能力管理的重要内容之一。

从再保险人的角度看,再保险业务的目标通常包括:(1)通过再保险分出人参与保险经营,获得经营收益;(2)充分运用自身承保能力,通过业务组合变化(Portfolio Diversification)来分散风险,稳定业务成绩;(3)积累保险资金,参与资本管理;(4)获得交换保险业务(Reciprocity);(5)提高行业和社会风险管理水平,实现企业在环境、社会和公司治理方面的价值。有些保险公司以再保险为其核心保险业务,即再保险公司,如瑞士再保险公司(Swiss Re)、慕尼黑再保险公司(Munich Re)和中国再保险公司(China Re)等。[②]

综合来看,再保险行业积累了丰富的风险知识和防损防灾(风险减量)技术及创新能力,对整个社会和经济的重要性已经得到广泛认可,受到包括我国在内的大多数国家的高度重视。[③]

由于再保险是同业之间的业务,而且以长期业务为主,故特别考验保险人的专业能力和信誉。再保险经营受到我国国内各保险公司的高度重视,[④]但在法律层面的着力尚显不足。

通过分保和转分保,对人民生命和财产造成巨大损害的自然灾害和人为事故的损失实际上是在全球保险公司之间分担的。表1-1是2001年"9·11事件"中保险损失赔款来源[⑤],从中读者不仅可以看到再保险在这样一起事件中发挥的举足轻重的作用,也可以一窥再保险通过全球不同市场分散风险的作用。因为再保险有强烈的国际性和开放性,[⑥]故国内保险公司也需要了解西方主要

① 参见李玉泉:《保险法》(第3版),法律出版社2019年版,第317~322页。

② Mike Spice & Paul Phillipson, *Reinsurance*, M97/April 2023, CII, 2023, Chapter. 1, p. 14.

③ See Swiss Re, *The Essential Guide to Reinsurance*, SR, 2013, p. 8-21, 46-48.

④ 参见新华社:《上海再保险"国际板"正式启动》,载中国政府网2023年6月8日,https://www.gov.cn/govweb/lianbo/difang/202306/content_6885302.htm。

⑤ Stephen Catlin, *Risk & Reward*, Iskaboo Publishing Ltd., 2017, p. 249.

⑥ See Swiss Re, *The Essential Guide to Reinsurance*, SR, 2013, p. 8-21, 46-48.

保险市场的再保险经营习惯和规范。

表 1－1 2001 年“9·11 事件” 保险损失

	赔偿金额(百万美元)	比例
美国各家原保险公司	5659	21.1%
美国各家再保险公司	4109	15.3%
欧洲各家原保险公司	3865	14.4%
欧洲各家再保险公司	5506	20.5%
百慕大各家再保险公司	2479	9.2%
劳合社的各个辛迪加	2844	10.6%
日本各家再保险公司	2388	8.9%
总计	26,850	100%

注:图示来自 Dowling & Partners,金额为当年金额。

三、再保险的经营管理

再保险分出人通常包括经营直接保险业务的商业保险公司、相互保险公司和组织(Mutual Insurance Company/Associations/Entities)、自保公司(Captive)、劳合社辛迪加[①](Lloyds syndicates)、伊斯兰相互担保保险公司(Takaful Insurance)、再保险公司、共保体[如美国国家洪水保险计划(The National Flood Insurance Program, NFIP);再如美国加州地震局(California Earthquake Authority,CEA)]等。

再保险的接受人主要有专业商业再保险公司[如瑞士再保险公司(Swiss Re)]、特许经营特定风险的再保险公司[如美国联邦作物保险公司(Federal Crop Insurance Company,FCIC)]、特许经营涉及公共利益的再保险公司[如法国中央再保险公司(Caisse Centrale de Réassurance,CCR[②])]、一国地方和中央政

① 表中所示的辛迪加(Syndicates)是英国劳合社(Lloyds')特有的一种组织机构,辛迪加由愿意承保某一类风险的保险人将其资本集合组成,每一个辛迪加有其特定编号。

② 法国中央再保险公司是法国政府特许授权经营自然灾害再保险和恐怖袭击再保险的服务公共利益的再保险公司,https://www.ccr.fr/l-entreprise-ccr。

府[如日本国中央政府(The Government of Japan[①])]、获准经营再保险业务的保险公司、劳合社辛迪加、共保体[如中国核保险共同体(China Nuclear Insurance Pool)]、巨灾赔偿基金[如美国佛罗里达飓风巨灾基金(Florida Hurricane Catastrophe Fund,FHCF)]、参与再保险风险对冲管理的非保险金融机构[如再保险边车(Reinsurance sidecars)]等。最近几十年发展出新的风险管理金融技术,例如通过"保险连接型证券"(Insurance-linked securities)将与保险相关联的风险转移到资本市场,也出现了从事该业务的再保险人(如瑞士再保险公司旗下的另类资本,Alternative Capital Partners[②])和接受退出保险业务的保险公司未了业务的特殊再保险公司等,[③]本书不做进一步介绍。

根据《保险法》和《外资保险公司管理条例》等法律法规,在我国经营直接保险业务与再保险业务,有不同的许可证要求。2023 年5 月18 日成立的中国国家金融监督管理总局(以下简称金融监管总局)在原银保监会基础上组建,统一负责监管除证券业之外的金融业。[④] 其对在我国经营直接保险业务公司、再保险公司的开业审批和经营活动进行合规监督。在我国境内(港澳台地区除外)设立的保险人、保险联合体以及保险经纪人或其他保险机构办理再保险业务,应遵守《再保险业务管理规定》。我国保险人在分出业务时,应当在原银保监会建立的再保险登记系统生成的有效清单中选择再保险接受人和再保险经纪人。

"再保险安排"(以下简称排分,Reinsurance Program),首先要满足法定分保的要求,然后考虑自愿分保。法定分保(Compulsory Reinsurance)指按照国家法律法规要求,原保险人必须将一部分再保险业务向国家再保险公司或政府指定的再保险公司进行分保。

自愿分保包括商业分保、集团分保、相互分保(共同分保)、"前端分保"(Fronting)等方式。商业分保指原保险人根据商业需求进行再保险安排。集团分保是指参加集团的保险人将承保的风险放入集团,由集团统一管理,各集团成员按其参加的份额获取保费,在发生损失时,各集团成员按照各自的份额承担赔

---

① 日本政府在居住房屋地震保险、农业保险业务领域中承担最终再保接受人的角色。

② See *Alternative Capital Partners*, Swiss Re, https://www.swissre.com/our-business/alternative-capital-partners.html.

③ See Swiss Re, *The Essential Guide to Reinsurance*, SR, 2013, p.30 -31.

④ 参见新华社:《国家金融监督管理总局正式挂牌》,载中国政府网 2023 年 5 月 18 日,https://www.gov.cn/yaowen/liebiao/202305/content_6874659.htm。

偿责任。自保公司(Captive insurance company)与共同分摊协议(Pooling agreement)相结合,而且还可以将商业分保作为补充,如船东国际保赔集团(International Group of P&I Clubs IG)对船东责任保险的再保险安排。

不同国家在不同时期对本国再保险业务强制在本国的再保险公司分保有不同的规定。依照我国《保险法》第105条的规定,分出人应审慎选择再保险人。根据《再保险业务管理规定》第9条的规定,保险人应制定再保险战略,明确规定再保险目的、自留政策、分保政策、风险管控机制(包括授权管理)等。再保险业务的接受(分入),应遵循"总部集中管理原则"。根据《再保险业务管理规定》第10条的规定,寿险再保险与非寿险再保险应单独列账、分别核算。

根据《再保险业务管理规定》第12条的规定:保险人应当依照《保险法》第102条和第103条的规定,确定当年总自留保险费上限和"每一危险单位"自留责任;对其预计最大损失超过其实有资本金和公积金之和的10%以上的部分,应当办理再保险。依照《保险法》第104条的规定,我国保险公司应将其巨灾风险再保险安排在国务院保险监督管理机构备案。

除《再保险业务管理规定》外,原银保监会制定的《保险公司偿付能力监管规则(Ⅱ)》(2021),原保监会制定的《财产保险公司再保险管理规范》(2012),《中国保监会关于实施再保险登记管理有关事项的通知》(2015),《中国保监会关于离岸再保险人提供担保措施有关事项的通知》(2017),《中国保险监督管理委员会关于印发财产保险危险单位划分方法指引的通知》(2006)等行政规章,都对再保险经营管理提供了具体的指引和要求,目前未被废止,仍然有效。

四、全球和中国再保险市场

2022年,全球前五十名再保险公司保费收入3636亿美元[①],约合人民币2.5万亿元,占全球7万亿美元保费的5%。保费中约70%来自财产再保险,30%来自人身再保险。按总再保险保费计算,再保险保费排名前五的国家分别是美国、

---

① AM Best, *Word's* 50 *largest reinsurers*, 2023, p. 1. 根据国际保险监管者协会(International Association of Insurnace Supervisors)统计,全球2021年总再保险保费为5880亿美元,净再保险保费为4380亿美元。其统计范围更广,涵盖该协会主要会员监管机构,该金额既包括非公开商业市场的再保险保费,也包括了从事再保险业务的直接保险公司。

百慕大、德国、英国和瑞士，其中美国占比约 30%[①]。再保险行业过去 100 多年的发展，也逐渐形成了以百慕大、伦敦、新加坡等再保险中心市场。

中国境内再保险提供方主要包括境内再保险公司、离岸再保险市场、直保公司等。其中，参与再保险交易的境内专业再保险公司目前共有 15 家，[②]包括 7 家中资再保险公司（含 1 家集团公司，即中再）和 8 家外资再保险公司。100 余家财产险直保公司和人身险直保公司不同程度参与再保险市场竞争；超过 500 家境外再保险主体虽未在国内设立分支机构，但通过离岸交易的形式接受国内分出业务。[③] 目前，我国已经初步形成了以境内再保险公司为主，外资再保险公司为辅，离岸再保险人（offshore reinsurer）为补充的多元化再保险体系。[④]

2022 年，国内保险市场分出保费合计 2782.8 亿元：其中财产险市场分出保费 1629.5 亿元，占总分出保费的 58.6%；人身险市场分出保费 1153.3 亿元，占总分出保费的 41.4%。2022 年，国内再保险市场分保费收入 2250.2 亿元：其中合约业务分保费收入 2240.6 亿元，占比约为 97.9%；[⑤]临分业务分保费收入 48 亿元，占比约为 2.1%。

五、再保险合同的法律性质

再保险合同是保险合同的一种。再保险合同同样是一种限定性赔偿合同、射幸合同、对人合同及经济保障合同。[⑥] 再保险合同也要遵循保险合同的基本原则，包括诚实信用原则、保险利益原则、损失补偿与风险预防相结合原则以及对价平衡原则。[⑦] 因果关系原则在再保险合同中仍然重要。[⑧] 此外，还应该遵循

---

① International Association of Insurnace Supervisors, Global insurance market report 2022, p. 49.

② 数据截至 2022 年年底。

③ 参见中国再保险（集团）股份有限公司编著：《中国再保险行业发展报告（2023）》，中国金融出版社 2023 年版，第 19 页。

④ 参见盛和泰、江生忠编著：《再保险商业逻辑与创新》，南开大学出版社 2019 年版，第 68 页。

⑤ 分保费收入已考虑公司间关联交易影响，分业务类型分保费收入未考虑关联交易影响。

⑥ 参见汪鹏南：《海上保险合同法详论》（第 4 版），大连海事大学出版社 2017 年版，第 23～30 页。

⑦ 参见李玉泉：《保险法》（第 3 版），法律出版社 2019 年版，第 61～96 页。

⑧ See John S. Butler & Robert M. Merkin, *Reinsurance Law*, Surrey: Kluwer Publishing, Sweet & Maxwell, 2019, p. B. 2. 2. Y.

审慎原则,包括制定明确的再保险战略、科学合理安排巨灾再保险、审慎选择再保险接受人和再保险经纪人、对再保险业务集中管理、控制对同一再保险接受人的分出比例等。[①]

我国保险法学者倾向于认为再保险合同是一个独特的责任保险合同[②]。再保险合同的"保险标的"(Subject matter of reinsurance)是原保险人(再保险分出人)对原被保险人应承担的保险赔偿责任,故我国大多数保险法学者认为不管是人寿(Life)再保险,还是非人寿(Non-life)再保险,再保险都是一种契约给付义务责任保险。需要注意的是,根据《保险法》第65条的规定,在直接责任保险中,其保险标的是被保险人因给第三者造成损害而应承担的赔偿责任,与再保险合同的保险标的(直接保险的保险人的保险契约给付义务)完全不同。[③] 此外,根据《最高人民法院关于适用〈中华人民共和国保险法〉若干问题的解释(四)》第19条的规定,在直接责任保险中,保险人对损失和解有审核权,与再保险人一般不干预分出人的理赔的做法(除非再保险合同另有约定)不同。直接责任保险还存在第三人直接向责任保险人索赔问题,与再保险合同的通常约定也不同。因此,不宜简单将再保险合同的法律性质归为责任保险(casualty insurance)。笔者认为,再保险合同是自成一类的特殊保险合同,与人身保险合同、财产保险合同并列,故在《保险法》中应做单节规定。

在美国司法实务中,多数法官认为,再保险合同为责任保险合同,[④]除非再保险合同中有明确的措辞说明其为财产损失保险合同(in the absence of very explicit language inthe contract to the contrary)。

在英国法下,再保险合同的法律性质不确定,不同案例显示有不同的认识:再保险合同的法律性质取决于双方当事人的意图及合同的类型(临时分保还是合约分保、比例再保险还是非比例再保险)[⑤]。通常英国法院倾向于认为临时分

---

① 参见《再保险业务管理规定》第5条、第9~26条。

② 参见最高人民法院保险法司法解释起草小组编:《中华人民共和国保险法保险合同章条文理解与适用》,中国法制出版社2010年版,第190页。

③ 参见樊启荣:《保险法》,北京大学出版社2011年版,第171~179页。

④ See John S. Butler & Robert M. Merkin, *Reinsurance Law*, Surrey: Kluwer Publishing, Sweet & Maxwell, 2019, p. A.3.1, A.3.3.

⑤ P. T. O'Neil & J. W. Woloniecki etc., *The Law of Reinsurance in England and Bermuda*, Sweet & Maxwell, 5th ed., 2019, para. 1-042-1-054.

保及大部分比例合约的法律性质可能属于原保险标的利益的保险(所谓“保险的保险”),只有少数合约被认定为责任保险合同。对再保险合同法律性质的不同认识直接导致判例的不确定性,详见本书第七章对英国再保险重要案例的介绍。[①]

再保险合同的保险利益(Insurable interest)是基于原保险合同的保险利益产生,但不同于原保险合同的保险利益;如果原保险人(再保险的被保险人)没有保险利益或没有损失,则再保险人就没有保险利益;[②]可以说,再保险不能脱离原保险存在(Co-existence of insurance and reinsurance),但实务中允许再保险合同先于原保险合同订立。[③]

六、再保险合同的基本原则

在再保险合同订立和履行过程中,再保险合同各方既要维护再保险合同的严肃性,也要考虑合同各方合情合理的利益要求,遵循与保险合同相同的基本原则,包括诚实信用原则、保险利益原则、损失补偿和风险预防相结合的原则以及对价平衡原则等。[④] 在再保险合同诸多原则中,诚实信用原则与损失补偿原则是最重要的两个基本原则,其具体应用有显著特点,而且相互之间存在密切的联系;由于再保险业务的国际化特征,再保险业务在全球范围内开展,双方正是基于长期互信而发展业务关系,合作的基础与核心就是牢牢恪守上述两个基本原则。

(一)诚实信用原则

诚实信用原则[⑤](Principles of Good Faith)是一切保险活动应遵循的基本法

---

① 见本书最后部分对英国重要再保险案例的介绍。

② 参见樊启荣:《保险法》,北京大学出版社 2011 年版,第 175 页。

③ John S. Butler & Robert M. Merkin, *Reinsurance Law*, Surrey: Kluwer Publishing, Sweet & Maxwell, 2019, p. A. 5. 1.

④ 参见李玉泉:《保险法》(第 3 版),法律出版社 2019 年版,第 61 ~96 页。

⑤ 诚实信用原则和最大诚信原则是否同义,保险的基本原则应当称为最大诚信原则还是诚实信用原则在理论上有争议。有理论认为,最大诚信原则(Utmost good faith)是英国及英联邦国家接受的概念,而其他国家(如欧洲大陆各国)更倾向于使用诚实信用原则(Good faith)。还有学者从美国保险法律实践出发,认为最大诚信原则和诚实信用原则对于被保险人的合同缔约前告知义务要求不同。此处我们采纳李玉泉著《保险法》(2019 年版)观点,统一称为诚实信用原则。

律原则，该原则决定了再保险分出人及再保险经纪人在再保险合同订立前所承担的告知义务、再保险合同的效力以及在再保险合同约定不明时对再保险合同的解释等。

再保险分出人在再保险合同中处于被保险人或投保人的法律地位，在再保险合同成立之前负有的告知义务，规定在《保险法》第16条和《海商法》第222条、第223条。就临时分保而言，分出人必须将再保险人正确估计风险所需要的所有重要情况提供给再保险人。在合约分保时，诚信原则更体现得淋漓尽致，再保险人相信分出人对于风险的判断和基于判断所作的承保决定，即使该保险涉及的业务是再保险人不喜欢的业务，他也无法拒绝，所以分出人必须在再保险合同缔约时，向再保险人提供其分出业务的详细情况。

值得注意的是，再保险业务常常通过再保险经纪人办理，而且再保险经纪人很可能不止一个；再保险经纪人作为再保险分出人的代理人，代理再保险分出人承担告知义务（我国法律规定）或公平提示义务（英国法律规定），但违反义务的后果仍由再保险分出人承担。在日常再保险业务中，可能由两个或两个以上的再保险人，分别通过不同的再保险经纪人来联系，再保险分出人对每一个再保险人都要承担单独的告知义务。因此，在排分前，再保险分出人需要做大量的准备工作，与再保险经纪人密切沟通，并注意检查和监督再保险经纪人履行告知义务的实际情况。①

诚信原则不仅体现在再保险承保中，还体现在再保险理赔中。再保险接受人绝大多数情况下不参与原保险的理赔过程，特别是在比例合约业务中，大部分再保险赔款在账单中直接轧差（offset），因此对再保险分出人在理赔环节的诚信要求更高。对再保险分出人而言，及时通知损失，真实、合理、专业地完成原保险赔付是诚信的体现；对再保险人而言，根据再保险合同的约定及时完成赔款支付是诚信的体现。②

基于诚信原则，结合再保险合同的特殊性和通常做法，英国普通法发展出一些有普遍意义的针对再保险合同的特殊解释方法，包括：（1）基于再保险合同的

---

① 详见本书第三章第一节。

② 参见《中国保险行业协会财产再保险理赔操作指引（征求意见稿）》，第6页。

目的，推定相同承保范围；(2)在约定不明时结合分保条[①](Placing Slip)来解释保单(policy)；(3)并入条款(incorporation clause)的效力。[②] 在再保险合同约定不明的情况下，法院或仲裁庭借助这些特殊解释方法来解释再保险合同。

(二)损失补偿原则

损失补偿作为保险的基本功能，是保险人对被保险人承担的义务，保险人对被保险人的损失补偿以保险标的所遭受的实际损失为限。再保险分出人办理再保险的目的是在再保险合同约定的损失发生时获得补偿，这也是再保险的基本功能。当再保险分出人完成再保险合同责任下的原保险赔付后，再保险接受人需根据再保险合同的约定予以及时赔偿，此即再保险的损失补偿原则(Indemnity Principle)。同时，再保险人对再保险分出人的补偿，应以再保险分出人所遭受的属于再保险合同责任范围内的实际损失为限，再保险分出人不应从再保险补偿中获利。

需要注意的是，虽然原保险合同和再保险合同都适用损失补偿原则，但再保险合同具有独立性，因此，在损失补偿的实现上有特殊之处：原保险的被保险人对再保险人没有直接的赔偿请求权，再保险人对其也没有补偿损失的义务；同时，原保险人不能以再保险人未履行再保险责任为由，拒绝履行或延迟履行其保险责任。简言之，原保险合同和再保险合同的损失补偿原则的适用相互独立，并不相同，两者不可混淆。

再保险合同的损失补偿原则在适用上，通常需要考虑下述问题：

1. 损失只有既落在原保险合同的保险赔偿责任范围之内，又落在再保险合同的保险赔偿责任范围之内，才得向再保险人请求赔偿。因此，损失的原因是原保险合同(直接保险合同)和再保险合同都需要明确约定的重要事项，而且二者必须协调一致，否则就会脱节并产生法律争议。这体现在共命运条款(Follow the fortune clause)和理赔跟随条款(Follow the settlement clause)，也体现在依照原保单赔偿条款等具体约定中。

---

① 在再保险实践中，有时候将 placing slip 缩写为 slip。但实际上严格意义上的 Slip wording 指再保险合同双方签订的再保险合同措辞。Placing Slip 指再保险合同关键条件和措辞的摘要，通常由分出人或其经纪人准备。在中国市场，再保险合同一般由摘要表或简要分保细节与通用条款构成。在伦敦或其他欧洲市场，还可能使用分保条和通用条款作为合同的主体部分。

② 详见本书第七章第一节。

2. 对存在追偿可能性的保险事故，再保险分出人应积极向责任方进行追偿，及时将追偿情况告知再保险人。保险人在代位求偿时不需要扣除保险人已经获取的再保险赔偿，可由保险人在追偿成功后，根据再保险合同约定及相关规定，将追偿款返还再保险人。[①] 同理，再保险分出人应当向再保险人返还其从残值处理中所获得的收益。

3. 再保险人享有代位求偿权。[②] 在具体权利行使中，由于再保险合同的法律关系及当事人与原保险不同，所以通常情况下再保险人并不直接行使该代位求偿权，而是由原保险人以自己的名义来行使，其后再依据再保险合同将追偿所得交付给再保险人；少数情况下可能出现再保险人依据相关适用法律直接行使代位求偿权，这需要结合具体案情和适用法律来具体分析。再保险分出人未及时追偿的，再保险人有权代位追偿，再保险分出人应提供所有必要的配合，包括出具或提供追偿所需文件材料等。[③]

4. 当分出人破产时，再保险人承担的补偿责任以再保险合同约定为限。对于再保险人是否可以直接进行赔款和保费轧差，需要考虑破产所适用的法律；同样，再保险人支付的赔款应根据破产适用的法律进行分配。当再保险人破产时，再保险分出人仍需继续向原保险的被保险人履行义务。

七、再保险合同的法律渊源和行业规范

我国再保险合同的法律渊源首先是《保险法》[④]，其次是国务院颁布的法规

---

① 参见江苏法院金融审判十大案例（2018～2020年），载澎湃网2020年9月16日，https://m.thepaper.cn/newsDetail_forward_9227814。

② 欧美等主流再保险理论和司法实践均认可再保险人的代位求偿权，但需要注意我国部分地方法院持反对意见，例如《浙江省高级人民法院关于审理财产保险合同纠纷案件若干问题的指导意见》中就明确“再保险人对造成保险事故发生的第三者不享有保险法规定的代位求偿权，但再保险人对原保险人行使代位求偿权所获得的赔偿额有权要求按再保险比例予以返还”，上海市高级人民法院民事审判第五庭《关于审理保险代位求偿权纠纷案件若干问题的解答（一）》也规定“再保险人无权向第三者行使保险代位求偿权”。

③ 参见中国保险行业协会:《财产再保险临时分保业务操作指引》9.3:追偿，第6页。

④ 不同于保险合同，各国保险法并不当然是各国再保险合同的法律渊源。主要再保险国家中，大陆法系国家的德国、法国、瑞士均明确再保险合同不适于保险法，再保险合同的法律渊源是该国民法典。英国法下，再保险合同和原保险合同都适用于《1906年海上保险法》和《2015年保险法》。

和原保监会、原银保监会、财政部、税务总局、外汇管理局等颁布的相关行政规章，[1]目前主要有2021年12月1日起施行的《再保险业务管理规定》，和原保监会制定的《财产保险公司再保险管理规范》(2012)等。

依照《保险法》第182条的规定，对海上保险的再保险而言，《海商法》应优先于《保险法》适用。依照《保险法》第184条的规定，我国对农业(再)保险，还应依照《农业法》《农业保险条例》和财政部、农业农村部和原银保监会等颁布的行政规章。对于信用保证保险，还应依据《信用保险和保证保险业务监管办法》等行政规章。对于核保险、巨灾保险等特殊风险，还应依据相关法律法规和行政规章。

2021年1月1日起施行的《民法典》关于合同的规定，适用于再保险合同。但在适用再保险合同时，应考虑再保险业务的特殊性和涉外属性、再保险国际惯例。

除了上述专门的保险法律法规外，我国规范再保险交易涉及的外汇、税收、工商、信息安全、数据保护等方面的法律法规，也部分或者全部适用于再保险合同。

再保险合同由于其独特性和国际性，也依赖市场(再)保险人及其行业组织所形成的标准和规范。这些标准和规范虽然不具有法律层面的强制性效力，但其中很多是对于交易惯例的归纳和总结，故而依然具备一定的参考意义。就中国市场而言，中国保险行业协会(IAC)积极参与我国再保险行业的发展建设，2018年6月24日同时发布了《财产再保险合约分保业务操作指引》(以下简称《合约分保指引》)和《财产再保险临时分保业务操作指引》(以下简称《临时分保指引》)；2020年6月发布《财产再保险合同行业范本》英文版；2021年11月又发布《财产再保险合同行业范本》中文版，其中包括比例合同和非比例合同两部分。其他行业标准，例如《财产再保险理赔操作指引》和《财产再保险结算流程操作指引》也在积极推进中。此外，其他行业标准也颇具参考价值，如《保险术语》(GB/T 36687—2018)、《再保险数据交换规范》(JR/T 00363—2016)等。

---

① 对于行政法规和规章是否是法律的渊源，学者看法不一，在此我们采纳市场通说。

八、再保险与共同保险、重复保险的区别及联系

共同保险(Co-insurance),简称共保,根据《中国保险监督管理委员会关于大型商业保险和统括保单业务有关问题的通知》(2002),是指"两个或两个以上的保险公司及其分支机构(不包括同一保险公司的不同分支机构)使用同一保险合同,对同一保险标的、同一保险责任、同一保险期限和同一保险金额进行的保险"。共同保险通常要求5个"同一"重叠,但并不要求在5个方面完全相同。参与共保的保险公司称为共保承保人。共保按保险标的是否在共保承保人经营区域内分为同地共保和异地共保。同地共保是指保险标的在共保承保人经营区域内的共保,异地共保是指保险标的在共保承保人经营区域外的共保。

共同保险一般先确定首席保险人(又称牵头保险人、主承保人或主理赔人,leading insurer or leading underwriter),然后联合其他保险人,确定各自的承保份额,再共同作为保险人与被保险人签订直接保险合同。各共同保险人的保险赔偿责任按照其承保份额确定,不承担连带责任;被保险人只能要求各共同保险人在其承保份额内承担赔偿责任。

共同保险与重复保险(Double insurance)也不相同,后者的保险合同不同,只存在4个相重叠的"同一"。

共保和再保险都是在保险人之间分散风险的方式,在实务中经常容易混淆。但两者有本质区别:其一,在合同主体上,共保合同是被保险人与多个保险人组成的共保体订立,体现的是被保险人一方与保险人多方的关系,而再保险合同的主体是两个保险人,并没有被保险人参与。其二,在合同内容上,与一般的保险合同相同,共保合同约定的是被保险人与保险人的保险权利义务关系的协议,而再保险合同是两个保险人就一方已承保的保险业务进行分摊的协议。因此,共保是第一次或者说横向(Horizontal)分散风险,再保险是第二次或者说纵向(Vertical)分散风险。[①] 其三,从原保险和再保险的角度来看,共保合同仍是原保险合同,对被保险人而言,多方保险人同为保险人,其参与签订不能改变原保险

---

① 注意英国法律著作和再保险实务中通常称比例再保险是"纵向"分散风险,非比例再保险是"横向"分散风险。

合同的法律性质;而再保险合同是两个保险人就原保险合同的保险责任分摊的约定,体现的是再保险分出人和再保险接受人的关系。其四,共保一般只有简单比例(成数)一种形式,但再保险合同有多种形式;共保一般是临时的或说逐笔办理的,而再保险合同以长期合同为主。①

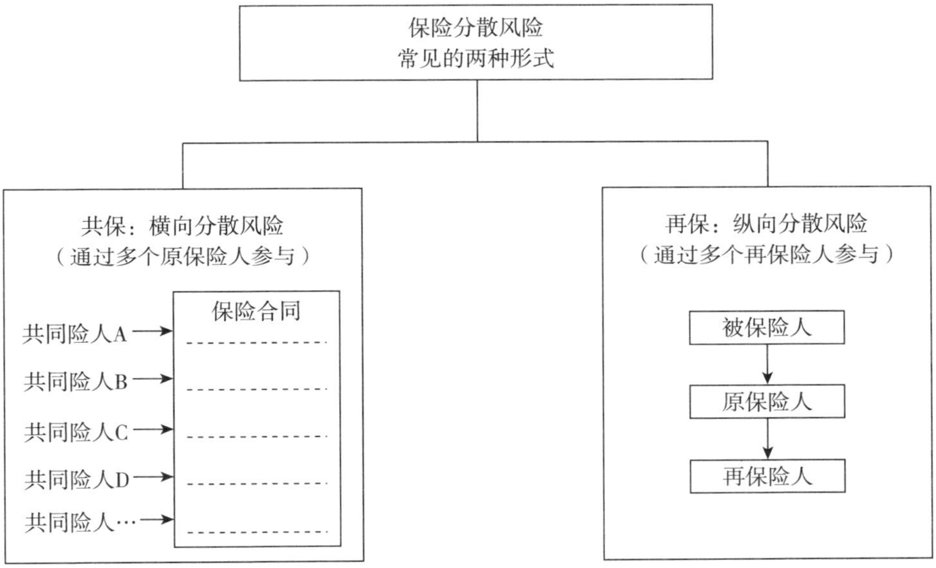

图 1-2　共保和再保的区别

首席保险人(实务中也称为主承保人)或主理赔人与其他共同保险人之间的权利义务主要由他们之间的共同保险协议来规范。实务中,我们看到,共保协议通常规定了其他共同保险人享有的权利,如损失通知权、参与查勘定损权、表决和解权等,故能给其他共同保险人提供更好的保护(见案例四、案例五)。在没有明确规定共同保险的首席保险人或首席理赔人的独立理赔权的情况下,根据原保监会制定的《财产保险共同保险管理规范》,其他共同保险人有权及时获得损失通知或索赔通知、参与查勘、协商确定保险责任和赔偿金额。相较而言,再保险分出人则一般有相对独立理赔权,除非再保险合同另有约定,如约定"理赔通知条款"(Claims notification clause),"理赔合作条款"(Claim co-operation

① 参见初北平:《海上保险法》,法律出版社 2020 年版,第 516 ~518 页。

clause)或“理赔控制条款”(Claim control clause),来约定再保险人参与原保险理赔及和解的权利,或限制再保险分出人的权利。需要特别说明的是,即使共同保险的首席保险人,根据共保协议或再保险合同的约定,有权单独决定理赔及和解,首席保险人通常仍有义务遵循诚实信用原则和审慎原则来处理承保、损失通知、查勘、保险公估、理赔及和解。

实践中出现的隐名共同保险①和再保险常常难以区分。由于再保险业务实行严格的授权经营,一般由保险人的总公司负责,保险人的分公司如果承保了大风险业务,又因为种种原因未能办理再保险的,就可能与其他保险人协商按比例共同承保,但保险单上的保险人只有该保险公司,这就是隐名共保,其法律性质模糊,且经常面临两方面的问题:一方面需要解决被保险人是否可以向其他(隐名)共同保险人索赔的问题,另一方面需要厘清各共同保险人如何分摊保险赔偿责任。

目前,我国保险市场上存在相当数量的隐名共保,本书第七章第二节分析了八个我国再保险案例,其中有五个是隐名共保案例(案例四至案例八)。从这些案例来看,争议基本没有涉及原保险的被保险人,而是集中在首席保险人与隐名共同保险人的赔款分摊方面。我国司法实践对这些纠纷中隐名共同保险的法律性质属于再保险已经形成普遍共识,主要的理由是原保险合同的被保险人没有向共同保险人投保,与其他共同保险人之间没有法律关系。

对隐名共同保险协议可有效约束该协议的当事各方,在我国司法实践中已经形成统一认识,虽然隐名共保既违反我国保险监督管理机构制定的共同保险业务规定,也违反《再保险业务管理规定》(见案例四至案例七),甚至在隐名共保不具备特定保险经营资质的情况下,由于共保协议是基于双方真实的意思表示订立,没有违反法律、行政法规的强制性规定,其合同效力仍然在司法实践中得到普遍认可(见案例八:有关某市农业保险业务)。

共保协议或分保协议容易发生争议的现实,对共保协议的起草严谨性提出了更高的要求。特别需要注意,协议中的共命运条款、理赔跟随条款、跟随首席保险人条款等都不能免除各方当事人遵循诚实信用原则的义务,也不能免除原保险人(再保险分出人)或首席保险人或主理赔人尽职审核被保险人索赔(损失)的义务。

---

① 隐名共同保险在实务中也称为暗共保,与之对比的是普通的共保(明共保)。

第二节　再保险合同的当事人和相关人

再保险合同的当事人是再保险分出人(分出人)与再保险接受人(再保险人)。再保险分出人与再保险接受人的权利义务在本书第四章予以详细介绍。与再保险人合同相关的人还包括再保险代理人、再保险经纪人等。顺便指出,在财产保险(property insurance)中,投保人和受益人的概念非常模糊,但在再保险合同中一般不存在。

一、再保险分出人

再保险分出人,简称分出人或分出公司(Cedant, Ceding company),又称原保险人或直接保险人(Original insurer, Primary insurer, Direct insurer)。

再保险分出人的主要权利包括再保险赔偿请求权(损失索赔权、再保险摊回权)、再保险手续费(commission)请求权、再保险准备金请求权等,详见本书第四章第二节。分出人的主要义务包括缔约前的告知义务、支付再保险费、审慎理赔、损失通知、提供索赔文件及信息等,详见本书第四章第一节。

根据《再保险业务管理规定》第 9 条的规定,保险人应制定再保险战略,明确规定再保险目的、自留政策、分保政策、风险管控机制(包括授权管理)等。违反《再保险业务管理规定》的,保险人应当承担行政责任。在民事责任方面,当没有取得授权的保险公司的分公司超越权限或超越经营范围参与再保险交易时,即使其只可能承担行政责任,其签订的再保险合同或共保合同也并不当然无效,需要结合双方缔约时的交易情况来综合认定合同效力及其应当承担的民事责任。

二、再保险接受人

再保险接受人，简称再保险人、分入公司。其主要权利包括再保险费请求权、记录检查和审核权、特定情形下的代位求偿权等，详见本书第四章第一节。

再保险人的主要义务包括：接受分保和损失赔偿，支付再保险手续费、再保险经纪人佣金，准备再保险准备金等，详见本书第四章第二节。

（一）再保险人的资质

《保险法》第105条规定，分出人需要审慎选择再保险人。在我国境内（港澳台地区除外）设立的保险人、保险联合体以及保险经纪人或其他保险机构办理再保险业务，还应遵守《再保险业务管理规定》。我国保险人分出业务，应当在原银保监会建立的再保险登记系统生成的有效清单中选择再保险人和再保险经纪人。如果再保险人未在原银保监会再保险登记系统登记获准，仍然在我国从事再保险分入业务，则表示再保险人的资质不符合我国法律规定，其法律后果包括行政责任和民事责任两部分。

在行政责任方面，对我国境内的再保险人而言，不具备相应资质将构成非法经营商业保险业务，根据《保险法》第158条和第173条的规定，保险监督管理机构有权予以取缔，没收违法所得，并处违法所得1倍以上5倍以下的罚款。根据《保险法》第171条的规定：对其直接负责的主管人员和其他直接责任人员给予警告，并处1万元以上10万元以下的罚款；情节严重的，撤销任职资格。

在民事责任方面，对再保险人而言，我国法律规定并不明确，笔者认为可以比照适用《民法典》第502条的规定，由于再保险人的资质事实上是需要保险监督管理机构批准的，如果再保险人不能通过事后申请进入有效清单中，则可能导致再保险合同无效；如果再保险合同无效，没有资质的再保险人即是过错方，应承担缔约过失责任，赔偿分出人的损失。

如前所述，对于国内保险公司之间大量的隐名共保，一般认为其合同性质属于再保险，即使其既违反《再保险业务管理规定》，也违反相关共保业务管理规定，但对被保险人的利益一般没有损害，且为当事人的真实意思表示，不违反法律、行政法规的强制性规定，故在目前司法实践中都不轻易将其作为无效合同处理，但是保险监督管理机构有权对保险公司进行行政处罚。

（二）首席再保险人

在国际再保险市场上（特别是在伦敦再保险市场上），一个再保险合同下的再保险常常是共保，而且再保险排分一般应先确定首席再保险人（也称牵头再保险人，Leader, Leading reinsurer）。

根据中国保险行业协会《合约分保指引》6.2.1，比例和非比例协议的排分程序为：

第一步：分出人将比例再保险合同的合约分保要约或要约邀请直接或通过经纪人发送给意向首席再保险人。

第二步：再保险人的核保与反馈。根据《合约分保指引》6.3，接到分保合约要约邀请或要约后，接受人根据分出人提供的风险信息和数据（Risk details），进行评估后，向分出人反馈承保条件及意向承保份额的要约或反要约。

第三步：再保险合同的确认。根据《合约分保指引》6.4，分出人与首席再保险人就承保条件达成一致，根据合约总体排分情况，书面确认每一再保险接受人的承保份额，至此构成承诺，合约分保合同成立。

每一个再保险人均与分出人订立单独的再保险合同。首席再保险人的引入可以保证分出人与各再保险人的合同条款及条件一致，避免了不方便和冲突。

中国保险行业协会《临时分保指引》没有特别提到首席再保险人，不表示临分不需要首席再保险人。

首席再保险人条款通常明确约定首席再保险人的行为对其他共同再保险人的约束力。伦敦再保险市场上目前使用伦敦市场组织（London Market Group）制作的标准通用保险人协议（General Underwriters Agreement，GUA），其中包含"跟随首席条款"（Follow leader clause, Leading underwriter provisions），赋予首席再保险人很大的权利。这种条款可以将认购分保条或合约的再保险人捆绑在一起，跟随首席再保险人处理承保的协议、修改（批单）、延期或者解除，并且通常还会处理损失赔偿。[1]

在分出人与再保险人之间，每一个再保险人均与分出人订立单独的再保险合同。值得探讨的问题是：首席再保险人与跟随再保险人（Followers）之间的法律关系是什么？他们之间虽没有合同关系，但首席再保险人是否对跟随再保险

① 参见[英]科林·埃德尔曼等：《再保险法》，杨帆译，法律出版社2019年版，第49页。

人负有法律上的注意义务(duty of care)?

在英国法下,曾经有相当多的判决认为首席保险人可以被视为其他跟随保险人的代理人,[①]当然也有判决持否定看法。[②] 有判决认为首席再保险人对于其他保险人有注意义务。[③] 除非合同有明确约定,否则首席再保险人的理赔决定对于其他跟随(再)保险人没有约束力。[④] 为了降低这些判决所带来的不确定性,各国保险和再保险市场通过规范首席再保险人条款,来明确首席再保险人对于其他跟随再保险人在承保和理赔方面的约束力。

三、再保险代理人

在再保险合同中,再保险代理人(Reinsurance agent)通常是指再保险人的代理人,当然不排除分出人可以指定其代理人,通常认为再保险经纪人代表的是分出人,特别是在促成再保险合同成立的过程中。

再保险人可能指定代理人来代其接受再保险分入等业务。再保险人和代理人需要签订委托代理协议,以明确代理权限和代理费用(佣金)等。

在我国,再保险居间人主要以经纪人为主,再保险代理人较为少见。在国际市场上,再保险代理人形态多样,比如管理型中介(Managing General Agent)代表再保险人在特定市场的特定业务领域根据代理授权协议开展业务。这种代理人既可以是某个再保险人的全资或控股子公司,也可以是相对独立的第三方公司。

《保险法》第五章规定了保险代理人和保险经纪人;《民法典》第一编(总则)第七章专门规定了代理,第三编(合同)第二分编(典型合同)第二十三章又专门规定了委托合同,构成我国代理法律制度的主体。此外,《民法典》第三编(合同)第二分编(典型合同)第二十六章还专门规定了中介合同。

《保险法》和《民法典》关于代理人的法律规定,以及《民法典》总则的其他规

---

① 参见英国案例 Roadwords v. Charman [1994]2 Lloyd's Rep.99。

② 参见英国案例 Mander v. Commercial Union Assurance Co. plc[1998] Lloyd's Rep. IR 93。

③ 参见英国案例 Roadwords v. Charman [1994]2 Lloyd's Rep 99., Barlee Marine Corporation v. Mountain, The Leegas [1987] 1 Lloyd's Rep. 471。

④ Julian Burling, Helen Ashenden and Jacquetta Castle, *London market issues: leaders, followers and layers*, Issue 124 of the Journal of the British Insurance Law Association, p.23(2012).

定和合同通则的相关规定都可调整再保险代理人(Reinsurance agent),而且一般也不会与再保险实务和习惯做法相冲突。例如,代理人的行为影响到合同的效力,为了保护善意相对人的信赖利益及交易的安全,《民法典》在第503条至第505条中规定,当善意相对人有理由相信行为人有代理权,或相信行为人有经营权时,被代理人不得以行为人无代理权为由否认合同的效力,经营人也不得仅以其超越经营范围确认合同无效。

四、再保险经纪人

(一)再保险经纪人的法律地位

再保险人获得再保险业务,既可以通过直接渠道获得,也可以通过第三方中介渠道获得,这其中最重要的中介渠道是经纪人。再保险经纪人(Reinsurance broker)是分出人和再保险人之间的中介(intermediary),提供居间服务,赚取佣金。再保险经纪人在再保险合同缔结之前,为分出公司提供分保建议,寻找符合需求的再保险市场和再保险人;一旦再保险业务要约和承诺达成,经纪人准备再保险合同,并基于分出人提供的账务数额编制定期(通常是季度)账单,并安排相应款项的收付;日常分出人和再保人的沟通和交流,一般都是通过经纪人进行;在发生大型保险损失时,经纪人要协助分出人及时高效获得足额的再保险赔款。再保险的业务性质天然对于经纪人的专业性有较高的要求,他们需要熟悉保险市场和再保险市场,而且对某类业务具有专长。

《保险法》第118条规定:"保险经纪人是基于投保人的利益,为投保人与保险人订立保险合同提供中介服务,并依法收取佣金的机构。"《保险经纪人监管规定》第2条和《再保险业务管理规定》第3条延续了保险法的定义,对保险经纪人、再保险经纪人和从业人员作了明确规定。中国法下再保险经纪人的定义和国际市场较为接近,即再保险经纪人是一种中介(intermediary),其受再保险分出人委托,基于再保险分出利益,为再保险合同的缔约和履行提供中介服务,并收取佣金。

《保险法》和《民法典》关于代理人和保险经纪人的法律规定,以及《民法典》总则的其他规定和合同通则的相关规定都适用再保险经纪人。

除了民商事法律法规外,再保险经纪人还受原银保监会制定的《保险经纪人监管规定》和《再保险业务管理规定》等特别部门规章或规范性文件等的制约。

再保险经纪人的法律地位，既取决于准据法中的代理法规定，又受再保险合同约束和再保险行业国际惯例的影响，后者通常体现在再保险合同的具体条款中。例如，在促成再保险协议时，一般认为再保险经纪人是分出人的代理人，但经纪人的佣金(Broker's commission, brokerage)除合同另有约定外，通常是由再保险人支付。再如，分出人和再保险人通常都明确约定再保险经纪人的代理权限及相关权利义务，包括再保险经纪人佣金的支付、接受再保险条件或保证条款(Warranty)、保费缴纳、税款缴纳、合同修改、损失通知、核对账单、接受赔款等。

虽然保险法学术主流都认为保险经纪人是一种提供居间服务的中介，但在实务中，保险经纪人受投保人委托，服务报酬却一般向保险人收取。在司法实践中，保险人与保险经纪人经常因为手续费的收取引发纠纷，实质上是对保险经纪人的法律身份产生质疑。[①] 同样，再保险经纪人受分出人委托，服务报酬却向再保险人收取，也延续了原保险经纪人的实践做法，在我国法律环境下可能引发类似的质疑。双方在再保险合同中明确约定有助于缓解或解决这种质疑。

(二)再保险经纪人的义务

1. 遵守诚实信用原则与告知义务

《民法典》第7条和《保险法》第5条明确规定的诚实信用原则，对从事民事商事活动的各方都有约束力。该条款也被称作“帝王条款”，是对合同约定内容的重要补充及合同解释原则之一。

就再保险经纪人的义务而言，相关的法律争议集中在再保险经纪人承担的告知义务(Duty of disclosure)的边界方面，特别是在促成再保险协议前，对于再保险经纪人已知但分出人不知的保险标的之重要情况，再保险经纪人有无义务告知再保险人？

按照我国的代理法，再保险经纪人应如实向再保险人传达分出人提供的重要情况。但诸如再保险经纪人有无法律义务提示、辅导分出人履行告知义务，以

① 参见詹昊主编：《中国保险诉讼裁判规则集成——保险诉讼经典案例判词逻辑分类汇编》(下册)，法律出版社2019年版，第934页。

及应如何整理分出人提供的模糊信息等问题尚待司法实践澄清。

英国1906年《海上保险法》(Marine Insurance Act 1906,MIA1906)第19条规定,保险经纪人应将其在通常业务中已知和应知的重要情况告知保险人,此规定适用于非海上保险,也适用于再保险。但英国2015年《保险法》(Insurance Act 2015,IA2015)第4条已经将告知义务修改为"公平陈述义务"(Duty of fair representation),而且明确免除了保险经纪人向保险人提供经纪人在与第三人的业务关系中获得的保密信息(Confidential information)的法律义务,减轻了保险经纪人和被保险人的责任。

2. 避免利益冲突

前文已提及,再保险经纪人在履行再保险协议方面发挥巨大作用,其职责范围远超出分出人的代理人。

《再保险业务管理规定》第27条规定:"保险经纪人从事再保险经纪业务,应恪尽职责,不得损害保险人的信誉和合法权益。"此处并未明确保险人是指分出人还是再保险人,或是二者兼指;恪尽职责(Duty of due diligence, Duty of care)似乎也不限于合同义务。

《再保险业务管理规定》第29条规定:"保险经纪人应当按照再保险合同的约定,及时送达账单、结算再保险款项以及履行其他义务,不得挪用或者截留再保险费、摊回赔款、摊回手续费以及摊回费用。"第31条规定:"应再保险分出人或者再保险接受人的要求,保险经纪人应当按照合同约定配合进行赔案的理赔工作。"此两条规定反映保险经纪人工作范围可能同时涉及分出人和再保险人,可能存在潜在利益冲突。因此,再保险合同对再保险经纪人职责的明确详细约定对三方都很重要。此外,再保险经纪人的经济实力和信誉,以及对职业责任的充分投保也很重要。

3. 对分出人的义务

再保险经纪人对分出人的基本义务就是恪尽职责,根据分出人的指示及时促成再保险协议。①

作为专业人员,再保险经纪人应具备相应的再保险专业技能、渠道、知识及信息,并悉心设计再保险方案及条款,在推荐适当的和可靠的再保险人,明确承

---

① 参见《民法典》第961条、第962条;《再保险业务管理规定》第27条。

保风险、保险期间、除外责任、佣金、法律适用及管辖权等各方面,符合分出人的风险状况及要求,否则可能构成对分出人违约。

再保险经纪人对分出人的合同义务不限于促成再保险合同,还包括对影响再保险合同履行(特别是再保险赔偿责任)的情况提供咨询服务。[①] 再保险经纪人有连续跟踪再保险人偿付能力的义务,特别是对合约分保业务的国外再保险人。近年来常常出现保险公司经营异常、退出某一类业务、重整、被接管甚至破产,再保险经纪人应当及时告知分出人其交易对手的变化,提醒其及时行使再保险合同约定的权利,例如合同解除权、准备金担保等。

4. 对再保险人的义务

再保险经纪人与再保险人之间一般不存在委托合同关系,但对再保险人仍负有注意义务,不得损害再保险人的信誉和合法权益。[②]

而且,再保险经纪人可能有多重身份,在下列情况下,其法律地位是再保险人的代理人:(1)承保授权(Binding authority, Binders, Cover):再保险经纪人有再保险人的授权(Delegation of underwriting author),代理再保险人接受分保,此时经纪人被称作 cover holder[③];(2)根据再保险人的授权,向转分保再保险人办理转分保(Retrocession)业务。

5. 分经纪人

在实务中,再保险经纪人常常形成一个经纪人链条,从与分出人直接签订代理合同的"投保经纪人"(Producing broker),到"订约经纪人"(Placing broker)或劳合社经纪人,由此形成代理合同链。如果分出人与订约经纪人没有直接代理合同关系,就只能诉诸侵权法上的注意义务。

根据《民法典》第169条、第923条的规定,转委托协议需要经过委托人同意、事先授权或事后追认,或可以证明是紧急情况下为了委托人的利益。经过委托人同意的转受托人与委托人之间直接建立起代理合同关系。实务中,再保险国际惯例和再保险分出人的行为也影响转委托其他经纪人的法律效力,例如,分

① 参见英国金融行为监管局(FCA)保险业务行为手册(Insurance Conduct of Business Handbook)保险对经纪人义务的详细规定;参见英国案例 Standard Life v. Oak Dedicated and AON (2008) EWHC 222(Comm)。

② 参见《再保险业务管理规定》第27条。

③ 承保授权(binding authority, binders)不同于特约临分(fac/oblig, open cover)。特约临分再保险经纪人接受分出人选择分出的分保业务,此时再保险人经纪人仍然是分出人的代理人。

经纪人(Sub-broker)的酬劳一般只能根据转委托协议向与其有直接合同关系的经纪人请求。

再保险经纪人或分经纪人为了得到额外佣金或其他利益滥用代理权,损害委托人(分出人或再保险人)利益的,要承担违约责任。

(三)与再保险经纪人相关的再保险合同条款

如前文所述,双方在再保险合同中对于再保险经纪人法律地位、权利义务的约定也非常重要。通常再保险合同中设立再保险中介条款(Intermediary clause),在国内市场常见的条款如下:

Intermediary Clause

再保险中介条款

[Intermediary (name and address)] is hereby recognised as the Intermediarynegotiating this contract for all business hereunder.

[保险经纪公司名称]作为中间人参与本合同项下所有业务的协商谈判。

All communications, including but not limited to notices, reports and statements relating to this Agreement and all payments, including but not limited to premiums, return premiums, commissions, taxes, losses, loss adjustment expenses and salvages relating to this contract shall be transmitted between the parties through the Intermediary.

一切有关本合同的通信往来(包括但不限于通知、声明、保费、退回保费、佣金、税收、损失、损失调整费用、残值和损失的结付)等,应通过该中间人在分出公司和分入公司间传达。

围绕前述讨论的经纪人问题,中介条款在再保险的历史发展中经历了多次迭代,至今尚未在所有国家形成统一的习惯。目前,上述国内常用条款明确了经纪人的法律地位和基本的权利义务,但需要特别注意的是,该条款中对于经纪人告知和付款方面的权利义务约定较为原则,需要结合再保险合同约定适用的法律(如中国《民法典》)做诠释和解读。当然,双方当事人还可以就具体的义务,如通知、付款的发出和到达等作详细的约定。

除了上述条款外，还有单独的经纪费条款（Brokerage clause），约定经纪费的比例、收取的基础、代扣代缴的项目等。通常这样的经纪费条款相比经纪人条款更具定制性；根据法律和双方商业需求，经纪人和再保险人、分出人单独协商不同的条件和条款。

（四）对再保险经纪人的法律监管

根据《保险法》第119条至第124条的规定，在我国境内，再保险人经纪人的经营也有资质限制（许可证）、最低实缴货币资本金、高管任职资格、经营场所和专门账簿、缴存保证金和投保职业责任保险等。

根据《保险经纪人监管规定》和《再保险业务管理规定》，在我国境内经营再保险经纪业务的经纪人也需要在监管机构再保险登记系统的再保险经纪人清单中。否则，就构成非法经营，将受到《保险法》规定的行政处罚。但是，即使再保险合同是通过清单之外的经纪人办理的，并不必然导致再保险协议无效，也并不必然影响分出人和再保险人的民事权利义务。

第三节　再保险合同的主要类型

《再保险业务管理规定》第 2 条第 4 款至第 7 款将再保险合同从两个不同角度进行分类，这也是国际上普遍采用的再保险分类方法。第一类是临时分保、合约分保与预约分保（又称特约临分），第二类是比例再保险与非比例再保险。临时分保、合约分保与预约分保都可以是比例分保，或者非比例分保，故每个具体的再保险合同都是这两个类别的结合体，共同反映该合约的基本特征。（见图 1－3）

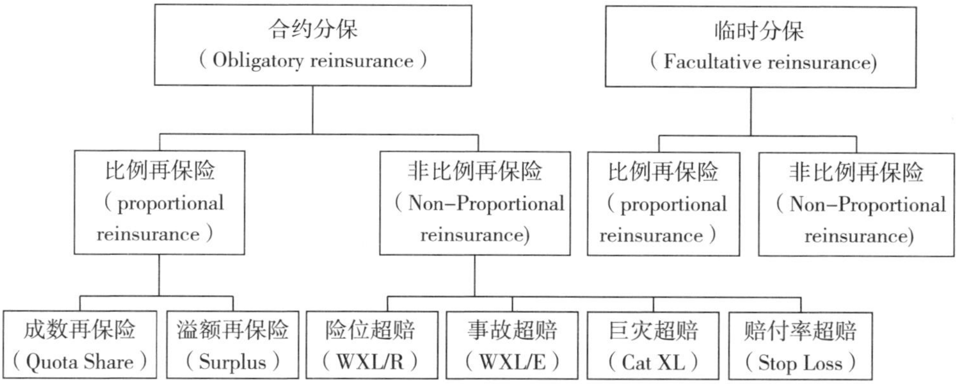

图 1－3　再保险合同的主要类型

再保险合同的分类，影响到再保险合同的成立、生效、内容、法律性质、修改、解释和解除等方方面面，是本书重点分析的内容之一。

一、临时分保、合约分保与预约分保

根据再保险（分保）安排方式可将再保险合同分为"合约分保"（又称"固定分保、固定再保险"，Treaty reinsurance，Obligatory reinsurance）、"临时分保"（又称"临分"，Facultative reinsurance）与预约再保险（又称"特约临分"，Facultative obligatory reinsurance)，此外还包括互惠交换分保及集团分保。

在合约分保中，保险人预先与再保险人订立合同，约定将其在一定期间内承担的保险业务向再保险人办理再保险。对于合约分保分出的保险业务，分出人必须分出(除非是合同明确约定的例外情况)，再保险人必须接受。临时分保由分出人临时与再保险人约定，将其承担的保险业务逐笔分出，再保险人可以逐单选择是否接受分入。介于合约分保和临时分保之间的还有一种"预约分保"，此种分保分出人有权选择是否分出，但一旦分出，再保险人就必须接受。

(一)临时分保

临时分保是最古老的再保险形式，本书第一章提到的最早可追溯的1370年再保险合同即为一份临时分保合同。临时分保最初由承保航次(短期)水险业务的保险人，将其用于赚取保险费差价。尽管合约分保是现在主要的再保险合同形式，但临时分保也并未过时，仍被广泛采用，特别是针对单笔风险巨大的特殊风险，或超出合约分保范围或限额的单独风险。

临时分保主要有两大特点：其一，以保单或危险单位(Risk unit)为分保基础，逐笔协商办理再保险；其二，临时分保双方有完全自主选择权。分出人可以根据承保业务决定是否分保，再保险人可以根据分出业务质量和自身业务经营需要决定是否接受分保。因为是逐笔协商，故而分保手续相对繁琐，时间和管理成本较高。

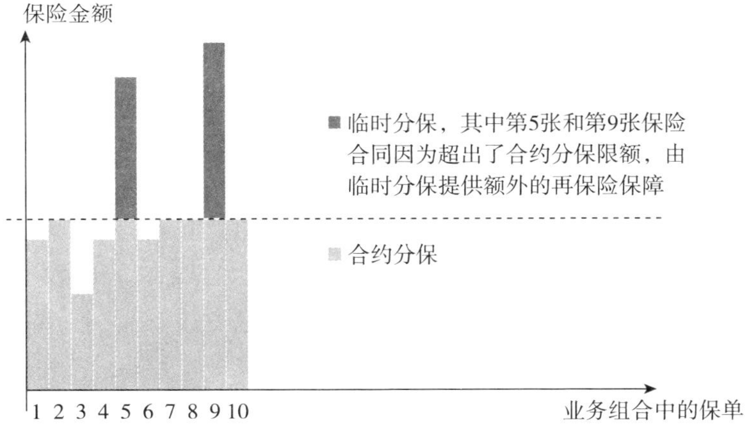

图1-4　临时分保①

① Swiss Re, *Reinsurance matters*, SR, 2005, p.59.

（二）合约分保

有据可查的最早的合约分保合同订立于1825年，由一家德国保险公司和一家法国保险公司在巴黎订立。① 合约分保从创立伊始就明确了其不同于临时分保的特点——承保业务组合（Insurance portfolio）而非单一风险。此后，专业再保险公司的成立进一步推广了合约分保。

与临时分保相对比，合约分保的特点包括：其一，在合约分保协议中转移的风险是分出人承保的某一类保险业务组合，或者全部保险业务组合，不是单一的风险；其二，合约分保双方都受再保险合同的约束，对再保险合同约定的业务，分出人有义务分出，再保险人有义务接受，故我国保险行业协会条款称其为固定再保险或义务分保。因为合约分保有明显的效率优势，所以分保合约已经发展成最常见的再保险合同形式。

（三）临时分保与合约分保的主要差异

临时分保与合约分保的主要差异见表1－2。

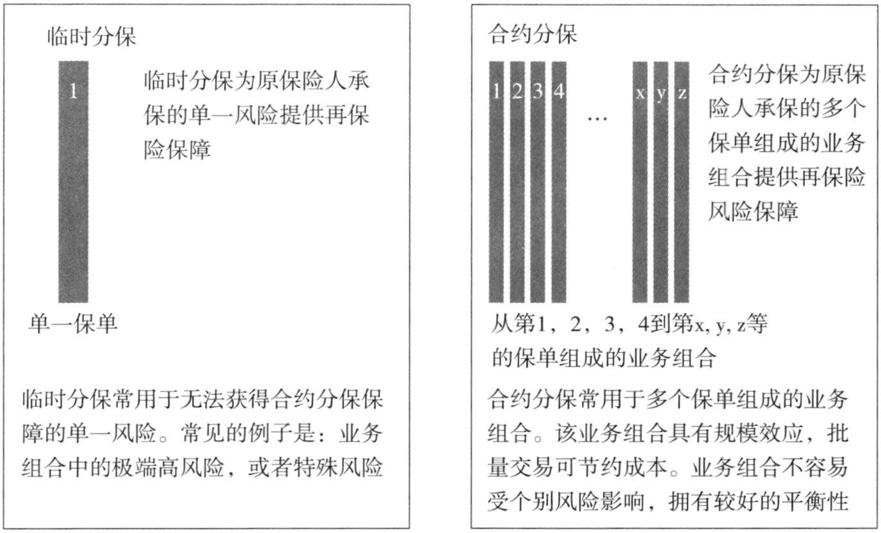

图1－5　临时分保与合约分保的区别②

① See Edwin W. Kopf, *Notes on Origin and Development of Reinsurance*, p. 28.

② Swiss Re, *Reinsurance matters*, SR, 2005, p. 66.

表 1-2 临时分保与合约分保的区别

	临时分保	合约分保
对双方约束力	无,需要签订临时协议,无法提供自动再保险支持	再保险协议签订后,对双方有约束力,在再保险期间约定的保险业务自动转移至再保险人
所转移保险业务数量及效率	逐笔转移,以保单或危险单位或项目为基础,不稳定,管理成本高	在再保险期间自动转移所有保单,稳定高效,管理成本低
再保险期间	无独立再保险期间,通常同原保单	有独立再保险期间,可以为 1 年期或多年期
再保险责任的时间基础	通常同原保单	通常有三种情况: (1)承保年度制:在再保险期间签发的和续保的所有保单(Risk attaching duration, underwriting year); (2)损失事故发生制:在再保险期间所转移的保单下发生损失(Loss occurence duration, occurrence year); (3)会计年度制(Accounting year)①
再保险协议形式	比例和非比例	比例和非比例
实际应用	(1)超出合约限额的业务; (2)合约除外的,或超出合约承保范围的业务	合约约定范围内的所有保险业务
账单条款	简单	复杂,包括季报、年报等

二、比例再保险与非比例再保险

以责任基础是原保险合同的“保险金额”(Insured amount)还是“保险赔偿责任”(Settlement,Loss),可将再保险合同分为“比例再保险”(又称“比例分保”,Proportional reinsurance, Pro rata)与“非比例再保险(又称“非比例分保”,

---

① 详细介绍参见第二章第二节中再保险的期间和第四章第四节中再保险的核算制度。

Non-proportional reinsurance, Excess of loss, XL)。

（一）比例再保险

比例再保险以原保险合同的保险金额为基础确定分出人的“自留额”（Retention, Deductible）和再保险人的分保额，原保险人（分出人）与再保险人按约定的比例分享保费、分摊赔款。

比例再保险包括成数再保险（Quota share reinsurance）、溢额再保险（Surplus reinsurance）以及成数和溢额混合再保险。“成数再保险”是指分出人将每一个危险单位的保险金额，按照约定比例向再保险人分保的再保险形式。例如，如果再保险公司接受某一个风险组合的25%，直接保险公司就保留75%，再保险人和分出人对于每一个保单下保费和赔款分配的比例是1∶3（见图1－6）。“溢额再保险”是指分出人先确定每一危险单位的自留额，将超过自留额部分，分给再保险人的再保险形式。在溢额再保险人的最大责任用原保险人自留额的倍数来表示，再保险人对在原保险人的自留额内的损失没有赔偿责任。在溢额再保险中自留额是计算分出额的基数，称之为“线”（Line）；分出额是自留额的一定倍数，称之为“线数”（Lines）。成数再保险和溢额再保险这两种合同形式，也可以在同一再保险合同中结合使用，形成“成数溢额再保险”（Combined quota share and surplus reinsurance）。

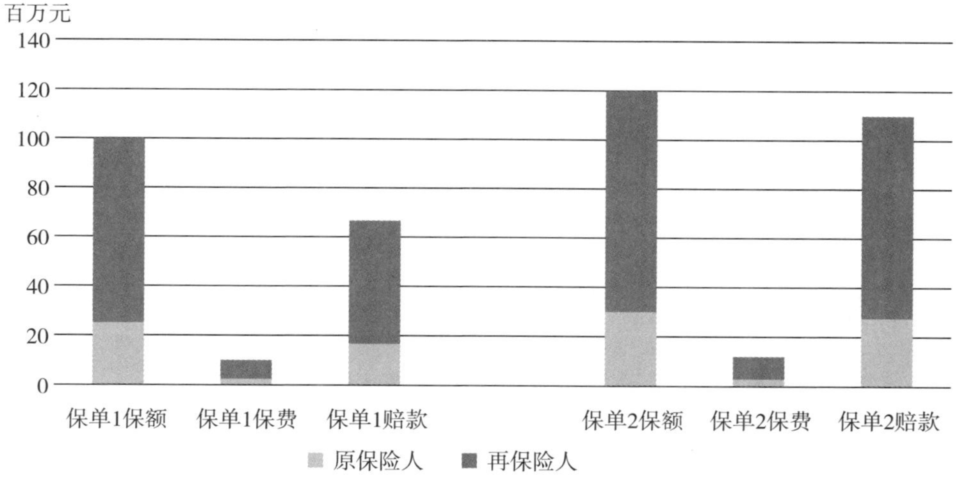

图1－6　成数再保险示例

（二）非比例再保险

非比例再保险合同是指当分出人根据原保险合同应承担的赔偿责任（在再保险业务中称为“损失”或“赔款”，Loss），超过某一约定“起赔点”（Attachment point，excess，retention，deductible）时，再保险人对损失超过“起赔点”但低于“最高赔偿限额”（Limit）的部分承担责任。

非比例再保险的自留额（起赔点）可以是一个固定的金额（Monetary amount），也可以是原保险赔偿金额与原保险的保费之间的一个比率（Loss ratio）。前者更常见，如“险位超额赔款再保险”（以下简称险位超赔，Risk Excess of loss reinsurance）、“事故超额赔款再保险”（以下简称事故超赔，Event Excess of loss reinsurance），“巨灾超赔再保险”（以下简称巨灾超赔，Catastrophe excess of loss reinsurance）；后者主要是赔付率超赔再保险（以下简称赔付率超赔，stop loss reinsurance）。以事故超赔合约为例，如果再保险公司接受某一个事故的赔偿责任超过 60 万美元，但最高不超过 120 万美元部分，那直接保险公司就要承担低于 60 万美元的部分或者超过 120 万美元的部分的损失（见图 1－7）。

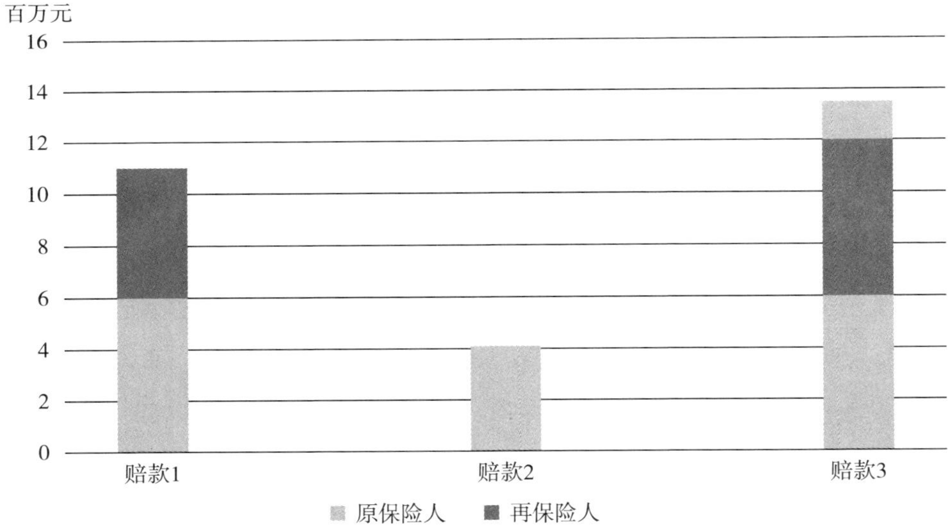

图 1－7　非比例再保险示例

就某个或某类风险或业务，原保险人可以分“层”（Layer）来安排不同的分保形式，各层有不同的责任限额。比例再保险与非比例再保险这两种再保险合同形式可以在同一再保险合同的同一层或不同层中结合使用。

比例再保险的"再保险费"(Reinsurance premium)与"原保险费"(Underlying premium)呈比例关系;在非比例再保险情况下这两者则不成比例,其"定价"(Rating, Costing and Pricing)比较复杂,通常分出人可以自留的保费比较多。

(三)比例再保险与非比例再保险的主要差异

表1-3　比例分保与非比例分保的区别

	比例分保	非比例分保
再保险费	原保险费的一定比例	与原保险费不成比例
再保险费定价	按原保费的一定比例定价,辅之以分保手续费(ceding commission)和其他条件(如损失分担等)来调节	根据净自留保费以经验定价法(experience rating)和/或风险定价法(exposure rating)或其他方法定价
手续费及分担	有分保手续费、纯益手续费(profit-commission)和损失分担(loss participation)等	无
再保险期间	1年或多年	1年或多年
自留额基础	原保单保险金额的一定比例	原保单下损失或累积损失的一定金额,或年度累积损失占总保险费的一定比例
损失累积基础	各险位叠加(Risk by Risk)	需要约定损失累计的基础是"单一事故"(Perevent)、"单一危险单位"(Per risk)或保险年度(Annual Aggregate)

三、财产再保险合同形式选择的主要考虑因素

再保险合同形式的主要考虑因素包括所承保的原保险业务的种类、一次事故或事件引起的风险累积(risk accumulation, risk aggregation)、分出人资本管理和风险管理目标、监管规定和市场趋势、原保险的责任范围、盈利和损失的波动性和强度、分出人是成长性公司还是实力雄厚的大公司和分出人希望保留的保险费份额等。

(一)原保险业务种类

原银保监会将非寿险业务分为车险(motor)、财产险、船货特险、责任保险、

农业险、信用保证保险、短期健康保险、短期意外伤害保险、短期寿险等业务。[①]其中财产险包括企业财产保险、家庭财产保险和工程保险;车险包括机动车法定第三者责任险、机动车商业第三者责任险、机动车车辆车体损失保险和其他机动车保险;船货特险包括船舶保险、货运保险和特殊风险;农业保险包括种植保险、养殖保险和林木保险;信用保证险包括融资性信用保证保险、非融资性信用保证保险。

国内再保险市场报告总结[②]:"国内财产保险公司对以企业财产险、工程险为主的非水险业务,通常采取比例再保险和非比例再保险并重的再保险安排方式。比例再保险安排,通常以组建溢额合约或成数溢额合约为重要的再保险安排方式,其中成数溢额的分保方式占主流。非比例再保险安排则结合业务种类和业务规模组建险位超额再保险、事故超赔再保险等分保方式。以船舶险、船建险、货运险为主的水险业务通常选择组建成数溢额合约,并对净自留损失安排超赔合约保障;责任险[③]业务通常选取某项或某几项细分险种组建成数合约,并对各类责任险业务的净自留损失安排超赔合约保障;信用保证险业务通常选择组建成数合约;特殊风险业务通常选择成数合约,并对净自留风险安排超赔合约保障;意外险合约通常选择组建超赔合约保障;短期健康险通常结合具体的产品组建成数合约。农业保险的再保险安排主要包括与中国农再的约定分保和商业市场分保,前者为成数分保,后者通常包括成数分保和赔付率超赔合约。"

(二)风险累积与风险转移需求

再保险是分出人分散风险的重要方式,选择恰当的再保险合同形式有助于分出人通过再保险来应对风险的潜在波动。这种波动的典型例子就是分出人承保的高风险业务导致的大额损失给其业务组合带来负面影响。分出人可以根据

---

① 参见《保险公司偿付能力监管规则(Ⅱ)》(银保监发〔2021〕51号)保险公司偿付能力监管规则第3条:保险风险最低资本(非寿险业务)。

② 参见中国再保险(集团)股份有限公司编著:《中国再保险行业发展报告(2022)》,中国金融出版社2022年版,第44页。

③ 责任保险实际上对应两个英文概念 Casualty insurance 和 Liability insurance。不同市场的使用这两个英文概念的习惯不同,内涵也有所不同,实务中通常认为 Casualty insurance 比 Liability insurance 涵盖范围更广,Casualty insurance 不仅包括 Liability Insurance,还包括机动车保险、工伤保险、意外伤害保险等险种。根据原保监会监管口径,我国财产保险公司的责任险主要包括雇主责任险、公众责任险、职业责任险、产品责任险和其他责任险五类。每一大类又细分成各个子类型,例如雇主责任险包括雇主责任保险、安全生产责任保险、补充工伤责任保险和其他雇主类责任保险。这里所指的责任险即为此意。

分出业务的性质和特点，通过特定形式的比例合约、临时分保和预约分保控制和降低风险。在某些业务领域，比如财产险，还可以通过非比例合约中的险位超赔和事故超赔来实现这样的效果。除了单一的合同类型，分出人还可以通过比例合约和非比例合约的组合，例如成数比例合约和险位超赔组合，或溢额比例合约和险位超赔组合来分散极端大型风险。

同时，风险累积管理是保险（Accumulation of risks）和再保险存在的主要意义，所以也是理解和规划再保险合同形式、内容和条款的出发点。不同的保险业务种类，有不同的风险累积特点。例如，机动车保险中的“机动车车辆车体损失保险”（MOD：cover for damage to one’s own vehicle）特别易于遭受自然灾害（如连续大雨造成的城市内涝）引起的风险累积，保障人身伤亡的责任险的风险累积发生在人群密集处所或自然灾害发生时，产品责任险的风险累积表现为产品的某一个部件的缺陷可以导致大量类似事故和产品召回责任（Recall），环境污染责任险的风险累积发生在大型突然或渐进的污染事件发生时。实务中，分出人可以通过比例合约、非比例合约的单一或组合形式管理风险。

此外，我国作为自然灾害频发的国家，发生巨灾事故并不罕见，分出人即使使用了比例合约背靠背转移了一部分风险给再保险人，自己的净自留部分依然存在巨灾风险敞口，分出人需要通过巨灾超赔合约和比例合约的组合转移风险。

（三）业务发展和承保能力需求

再保险在支持分出人拓展业务，提供承保能力方面起到了举足轻重的作用。很多业务领域分出人以比例合约、预约分保这两种再保险合同类型为主要途径，从再保险人处获得了大量稳定、可靠和经济的承保能力支持，提高了自身市场竞争力，推动业务快速发展。

当分出人业务发展迅速时，根据监管要求，可能面临一定的偿付能力压力，而比例再保险，尤其是成数再保险合同可以帮助分出人妥善管理此类压力，此类例子在非寿险和寿险领域都可看到。

另外，在业务发展面临变化时，例如承保风险发生变化，或缺乏可靠的历史数据积累，分出人和再保险人协商确定的再保险合同形式则通常为比例合约中的成数合约，双方通过成数合约共担风险、共享收益，合理规避因风险变化或损失不确定带来的风险。

（四）资本管理和风险管理需求

再保险与保险公司的风险管理和资本管理存在密切联系，例如，再保险合同中确定的净自留风险和风险累积与保险公司的资本金管理、偿付能力管理、信用风险管理、承保授权管理等相互关联,相互依存,互相影响,共同成为保险经营的核心。因此,再保险合同类型也成为资本管理和风险管理方案的重要内容。

最简单的例子来自再保险成本的核算和确定方面,不同的再保险合同类型对应的成本和边际效应明显不同,这最终反映为资本管理和风险管理结果。反之,保险公司的资本管理和风险管理也同样反过来影响再保险合同类型的选择和交易条件的确定。在日常实践中,在某一个特定业务领域,公司根据资本管理和风险管理需求主动选择某种比例合约或非比例合约类型非常常见,同时也会根据当年需求调整即将到期待续转的合约类型。

(五)监管要求和市场趋势

再保险合同是分散风险的商业载体,监管部门通常不会干涉其具体形式。但在涉及公共利益时,根据不同国家的监管要求,对于特殊领域(如核能、农业领域)和特殊风险(如巨灾风险),会制定特殊的风险分散规则,其中自然包括再保险合同的形式。以农业风险为例,美国监管机构制定了标准再保险合约(Standard Reinsurance Agreement),以协助经营政策性农业保险的保险公司管理风险,该合同为比例合约和非比例合约的组合。

市场趋势也同样值得注意。再保险合同的选择在不同市场、同一个市场的不同历史阶段也存在自己的规律。举例而言,在再保险发展的初期,德国、瑞士和英国的再保险交易通常使用成数比例合约。① 非比例合约虽然几乎在相同时间就为人所知,但直到第一次世界大战后才从美国开始大规模流行,这现象背后的原因不乏不同再保险交易主体在不同国家对这两种再保险合同类型理解的变化和交易中的博弈。类似的情况也出现在改革开放初期的中国,比例合约在很长一段时间都是主流。

(六)再保险排分方案实例:IG2022~2023年再保险方案介绍

由12家船东互保协会②组成的国际保赔协会集团(International P & I Club

① Harold James & Peter Borscheid et al., *The Value of Risks-Swiss Re and the History of Reinsurance*, Oxford University Press, 2013, p. 178.

② 船东互保协会一般指船舶所有人、承租人相互保障其海事责任的非营利性组织。国际保赔集团是全球12家船东互保协会组成的行业协会,其提供集团分保,并为集团会员协会统筹购买超赔再保险。全球90%的远洋海运责任保险由国际保赔集团旗下的12家船东互保协会承保。

Group，IG）通过规范各保赔协会之间竞争的国际保赔集团协议（International Group Agreement，IGA）、索赔分摊协议（Pooling agreement，Pool）和设立自保公司（Hydra Insurance Co.，Ltd.），规范各互保协会之间的合作，并结合商业分保（从 1951 年开始），形成独具特色的再保险计划，以合理再保险费支出有效管理巨额船舶营运风险，包括船舶污染责任风险。在英国，船东互保协会集团内分摊索赔的历史可以追溯到国际赔偿集团形成之前的 1899 年。现在国际赔偿集团每年调整其再保险方案。①

根据国际保赔协会官网②，国际保赔协会集团 2023～2024 年再保险方案涉及三大类风险：除了保赔保险责任（P&I）外，还分别单独考虑了船舶油污责任风险（Oil pollution）、“恶意网络风险”（Malicious cyber）以及“新冠和流行病毒风险”（Covid & Pandemic）。

国际保赔协会集团 2023～2024 年再保险方案（见图 1－8）（2023/24 Pool and GXL Reinsurance contract structure）是一个 3 层超额赔偿再保结构，各互保协会的自留额是 1000 万美元。最下面第一大层是“互保层”（Pool），担保范围为 1000 万美元至 1 亿美元，该层又细分为 3 小层，分别为第一小层 1000 万美元至 3000 万美元，第二小层 3000 万美元至 5000 万美元，第三小层 5000 万美元至 1 亿美元。其中第二小层和第三小层由集团自保公司 Hydra 承保。第二大层是“集团总超赔层”（Group General Excess of Loss Layer，GXL），担保范围为 1 亿美元到 21 亿美元，又细分 3 小层。同时提供恶意网络风险、新冠和流行病毒再保保障，保障是按年度累积限额。第三大层是“年度总体溢额层”（Collective Overspill），担保范围为 21 亿美元到 31 亿美元，全部由商业再保险市场承保。

各大层和小层相结合，对 3 大类风险分别作出约定。除了恶意网络风险、新冠病毒风险和流行病毒风险，以及总体溢额是按年度累积承保外，其他各类风险都是按单船单一事件承保。从图 1－8 可以看出，这个保险方案非常特别，也非常复杂：既有商业再保险人，又有集团分保和自保公司；既有事故超赔，又有年度累积超赔。

---

① See Edgar Gold, *Gard Handbook on P&I Insurance*, 5th edn., London, 2002, Ch.5.

② International Group of P&I Clubs, 2023/24 *Pool and GXL Reinsurance contract structure*, IG website, https://www.igpandi.org/reinsurance/.

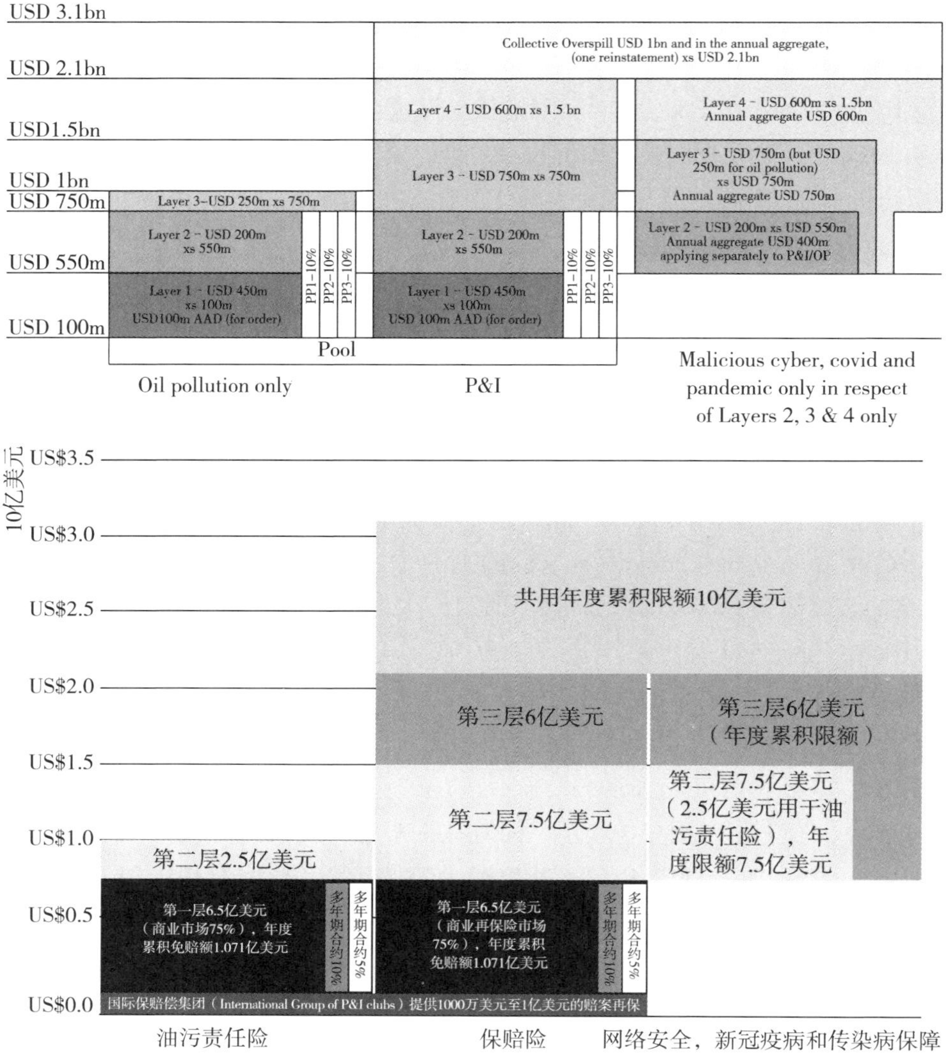

图1-8 国际保赔集团2023/24再保险方案①

① International Group of P&I Clubs, 2023/24 *Pool and GXL Reinsurance contract structure*, IG website, https://www.igpandi.org/reinsurance/.

第二章

再保险合同的订立

再保险合同是一种特殊的保险合同,故再保险合同受《保险法》和《民法典》调整。如果是海上风险,就要优先适用《海商法》的有关规定。如何用一般法律规定来调整再保险合同,并论证和识别哪些一般法律规定不得适用于再保险合同,是本书写作的主要任务之一。

关于再保险合同的订立及其内容,本书从法律层面和实务(条款)层面,分两节分别予以介绍。对与再保险合同有关的专业术语,本书尽可能由浅入深予以说明。

第一节　再保险合同订立的法律分析

一、再保险合同的形式要件:书面

对再保险合同的“形式”(Formality),虽然《民法典》和《海商法》没有要求,《保险法》也没有特别要求,但鉴于再保险合同的复杂性,为了便于证明磋商过程[①]和符合商业规范,中国保险行业协会 2018 年 6 月 24 日公布的《合约分保指引》和《临时分保指引》,对再保险合同的确认,明确要求采用书面形式。

书面形式指合同书、信件和数据电文(包括电子数据交换和电子邮件)等可以有形地表现所载内容的形式。无纸化和数据形式是发展趋势。书面形式不限于再保险合同以完整的书面形式呈现,仅要求有书面内容可以表明双方的权利义务关系,而且可以并入标准条款或双方此前订立的再保险合同条款。

二、要约与承诺

要约与承诺是判断所有合同是否成立的基本分析框架,再保险合同也不例外。《民法典》第三编(合同)第一分编(通则)第二章(合同的订立)对此有详尽

① 参见本书第七章第二节我国再保险案例一、二、三。

的规定，要约和承诺都要求完整和确定。这方面的著作甚多，本书仅结合再保险合同排分的特殊性，参考中国保险行业协会公布的《合约分保指引》及《临时分保指引》，做必要的分析说明。

再保险合同的分类对再保险合同的成立及内容构成有很大影响。合约分保与临时分保在再保险合同的成立方面有很大差异，故需要分别予以分析。两种不同的再保险业务类型即比例再保险与非比例再保险对再保险合同的成立也有影响，且对再保险合同的内容构成影响更大。

为了成立一个新的再保险合同或将原再保险合同续约（续转①），不管是直接签订再保险合同，还是采用伦敦等国际市场常见的分保形式，再保险分出人均需要提前做大量准备工作。

（一）合约分保的要约与承诺

《合约分保指引》6.1.1.1 规定，"再保险分出人根据公司自身业务发展和风险管理的需要，结合再保险市场的实际情况，针对某个、某类（Class）或某些险种（Type of risk）组建再保险合约"。

组建再保险合约时，再保险分出人的主要准备工作包括：

1. 针对不同业务类型的重点关注内容，比如合同保障范围、除外责任、合约期间、自留额、再保险保费和手续费、承保能力等，初步确认自身的分保需求；

2. 针对合约准备相关的公司情况介绍（包括公司简介、资本和偿付能力、历史业绩、人员和团队情况等）、业务发展计划、核保原则、风控措施、承保理赔数据、结算情况等重要信息，以便提供给再保险人进行风险评估和承保。这也是再保险分出人应履行的在合同成立前告知再保险人重要情况（Material fact）的法律义务。②

《合约分保指引》6.1.2 规定，"对于已存续合约，再保险分出人在合约期限结束前 3 个月内，根据自身业务发展的需要，结合再保险市场实际情况以及合约实际运行情况，考虑是否需要对下一年度合约续转条件进行修改，并初步拟定合约续转需求。续转再保险合约时，再保险分出人应准备相关合约运行历史数据和承保信息，以便提供给再保险接受人进行风险评估和续保。"

① 再保险行业通常将再保险合同的续约称之为续转（Renewal）。

② 详见第四章第一节"再保险分出人的义务"。

成立合约分保合同,通常第一步是再保险分出人发出“要约邀请”(offer invitation)或“要约”(offer),第二步是再保险接受人发出要约或进行“反要约”(counter offer),第三步是再保险分出人“承诺”(acceptance)。

根据《合约分保指引》6.2.1,第一步是再保险分出人将再保险合同的合约分保要约或要约邀请直接或通过再保险经纪人发送给意向首席再保险人(Leading reinsurer)。

《合约分保指引》没有像《临时分保指引》一样对合约分保的要约内容直接作出说明,但在6.3中列明了再保险人评估再保险分出人要约或要约邀请的重点内容,主要包括:

1. 分出公司的基本情况,包括但不限于业务发展战略、偿付能力、结算情况;

2. 比例合约承保条件,包括但不限于合约预估保费、业务质量平衡性、业务范围、分保手续费、合约承保能力、自留额、共保业务及分入业务使用合约情况、除外责任、特别约定、历史业绩;

3. 非比例合约承保条件,包括但不限于保障范围、除外责任、最大自留额、起赔点、各层责任限额、责任恢复(Reinstatement)条件、净自留保费、保费调整费率、历史损失记录。

根据《合约分保指引》6.3,在接到分保合约要约邀请或要约后,再保险人根据再保险分出人提供的风险信息和数据(Risk details)进行评估,之后再向再保险分出人发出反馈承保条件及意向承保份额的要约或进行反要约。此为第二步,即再保险人的核保与反馈。

根据《合约分保指引》6.4,再保险分出人与首席再保险人就承保条件达成一致,根据合约总体排分情况,书面确认每一再保险人的承保份额,至此构成承诺,合约分保合同成立。此为第三步。

但在实际操作中,承保条款的达成可能需要反复磋商,即有多轮要约与反要约的过程。

理论上,再保险分出人需要在再保险合约保险责任开始(以下简称起期,Inception date)之前完成再保险合同的签订,而且要避免再保险人“认购”(subscribe)分保份额不足的情况,即避免发生分保不完全。[①] 故再保险分出人需

① 分保不完全指再保险接受人确认接受份额之和小于合约最大应分保份额。

要提前做好合约再保的准备工作，续转也是如此。实务中，再保险分出人可能因为分出保险的责任已经开始，或再保险人认购耗时较长等，面临再保险合约实际签订日期晚于再保险责任开始日期这种再保险合同“倒签”的情况。

（二）临时分保的要约与承诺

很多时候保险公司直接对临分业务进行排分。当临时分保业务通过再保险经纪人排分时，再保险分出人和再保险人都需要核对中介的资质，以及中介提供的分保条件是否与委托人提供的一致，特别是再保险合同责任范围、再保险费率和经纪人佣金等。

临时分保通常时间紧迫，故最好预留一定时间，至少在原保险生效之前一段时间完成排分。临分合同成立时间可以先于原保单生效时间，但双方应明确约定临分合同生效时间不得早于原保单生效时间。如果原保险合同未能成立，“原始风险”（Underlying risk）并未承保，已签订的临分合同也没有法律约束力。①

根据《临时分保指引》5.2 和 7.1，临分合同的要约和承诺都应明确包含临分合同的主要内容，包括但不限于：原保险基本风险信息、再保险责任范围、再保险合同责任免除（除外责任）、费率条件、免赔额、责任限额、风险区域范围、再保险期限、分出份额、再保险手续费（基于不含增值税的保费为基础计算）、再保险经纪费（基于不含增值税的保费为基础计算）、法律适用和争议解决以及要约有效期等。临分业务由于时间紧迫，故需要设定要约有效期，但要约邀请可以不设有效期。

根据《临时分保指引》6.3，收到临分要约的再保险人，必须在约定时间内或尽快作出响应，即使是不接受分入的意思表示，也应该在再保险业务系统或业务登记台账表中做好相应的已报价待反馈、已接受、已拒绝等业务处理标识。

根据《临时分保指引》7.3，临分合同可以约定附条件或附期限生效：

1. 再保险分出人发出要约，再保险人对所有条件确认接受的，视为再保险人作出承诺，临分合同成立；

2. 再保险人对再保险分出人的要约作出实质性变更，如附带了合同成立的前提条件，则视为再保险人的反要约；再保险分出人对反要约全部确认的，构成

---

① 参见［英］科林·埃德尔曼等：《再保险法》，杨帆泽，法律出版社 2019 年版，第 31 页。

承诺，临分合同成立。

根据《临时分保指引》7.5，若临分业务发生批改，再保险分出人宜在批单生效前5个工作日将相关情况报送再保险人，业务磋商同上述流程。

根据《临时分保指引》8.1，如果在承诺生效时无法签订正式合同，再保险分出人应在原保单签发后，根据最终的承保条件，在约定的或合理的时间内签发纸质或电子版正式临分合同文本及账单，并要求再保险人适时签回。对于非比例临分合同或其他特别约定的临分合同，也可以由再保险人先发起正式合同的签署。正式临分合同应由各方授权代表签字盖章。应再保险人的要求，再保险分出人应向再保险人提供原保单副本或复印件(包括原保单保险条款)。

如果正式临分合同文本或保险单与分保条[①]不一致，就构成一个反要约，再保险合同并没有成立，故需要特别注意正式临分合同文本或保险单与分保条一致。

比较容易出现分歧的是承诺是否成立，必须要结合实务中再保险合同达成的通常做法、具体交易双方的习惯做法以及具体交易中的实际做法等，来综合予以判断。参见本书第七章第二节中的案例分析。

(三)预约分保的要约与承诺

除了分出人对是否分出业务拥有选择权外，预约分保的排分在其他方面与合约分保的做法类似。

在伦敦再保险市场，预约分保的变通形式是再保险人与再保险经纪人签订经纪人预约保险合同(Brokers Open cover)，或再保险人以专门合同(Binding authority agreement[②])给予再保险经纪人承保授权。

《民法典》第495条首次确定了预约合同的合同效力，指出违反预约合同的，例如再保险人不接受按预约合同分出的业务，再保险人要承担违约责任。

---

① 分保条是在再保险缔约中，再保险分出人或其经纪人向再保险人发出的要求确认再保险主要条件和承担份额的文件。相比正式合同，分保条通常相对简明扼要，通常包含再保险合同的对价条件。具体可以参见下一节再保险合同的主要条款。

② See *Binding Authority Wordings*, Lioyd's, https://www.lloyds.com/conducting-business/delegated-authorities/compliance-and-operations/binding-authority-wordings.

三、再保险合同(分保保单)

一份完整的再保险合同主要包括各方签署的分保条(Placing Slip)或摘要表(又称“附约”,Schedule)或简要分保细节(Risk details)和再保险合同“通用条款”(General Conditions)两大部分,类似于直接保险中保险单正面记载的内容和其适用的保险条款。除了这两个主要部分外,再保险合同还可能包括批单、批注、特殊分保约定、双方约定并入的其他条款或合同(如保密合同)。

再保险合同也可能是分保条加上一些标准化条款,或者在分保条中并入“条款与条件与原保险合同一致条款”(Subject to the same terms and conditions as the original policy),或使用“完整再保险条款”(Full reinsurance clause: being a reinsurance and warranted same gross rates and terms and conditions);在临时分保中,还可能同时并入“理赔跟随条款”(Follow the settlements)。各种并入条款常常引起解释上的争议和困难。①

《民法典》对再保险合同没有特别规定,《保险法》的规定很多也不能适用于再保险合同。对再保险合同而言,由于缺乏法律的补充性规定,而且证明再保险市场惯例并不容易,故再保险合同的完整性和明确性非常重要。

一份不完整的合同很可能不具有法律约束力,比如欠缺保险费和保险金额等重要条款。如果某一必要的条款或条件模糊不清,而且无法依据相关文件和双方磋商情况予以查明,此合同将因为不确定性而部分甚至全部无效。②

为了提高合同规范化,海外再保险市场近几十年一直在推进再保险合同,尤其是再保险通用条款的标准化。例如,伦敦市场从2007年11月1日采用的市场条款(MRC: Market Reform Contract)是伦敦市场再保险合同的唯一证明,不需要再签署其他再保险协议,也不接受其他与MRC不一致的文件,以保证再保险合同的确定性。MRC包括6大部分:风险细节(Risks details)、信息(Information)、保证细节(Security details)、认购协议(Subscription agreement)、财务及规章(Fiscal and regulatory)、经纪人报酬及扣减(Broker remuneration and

---

① See Butler & Merkin, *Reinsurance Law*, Surrey: Kluwer Publishing, Sweet & Maxwell, 2019, B.1.

② 参见[英]科林·埃德尔曼等:《再保险法》,杨帆译,法律出版社2019年版,第35页。

deductions)。此外,伦敦市场上还在 2005 年引入了"合同确定性行为准则"(Contract Certainty Code of Practice)(其最新修订时间是 2018 年 9 月)。

同样的情况也出现在非伦敦市场,比如在临时分保中,分出人和再保险人会签署主合同(Master agreement)来降低逐笔协商合同主要条款的工作量,主合同通常包括再保险承保范围、除外责任、再保险限额、保费和手续费、合同的账务结算、承保和理赔明细格式等。在合约分保中,也存在再保险分出人和再保险人协商确定一个主合同(Master agreement)情形,例如再保险分出人和再保险人通过主合同统一规范管理再保险分出人在全球不同地区的业务,单笔业务只需要协商确定摘要表或分保条。具体条款内容我们将在本章第二节详细叙述。

四、摘要表(附约)或分保条与简要分保合同文本

正式再保险合同除了通用条款外,还包括各方签署的分保条[①](Placing Slip)或摘要表(Schedule,又称"附约")或"简要分保细节"(Risk details)或再保险人授权经纪人代其签署的"分保合同简要文本"(Cover note),以及其他规范再保险各方权利义务的条款等。前已述及,需要特别注意正式分保合同文本或保险单要与分保条一致,如果出现不一致的地方,可能构成一个新的要约(反要约),将导致判断合同是否成立及解释合同方面的困难。

再保险要约的载体常常采用分保条(Placing slip),而不常采用"投保单"(Proposal form, Application form),特别是在通过再保险经纪人排分业务时,故分保合约的核心文件就是分保条。在伦敦市场,则必须采用标准化伦敦市场(London Market Principle,LMP)电子分保条和批单(Endorsement)。[②]

再保险的分出人,是再保险合同的被保险人,由于信息不对称,根据诚信原则,在合同成立前,再保险分出人负有告知义务。分保条上的信息视为再保险分出人就事实作出的陈述,但不要求再保险分出人保证是完全正确的。值得一提的是,英国保险法中保证条款对于被保险人或者分出人履行义务有严格要求,被

① 在再保险实践中,有时候将 placing slip 缩写为 slip。但实际上严格意义上的 slip wording 指再保险合同双方签订的再保险合同措辞。Placing Slip 指再保险合同关键条件和措辞的摘要,通常由分出人或其经纪人准备。

② 参见[英]科林·埃德尔曼等:《再保险法》,杨帆译,法律出版社 2019 年版,第 36 ~42 页。

保险人或分出人未履行该义务将导致(再)保险人承担解除责任。故应注意对适用英国法中再保险合同的“保证条款”(Warranty)。

根据伦敦再保险市场的惯例,每一再保险人均在分保条上“签单承保”(Write a line)或“草签分保条”(Scratch the slip),例如在分保条上加盖再保险人的印章并附上机构代码,就构成承诺,该再保险合同成立,再保险分出人无权取消该再保险合同,无论分保认购不足还是过度。在英国法下,认购不足部分,视为未分出。过度认购的,按再保险市场惯例,需要“按照比例减少承保份额”(Signing down, write down),除非再保险接受人在分保条上签署时注明“低于某一比例就拒接承保”(To stand),或注明了具体的承保金额。[①]

每个接受了分保条的再保险人都与再保险分出人缔结了一个单独的再保险合同,所有再保险人均根据自己的份额对分出的再保险业务承担按份责任。因此,实务中一个分出的原保险业务所涉及的再保险合同,常常是各个再保险人签署的若干个再保险合同的集合体。这些合同通常有相同的通用条款,分保条或摘要表的条款大多数相同,但在部分条款和份额上可能有所不同。

五、再保险合同订立的注意事项

如前文所述,再保险合同是再保险分出人与再保险人双方受法律保护的关系证明,也是双方的权利和义务的基础。因此,必须妥善和勤勉地管理再保险合同。历史上,再保险合同不乏通过握手达成和最终确定的,但在商业社会这种君子协议只具有象征性约束力,很难受法律保护,这种做法自然不可持续。同时,如今的再保险合同涉及的金额更大,诉讼风险更高,因此,应当确保再保险合同内容明确(Certain)、全面(Full)、完整(Complete)。这将最大限度地减少争议并节省成本、资源和时间。再保险合同管理的重要注意事项包括:

(一)确保再保险合同以书面形式订立

在合同没有书面记录的情况下(如只有口头协议存在),没有足够的证据证明双方主张的权利义务,在发生争议时,各方可能会提出不同或相互矛盾的主

① 参见[英]科林·埃德尔曼等:《再保险法》,杨帆译,法律出版社 2019 年版,第 42~45 页;Butler and Merkin, *Reinsurance Law*, Surrey, Kluwer Publishing, 2019, A.5.1。

张，并产生诉讼风险。即使争议成功被法院或仲裁机构受理，法官或仲裁员基于双方的口头协议，也容易错误判断双方缔约时的真实意图和错误解释合同。为了避免这种不利结果发生，再保险合同必须以书面形式达成。同样，后续对合同的修改及续转也应以书面形式记录并由双方签字确认。

（二）检查再保险合同的基本和核心条款

在再保险合同订立时，应当特别关注基本和核心条款（Essential terms, Core terms）。这类条款通常包括：对交易双方的身份识别、再保险合同期限、承保范围和适用的除外责任、保费和付款条款、承保份额（比例再保险）或分层结构（非比例再保险）、责任限额、适用法律以及发生争议时的管辖地或仲裁地点等。所有这些条款可以体现在一份文件（如分保条）或多份书面文件中，具体取决于相关的市场惯例。将所有再保险合同条款包含在一份文件中，并由双方签署，有利于产生双方预期的证据效力。

（三）确保再保险合同明确、完整、全面

除了上述提及的基本和核心条款，再保险合同和一般商事合同一样，应当明确、完整和全面地约定双方的权利义务，避免出现开放性约定或约定不明的情况。如果在特定市场，再保险合同在缔结时尚有不确定因素，则在再保险合同起期后应当尽快予以明确。在实务中，为避免出现空档期，再保险合同的双方当事人可以达成临时性协议，或暂时延续此前已经协商确定的合同。

（四）满足再保险合同的签字盖章规则

不同国家的法律对于合同的签署有不同的要求，通常以双方签字和/或盖章为准。同时，为避免产生歧义和确保证据效力，通常双方签字时需要注明日期。如果涉及再保险经纪人，再保险经纪人需确保再保险合同由再保险分出人签署或者由其代理人签署（授权书明确授权情况下）。实务中，在大多数情况下，再保险合同需要双方当事人签署，只有在部分国家（如美国和拉丁美洲国家），根据行业操作实践和法律/判例指引，临时分保的分保条只需要由再保险人一方签署。

（五）符合再保险合同订立的流程

再保险合同和其他商事合同一样，应遵循一定的合规风控流程。这个流程包括再保险合同正式文本、批单或附约（摘要表）的缔结、签发和签回、合同未明确条款的澄清和批单、合同履行流程管理（如保费应收应付管理）、特殊申报的发送和确认、赔案摊赔和确认、报表报送(至监管机构)、业务统计和分析以及合同档案管理。这里的再保险合同档案包括业务各环节涉及的资料(电子或纸质)保留清晰和完整的记录,安全保存,并留有备份。

第二节 再保险合同的主要条款

合约分保的比例再保险合同与非比例再保险合同有很多相同的条款,也有很多不同的条款。中国保险行业协会在原银保监会的支持下,推出了《中国保险行业协会财产再保险比例合同范本》(以下简称《比例合同范本》)和《中国保险行业协会财产再保险非比例合同范本》(以下简称《非比例合同范本》),同时推出了这两种合同范本的英文版。

本章参考上述合同范本,从合约再保险合同通用条款、合约分保比例合同的特殊条款、合约分保非比例合同的特殊条款以及临分合同的特殊条款,来分别介绍再保险合同的主要条款,为其后各章分析再保险合同双方的权利义务打下基础。

由于再保险合同的完整条款涉及再保险法律及实务的方方面面,其中一些重要概念、术语和条款的完整含义只能在本书之后各章中详细讨论,故本节内容只能帮助读者大概了解再保险合同条款。

再保险合同是一种定制合同,在不同国家、不同公司,针对不同的保险业务种类(又称“条线”,Class of business, lines, insurance products),其具体形式差异很大,并不存在可以万用的统一的标准条款。本节仅扼要介绍三大类再保险合同的主要条款涉及的主要内容。

一、再保险合同的主要通用条款

再保险合同是一种保险合同,但再保险合因其业务性质的特殊性和国际性,呈现出鲜明的特色。直接保险合同的主体结构包括总则、保险责任、责任免除、保险金额/责任限额与免赔额(率)、保险期间、保险人义务、投保人/被保险人义务、赔偿处理、争议处理和法律适用、其他事项、释义等。[1] 不同的再保险合同(协议)具有不同的主体结构,大部分条款相比直接保险条款,更为复杂和独特,其解释和适用自然也与直接保险合同有明显的差别。

再保险合同的通用条款,除了定义条款外,主要包括:

(1)再保险合同主体条款(Contracting parties);

(2)再保险责任范围条款(Scope of reinsurance, reinsuring clause, cession clause);

(3)再保险期间条款(Reinsurance period);

(4)再保险费、再保险手续费条款(Reinsurance Premiums,Commissions);

(5)再保险自留额(Retention)和责任限额条款(Limits);

(6)损失累积条款(Aggregation of losses);

(7)除外责任条款(Exclusions);

(8)理赔条款(Claims);

(9)账单及支付条款(Accounts and Payment);

(10)错误与遗漏条款(Errors and Omissions);

(11)商业合同通用条款(Boiler plate clauses),包括:送达条款(Service)、中介条款(Intermediary, reinsurance broker)、保密条款(Confidentiality)、合同修改条款(Amendments and alterations)、独立条款(Severability)、合同解除条款(Special Termination),共同再保险人按份责任(非连带)责任条款(Several liability)、完整协议条款(Entire agreement)、未弃权条款(Non-waiver)、法律适用条款(Choice of law)和仲裁条款(Arbitration)等。

(一)再保险合同主体条款

再保险合同主体(Contracting parties)条款是再保险合同的核心条款,应当在合同中予以明确。再保险合同主体条款通常包括双方主体的名称、地址、主体间的关系(如果涉及多个分出人或者再保险人)。部分国家需要将主体的监管机构代码予以标明。[2] 主体约定看似简单,但在实务中依然有诸多细节需要特别注意;例如,再保险分出人可能涉及多个分公司,这些分公司或者联营公司并

---

① 参见《财产保险公司保险产品开发指引》(保监发〔2016〕115 号)第 13 条第 1 款。

② 例如,美国再保险合同中通常将全国保险监管协会的主体代码(National Association of Insurance Commissioners Code)放入合同。

不当然被再保险人知道，如果简单描述为“（ ）保险公司的分公司及其关联公司”［the （ ）Insurance Company Limited and its associated and subsidiary companies and branches］，极有可能引发潜在的争议；另外，每个分公司在当地的纳税人识别号和税务规则并不相同，涉税主体的信息应明确、清晰。

和一般商事合同不同，再保险合同当事人除了需要遵从双方当事人的意思表示外，还要符合相关国家的保险监管规定①和税务监管规定②；如果一方当事人没有符合相关保险法律法规的要求，例如，未获准在该国经营再保险业务或未按税法足额缴纳税款，如前文所述，可能承担相应的行政责任和民事责任。

在实务中，再保险合同当事人可能是跨国公司，其往往拥有多个交易主体，其中可能只有部分主体拥有在某一个国家从事再保险经营的资质，在拟定再保险合同时应当确保当事人一方是适格主体。同时，如果监管规定对于实际履行合同的关键工作人员有要求（例如授权核保人员、理赔人员应当为持有经营资质所在机构的雇员），自然也应当在合同中体现并在实际履行中得到遵守。

（二）再保险责任范围条款

“再保险责任范围条款”（以前称 Interest clause，business reinsured clause，business covered clause）是再保险合同的核心条款，实务中可能使用多个条款来限定再保险人的责任范围，其内容包括再保险合同形式（Type of reinsurance，即比例和非比例再保险两种分类的具体形式）、分出的原保险业务种类及地域范围（Scope of Cover，Geographical/territorial scope）、自留额（Retention）、分保份额或金额（Ceded percentage/ceded amount）、再保险赔偿责任限额（Limit）等。

确定再保险责任范围：首先，应约定合约的形式，例如，溢额比例再保险合同，或巨灾超赔非比例再保险合同。

其次，需要明确属于何种业务（Class of Business），例如，财产保险（Property insurance）或责任保险（Liability or Casualty insurance）。实务中，也通常会将业务范围分为车险（Motor）或非车险（Non-motor），水险（Marine）或非水险（Non-

---

① 这里的监管规定可能不仅包括保险的持牌监管（Licensing）规定，还包括与保险相关的法律、财务、外汇、数据、科技等方面的监管规定。

② 税收协定下的常设机构（permanent establishment）概念用来确定缔约国一方对缔约国另一方企业利润的征税权。税收协定中常设机构的定义是，“企业进行全部或部分营业的固定营业场所”。参与再保险交易的公司因国际性当然成为税收协定监管体系的适用对象。

marine)。随着现代保险业的发展,业务分类越来越细致,再保险责任范围也可能对应到具体细分业务领域。同时,再保险合同也会明确其对应的承保范围(Covered perils)是否与原保险合同一致。很多时候再保险合同还会约定分入的保险产品(Type of products)的具体类型,尤其是再保险人与分出人共同开发的保险产品。实务中,在特定情况下需要明确参与产品销售(Written or sold)的主体,例如分出人的某些机构或者代理人或者渠道合作伙伴。

最后,再保险责任范围需要明确再保险合同对应的地理范围(Territorial scope or geographical scope)。地理范围至少有两层含义:第一是原保单签发的地区或承保标的所在区域,第二是损失发生的地区。这两个地区可能并不一致,还涉及司法管辖等问题,需要准确定义。实务中,地理范围直接影响再保险合同承保的风险定价,是双方再保险协商关注的核心内容之一。对于特定地理范围,可能需要排除在外。

再保险责任范围条款还主要规定再保险自留额以及分保份额(Retention and cession, treaty limits)、分出比例和自留比例(Cession percentage, retention percentage)、未纳入分出范围的业务(Excluded business)、年度累积限额(Annual Aggregate limit)、分入业务的事故限额(Event limit)或单一危险单位限额(Risk limit)等。如前文所述,再保险分出人需要结合自身经营需求和资本情况,按照监管关于自留额、危险单位和承保能力等规定,合理设定"同一风险或危险单位"(The same risk or hazard,简称"险位")的自留额,每次事故的"最大可能损失"(PML: Possible Maximum Loss)或"最大责任"(Maximum liability)。根据《保险法》第 102 条规定,再保险分出人的"自留保险费,不得超过其实有资本金加公积金总和的四倍"。同时,"保险公司对每一危险单位,即对一次保险事故可能造成的最大损失范围所承担的责任,不得超过其实有资本金加公积金总和的百分之十"。实务中,再保险分出人依据保险法和主管机关监管规定,从承保能力和资本金出发,确定公司每个条线的自留额、最大承保能力。这些最终都体现在不同业务的再保险合同责任范围条款里。关于限额、累积限额,详见本章后续部分。

在部分情况下,再保险责任范围条款也会将再保险人的参与份额直接列明,以明确再保险人在整体业务中所承担责任的比例和金额。该份额应当与再保险合同最终的签署页面份额(Signed lines or signed share)、分入保费金额计算基数等保持一致。

再保险合同还需要明确分入业务是否涵盖再保险分出人的共保业务和其分入的临分和/或合约业务。对一些特殊风险,再保险合约可以约定,分出人有权为了双方的共同利益,在达成合约分保协议之前,安排临时分保。①

此外,在承保范围之外,再保险分出人可能还希望将一些风险纳入再保险合同保障范围,再保险合同通常设立单独的特约条款(Special Acceptance Clause)约定具体再保险分出人申报风险的条件,同时约定只有当该风险被再保险人接受后才能纳入合约保障。

(三)再保险期间条款

关于再保险期间,首先必须区别临时分保与合约分保。

临时分保的保险期间通常与原保险的保险期间一致,没有独立的再保险期间,一般是所谓的“背靠背”(Back to Back),比较简单。

合约分保的再保险期间条款通常包括三部分:

第一,再保险合同的期间,是指再保险合同从起始日或称起期(Commencement)到届满日(Expiration)的期间。合约分保的再保险期间一般规定在分保条或摘要表中。实务中,财产再保险合同的保险期间通常是1年,但根据业务需要可以超过1年或少于1年。

第二,再保险合同的终止。再保险合同的终止包括“正常终止”(Ordinary termination, cancellation)、“特别解除”(Special termination)和“自动终止”(Automatic termination)。财产再保险合约分保合同一般约定任何一方可以提前3个月书面通知对方终止合约,此为正常终止。特殊终止是指在协议约定的某一情况发生(如经营异常)时,任何一方可以书面通知对方立即终止合约。当一方被法院或监管当局命令破产或重整,或事实上已无法履行再保险协议的情况下,再保险合同自动终止;发生此种状况的相关方有义务立即通知对方当事人。具体详见本书第五章。

第三,再保险合同责任的时间基础(Basis of coverage, temporal basis of cover attachment),对应账单条款的账单结算方法(Accounting system)。再保险合同

---

① 《临时分保指引》5.1 规定:“存在分保需求且符合比例合约等保障条件的业务,原则上均应优先办理合约分保,以下情况除外:1)事先已确认的特约临分;2)再保险合约中约定再保险分出人可优先安排的临时分保。”

终止,不表示再保险人的责任终止①,除了再保险合同另有约定[如保单转出(policies at termination)、未决损失转出(losses outstanding at termination)]外,对在再保险合同期间所有已分入的保单,再保险人应负责至这些保单的保险责任终止为止;对所有这些转移的保单,再保险人有权向原保险人收取再保险费。再保险合同的另行约定,如合同终止时的保单转出、未决损失转出、自动结清等,将在本书第三章和第四章详细讨论。②

因为再保险合同的终止不意味着再保险人责任的结束,所以如何确定再保险人责任结束就至关重要,因此不仅要确定再保险合同的时间,更重要的是确定该时间如何适用于每一笔分入的原保险业务。

将原保险合同对应到特定再保险合同期间通常有三种机制,这三种机制也对应三种不同的账务操作方法③和定价机制。如前文第一章第三节所述,这三种机制分别为:保单年度/承保年度制(RAD, Risk attaching duration, 又称 Underwriting year):承保再保险期间内签发的和续保的所有保单(Underwriting year, Risk attaching duration)、损失事故发生制(LOD, Loss occurrence duration, 又称 Occurrence year):承保再保险期间内所转移的保单下发生的损失(Occurrence year, Loss occurrence duration)和会计年度制(Accounting year)④:承保再保险期间财务年度下的保单保费和损失,这其中包括前一年度的未到期责任准备金和未决赔款准备金。实务中,以第一种机制和第二种机制为多,其中第一种机制在比例合约和非比例合约中较为常见,第二种机制则用于非比例合约。

举例而言,如图 2－1 所示,再保险分出人 A 公司与三个不同的再保险人签

---

① 原保险合同同样如此,保险合同期间的终止并不意味着保险人责任的终止。因为保险合同终止时保险事故损失结果尚未显现、赔案通报延迟、损失发生金额尚不确定、保险合同有特殊约定等情况,保险人的赔偿责任很有可能延续相当长的时间。这也正是保险和再保险行业存在长尾特性(longtail)的原因,这也是保险和再保险经营管理的重要问题。

② 《中国保险行业协会财产再保险比例合同范本》第 36 条、附录第 5、6、7 条。

③ 详见第四章第四节"账单、支付与结清"。

④ 再保险理论上对于会计年度(accounting year)是否是一种独立的责任基础存在争议,国际统一私法协会(UNIDROIT)项目组撰写的《再保险合同法通则》认为再保险责任时间基础只有承保年度和损失发生制这两种。有学者认为会计年度(accounting year)仅仅是一种账单结算方法。我们在此为全面展示再保险时间基础的理论,并联系到业务实务中会计年度确实存在,故将会计年度制一并在此说明。需要说明的是,会计年度制在中国市场较为少见,且主要用于短尾业务(short tail business)。

订再保险合同,三个再保险合同的保险期间分别是2016年1月1日至12月31日,2017年1月1日至12月31日,2018年1月1日至12月31日。分出人A作为保险人与被保险人签订了一个财产险合同,约定保险期间自2016年9月10日至2017年9月9日。2017年3月20日发生一个事故,事故涉及一些法律争议,2018年1月15日结案,结案当天分出人支付了30万美元赔款。

图2-1 再保险合同期间示例

如果三个再保险合同都采用承保年度制,则应当由第一个再保险合同的再保险人承担该损失。如果三个再保险合同都采用损失事故发生制,则应当由第二个再保险合同的再保险人承担该损失。如果三个再保险合同都是会计年度制,则应当由第三个再保险合同的再保险人承担该损失。

需要展开说明的是,在直接保险(原保险)业务中,财产保险保单一般规定了“责任期间”(Period, duration)(如1年),是“定期保单”(Time policy)①,保险人对保险期间发生的保险事故承担责任,故实务中将其称作“发生制保单”(Loss occurring policy);而责任保险的保单既有事故发生制保单,也有“索赔保单”(Claim made or loss discovered policy),还有其他类型保单。

对再保险合同而言,再保险责任的时间基础更为复杂,由于原保险和再保险都有各自的保险期间,再保险期间还嵌套了期内各原保单的保险期间,如果在再保险合同中没有不同的约定,就自然采用确定再保险责任的第一种期间机制,即保单年度/承保年度制(RAD):承保再保险期间内签发的和续保的所有保单(Underwriting year, Risk attaching duration)。保单年度/承保年度制(RAD)意

① 海上保险中还要航次保单(voyage policy),如货运险保单。

味着再保险人的“长尾”责任：在再保险期间届满时，在再保险期间接受的原保单的保险期间可能没有同时届满，再保险人对此种在原保单的保险期间发生的损失仍应承担再保险责任。实务中，财产保险再保险合同通常采用保单年度/承保年度制（RAD）。

为了避免再保险期内保单的长尾责任，再保险协议可能特别约定第二种期间机制，即损失事故发生制（LOD）：承保再保险期间内所转移的保单下发生的损失（Occurrence year，Loss occurrence duration），该机制不考虑引起索赔的原保单的开始日期（Inception date）是否是在再保险期间内。实务中，采用损失事故发生制（LOD）的分出业务通常是责任险。

对于背靠背的临分而言，原保险合同生效的时间基础与再保险合同的生效的时间基础通常协调一致。但对于合约分保，由于原保单和再保险合同可能存在不同的保险责任生效时间基础，则可能出现不协调的情况，特别是在非比例分保协议的情况下，需要通过复杂的“交叉条款”（Interlocking clause）来处理，需要格外小心处理以免争议。

（四）再保险费、再保险手续费条款

1. 再保险费条款

再保险费、再保险手续费条款是再保险合同最重要的条款之一，是双方当事人的主要考虑因素，毕竟涉及双方核心利益得失，是双方达成合意的重要方面。再保险费的定价是再保险经营的核心。

再保险费是再保险人的主要权利和再保险合同的重要对价，与再保险合同的形式（比例或非比例）、业务种类（条线）、分入业务的范围、分入业务的品质和金额、分入份额（Cession percentage）、历史损失情况、除外责任、保费账务安排、终止时是否存在保单转出、未决损失转出等具体约定，都有密切的关系。

在比例合约情况下，再保险费是再保险分出人的总保险费或净保险费的一定比例。显而易见，这里再保险费的确定有两个核心计算要素，一个是保费，另一个是比例。其中保费需要在再保险合同中明确是签单保费（Written premium）、已赚保费（Earned premium）或者其他保费。国内实务中通常约定，以承保年度为基础分入的业务，通常以签单保费为计算基础。

在非比例合约的情况下，再保险费不是分出人签单保费的一定比例，而且双方协商确定的再保险费通常与再保险分出人的净自留保费（Net retained premium）和再保险合同保障的风险（Coverage）相关。再保险保费的确定同样有两个核心要素：净自留保费和费率。在再保险合同起期时，再保险合同双方通常预估净自留保费，根据该预估净自留保费确定再保险保费和预缴保费（Deposit premium）。在再保险合同结束后的一定时间内，再根据实际收取的保费来做调整，在预缴保费基础上再保险分出人支付调整保费（Adjusted premium，supplymentary premium）。对预缴保费和调整保费，通常有关于金额的上限和下限的约定。

在非比例合约的险位超赔、事故超赔、巨灾超赔中，因一次保险事故导致全部或部分再保险保障耗尽，再保险分出人可以和再保险人在合同中约定是否可以再次缴纳一定金额的保费，即复效保费（Reinstatement premium）来重新启动耗尽的保障。复效保费金额根据保障金额和保障范围确定，需双方特别约定复效次数、复效保费费率、复效保费金额等。

在非比例合同中，部分情况存在无赔款优待（No claims bonus），该优待通过退还一定比例的再保险保费，奖励再保险分出人因恪尽职守、良好管理风险而没有触发再保险赔偿。

2. 再保险手续费条款

比例再保险合约通常有关于再保险手续费（Commission，又称再保险佣金）的约定，再保险手续费与再保险费一起构成比例再保险业务的定价核心。再保险手续费包括"分保手续费"（Ceding Commission）、"纯益手续费"（Profit Commission，又称盈余手续费）等。分保手续费又分为固定比例的手续费、根据业务赔付情况而浮动变化的手续费[如阶梯手续费（Stepped Commission）、滑动手续费（Sliding Scale Commission）]等形式。

分保手续费用以弥补比例合约的分出人获取原保险业务的部分费用。原保险人获取业务的费用不是原保险人的损失，不能作为其损失的一部分在再保险合同项下获得赔偿。

纯益手续费只发生在约定期限并有再保险利润的情况下，需要在再保险合同中明确约定纯益手续费的计算公式、比例、管理费的扣除比例，以及亏损结转的期限等。

非比例再保险合约一般没有再保险手续费。

再保险费及手续费的计算依据和形式是再保险合约的重要内容，在本书第四章第一节和第二节还会更详细阐述。

(五)再保险自留额和责任限额条款

再保险自留额(Retention)指再保险分出人在转移风险给再保险公司后,自己仍然需要承担的责任。换句话说,也是在再保险分出人承保的单一风险或一组风险发生损失时,分出人准备为此支付的最高金额。[①]

再保险责任限额(Limit),又称分保限额,是再保险人根据再保险合同应承担的,超过再保险分出人自留额,同时在再保险人最高责任之内的损失金额。

在比例再保险业务中,自留额的计算依据应该是保险标的之保险金额(Sum insured),如前文所述,自留额在比例再保险业务中通常以百分比表示,在溢额再保险业务中则以金额来表示。超出比例再保险自留额的部分通常进入再保险责任限额,超出再保险限额的部分则再次成为额外的自留额(Additional retention)。

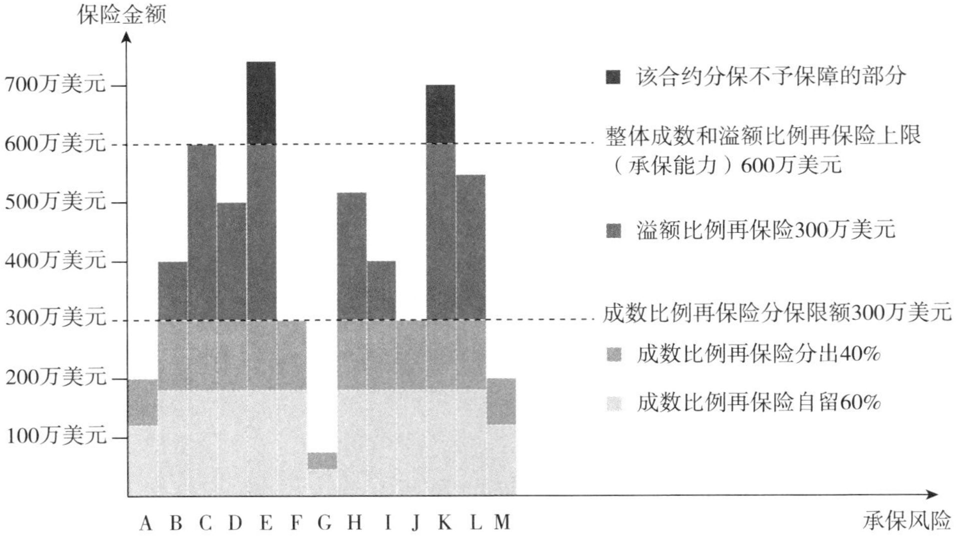

图 2-2 成数和溢额再保险示例[②]

在非比例再保险业务中,非比例再保险以保障自留额为目的。非比例再保险合同将自留额进一步拆分为净自留金额(Net retained lines/risk/amount/limit)

① 参见瑞士再保险公司:《非寿险再保险业务手册 2000 版》,第 33 页。

② Swiss Re, *Reinsurance matters*, SR, 2005, p.99.

与非比例再保险限额(Limit)。换句话说,非比例再保险进一步降低了分出人的自留额,通过控制分出人的自留责任来降低风险。净自留金额由分出人自己承担,而净自留金额以外的分保限额部分由非比例再保险人承担。

比例再保险的主要目的是减少多个保单的"总风险暴露"(Gross exposure),而非比例再保险的主要目的是减少单个保单或者整个业务的"净风险暴露"(Net exposure)。

实务中,自留额和分保限额密切相关。如图 2-3 所示,当一个再保险分出人先安排溢额合约,之后将溢额合约的自留额以成数形式分出,将超出溢额分出的部分安排临时分保,此时再保险分出人的自留额为净自留金额与附加自留金额之和,而所有再保险合同的分保限额为成数合约、溢额合约和临时分保限额之和。

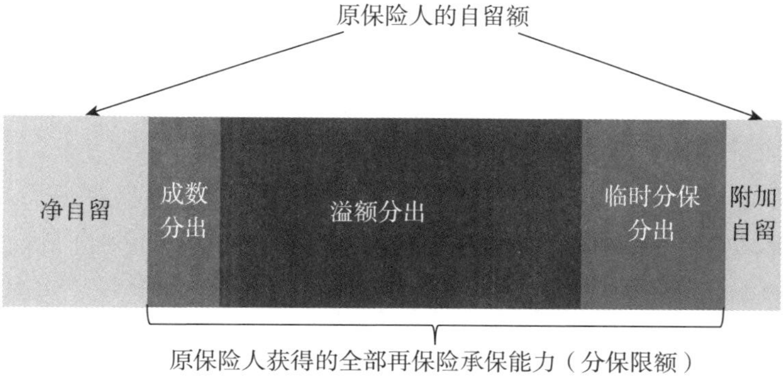

图 2-3　再保险分出人的自留额和分保限额示例

再保险合约的自留额通常由再保险分出人根据自身业务经营现状和需求决定,考虑自留额的因素包括分出人资本金和公积金、偿付能力、业务性质和风险、业务保费、业务成本、业务承保利润和净利润以及分出人整体经营战略和策略。

在讨论自留额和责任限额时总是离不开危险单位(Risk)和最大可能损失(Maximum Possible Loss, MPL, 或 Possible Maximum Loss, PML)这两个概念。原保监会公布的《财产保险危险单位划分方法指引第 1 号:基本原则和基本方法》指出,"'危险单位'是一次保险事故可能造成的最大损失范围……最大可能损失是指在所有保护系统失灵,相关应急处理人员以及公共救灾机构无法提供任何有效救助的情况下,单一设施可能遭受的财产损失以及营业中断损失的合计最大金额……危险单位划分是评估可能最大损失的基础。通过危险单位划分确定最大损失范围后，保险公司对该范围内保险财产遭遇保险事故可能损失的程度进行进一步的估测，便可得出可能最大损失的金额”。

实务中，分出人一般在安排风险分出时以风险的原始保额或危险单位为基础，计算自留额和分保限额，但也有一些特殊情况，例如：

(1)当出现一个保单下的财产分散于各处，价值相差较大时，分出人还会以最大风险的总保额为基础计算自留额和分保限额；

(2)当分出人对于该最大风险标的有具体的最大可能损失判断时，还可能以最大可能损失为基础计算自留额和分保限额，此时，最大可能损失可能小于或等于最大危险单位的保额；

(3)分出人在货运险等业务中，以保单或舱单作为基础计算自留额和分保限额；

(4)分出人在船舶险业务中，以整船作为基础计算自留额和分保限额。

还有一些其他情形，例如人身意外险业务的自留额和分保限额按照累积的人均保额计算。

考虑到实务中自留额和再保险责任限额直接依赖危险单位定义，基于诚信原则，比例再保险合同中通常会约定分出人应当：(1)明确每一个危险单位的自留额，并明确自留额测算所依据的危险单位划分方法；(2)在自留额调整或确定之前，如果分出人了解某个损失触发合约摊赔或影响合约运行，就应当采用原自留额；(3)应当按照承诺自留风险，并告知再保险人自己的自留责任。

除了再保险合同约定外，《再保险业务管理规定》还对危险单位、自留额管理、净自留管理、巨灾风险自留等提出了具体的要求。例如该规定第19条规定：“除航空航天保险、核保险、石油保险、信用保险外，直接保险公司以比例再保险方式分出财产险直接保险业务时，每一危险单位分给同一家再保险接受人的总比例，不得超过再保险分出人承保直接保险合同保险金额或者责任限额的80%。”

(六)损失累积条款

风险累积主要表现为损失累积，再保险合同的双方围绕对事故(或称事件、事由)、损失(或索赔)及损失累积的定义和规则来确定再保险合同的形式(比例或非比例)、自留额、责任限度、保险费定价和手续费等。

再保险合同约定的损失累积方式对双方权益的影响,取决于风险的整体情况及保单的保障结构。例如,如果能够将大量小额损失累积起来作为一个事故造成的损失,就符合再保险分出人的利益,最典型的就是巨灾超赔。再保险合同对事故的共同因素(Unifying factors)的界定越原则化,可以累积的损失的范围就越宽泛。①

如果原保单与再保险合同规定了不同的损失累积条款,英国普通法认为,应该对两个合同的累积条款分别予以解释,原保单的累积条款不能约束再保险合同的累积条款,特别是在非比例协议(不是真正意见上的背靠背)的情况下。②再保险的损失累积条款主要有"事故条款"(Event clause)、"时间条款"(Hours clause)等名称,详见本书第四章第三节的"再保险事故条款"。因为事故条款关系双方核心利益,故而发生这方面的法律争议并不少见。

再保险合同也可能约定由再保险分出人自行决定何为一个事故,并对再保险人有约束力。但在这种情况下再保险分出人对单一事故的判断,与其对单一风险的确定一样,仍然要受诚信原则的约束。

(七)除外责任条款

除外责任条款可能规定在再保险合同通用条款或分保条(摘要表)中。

《比例合同范本》附录第1条(通用除外)和第8条(制裁除外)列举了常见的再保险合同除外条款,包括战争、核辐射、石棉、恐怖主义等。《比例合同范本》附录第1条通用除外(General Exclusions)条款如下:

"在下列任何情形下,本合同不适用:

a) 固定分保合约和转分保合约;

b)超赔临分再保险;

c)直接或比例临分的超赔保单、分层保单、首层保单、伞式保单、第一损失保单和高免赔额保单;

d)对已知损失、事故或可能引起损失的情形提供的回溯保障;

e)其他保险人转移给再保险分出人的未决赔款责任;

---

① 详见第四章第三节"风险累积和事故"。

② 参见[英]科林·埃德尔曼等:《再保险法》,杨帆译,法律出版社2019年版,第115~116页。

f)以财务(而不是风险转移)功能为主要目的的保单;

g)因向第三方授予核保权限而产生的任何责任,除非再保险接受人事先明确同意了相关条件与费率(包括核保材料);

h)合同外义务,是指再保险分出人对被保险人或第三方的保单责任范围以外的责任,包括再保险分出人向该被保险人或任何其他方支付的损害赔偿金(包括但不限于惩罚性、补偿性或间接损害赔偿);

i)可以通过专门建立的共同体承担的风险,包括再保险分出人在该共同体中承担的任何份额;

j)对因石棉直接或间接导致的任何形式或数量的损失引起的索赔而产生的实际的或声称的责任(石棉完全除外);

k)网络风险,具体规定见摘要表(如有);

l)核风险,具体规定见摘要表(如有);

m)战争、罢工、暴动和内乱,具体规定见摘要表(如有);

n)恐怖主义,具体规定见摘要表(如有);

o)放射性污染、化学品、生物、生化和电磁武器,具体规定见摘要表(如有);

p)渗漏和污染,具体规定见摘要表(如有);

q)摘要表中约定的其他除外情形。”

如上文所示,通用条款的再保险除外条款(General exclusion)理论上通常有如下几大类:第一类是传统商业(再)保险不可保的极端风险或特殊风险,其风险发生的频率和强度都无法被一般的商业再保险接受,[①] 如核风险(Nuclearexclusion)、污染(Pollution or environmental contamination exclusion)、战争及恐怖行为(Warandterrorism)等,该类风险通常需要通过单独的特殊保险和再保险担保。第二大类是通常有悖一般商业再保险目的的风险,例如再保险分出人接受的再保险业务(Reinsurance assumed, inward business)、其他保险人转移给再保险分出人的未决赔款责任(Liability transferred to the Reinsured by another insurer in respect of outstanding losses)等。第三大类是新兴风险或变化

---

① Mike Spice & Paul Phillipson, *Reinsurance*, M97/April 2023, CII, 2023, Charpter. 7, p. 45.

不可控的风险，例如网络风险（Cyber）、疫病风险（pandemic）等，这类风险通常超出了再保险交易双方现有业务范围，很多时候还存在是否可保的争议，其定价存在较大难度，需要单独讨论。第三大类风险也是近年来再保险领域的热点问题。实务中，对于除外的责任，再保险分出人通常选择自留或另行与特殊风险再保险人建立再保险临时分保或合约分保。

除上述除外责任外，通常实务中再保险合同还会在摘要表中约定具体业务对应的除外责任（Special exclusion），如船舶再保险合同通常将离岸和在岸能源业务除外。此外，还有一些通用的除外条款，通常由行业协会或主流再保险人制定，如劳合社市场协会（Lloyds' Marketing Association，LMA）制定的 LMA 5503 传染病除外条款（communicable diseases exclusion clauses），这些条款既可能出现在比例再保险合同中，也可能出现再非比例合同中，但具体如何引用要以合同约定为准。

有些国家的法律可能对除外条款在某些种类的保险业务上有一定限制或者要求。当发生再保险理赔时，再保险分出人需要证明再保险索赔在合同责任范围内，如果再保险人援引除外条款，就负有相应举证责任。如果除外条款由再保险合同一方当事人提出，一旦对再保险除外条款措辞产生争议，该除外条款的解释是否当然适用保险法中不利解释原则值得探讨。

（八）理赔条款

再保险合同的理赔条款因临时分保与合约分保而有所不同。临时分保的理赔条款比较简单，因为是针对单一风险，而且通常是背靠背，对于何时“触发”（Trigger）再保险赔偿也规定得比较直截了当。

再保险合同的理赔条款也因比例合同与非比例合同而有所不同。

合约分保的理赔条款通常包括“损失通知条款”（Claims Notification，loss reporting，loss advice）、“支付条款”（Settlement and payment）和“理赔合作或理赔控制条款”（Claims cooperation or control）。

损失通知条款规定再保险分出人通知损失的时间、形式、内容及相关资料。

支付条款通常是单独的一个条款或几个相关条款，比如，在账单条款中详细规定定期提供账单并结算，在现金支付条款中约定对超过一定金额的重大损失（Cash loss/call）按笔支付。

理赔合作条款或理赔控制条款是再保险合同对“理赔跟随条款”（Follow the

settlement)或"共命运条款"(follow the fortunes)的约束,允许再保险人参与和主导原保险人的理赔。在特定风险或前端分保(Fronting)的再保险合同中,还可能规定"承保控制条款"(Underwriting control),给予再保险人介入原保险的承保的权利。

当不同类型的理赔条款同时出现在一个再保险合同中,例如共命运条款、理赔控制条款、理赔跟随条款同时出现,就可能会发生争议。[①] 因此,再保险合同当事人应当梳理其理赔条款,确保其条款约定明确清晰,能够真正实现双方的商业目标。

(九)账单及支付条款

合约分保通常是连续的,涉及复杂的账单(Accounting)问题与支付(Settlement and payment)问题。临时分保则简单得多。

账单和支付条款首先要根据再保险合同期间条款约定的不同的责任基础和结算口径(会计财务年度、承保年度或事故损失发生年度)确定不同的结算规则。例如,根据财务年度口径需要考虑此前财务年度转入的保费或赔款准备金。

合约分保的账单和支付条款通常作为再保险合同的一个独立章节,该章节的多个条款通常包括以下内容:

(1)账单(确认)和支付(Accounting and payment);

(2)支付币种(Settlement currency);

(3)承保和理赔明细(Bordereaux);

(4)理赔摊赔(Cash call and loss payment);

(5)核算系统(又称结算方法、结算口径,Accounting system);

(6)轧差(Offset);

(7)结清(Commutation);

(8)增值税(VAT)。

在特定合同中,还可能包括延迟付款(Delay in payment)、业务转移(Portfolio transfer)以及担保条款(Collaterisation)。

上述条款通常同时存在于比例和非比例合约中,主要从操作层面规范了交易双方账务结算的细节。虽然条款本身偏重流程和规则,但条款中所涉的现金

① 详见本书第四章第二节。

流管理、账务核算、税务分摊、结算方法/技术、交易币种等，事实上对于再保险合同双方经济利益影响重大。实务中，需要根据双方所在国金融和保险、财务和会计，货币和外汇交易等多个监管部门的规定，从自身利益出发，结合交易习惯、结算流程、结算和财务系统设置等，协商该部分条款细节，实现交易双方利益的平衡。该部分条款细节详见本书第四章第四节。

（十）错误与遗漏条款

错误与疏漏条款在再保险合同中较为普遍，通常约定双方操作的错误与遗漏（如数字核对出错，笔误等），不影响合同效力，只用来保证合同的延续性和稳定性。

该条款最初起源于比例合约，合约履行中再保险分出人需要向再保险人提供诸多信息和数据，尤其是溢额合约还涉及计算每一笔分入业务的自留额，分出人难免出错，通过合同条款来规范此种情形的责任成为双方一致认可的解决方案。如今，该条款已经广泛用于比例合约、非比例合约，甚至临时分保，双方当事人通过该条款对日常再保险合同履行过程中疏忽大意（Accidental or inadvertent）导致的事务性（Administrative and clerical）错误与遗漏的法律后果进行明确。条款一般还约定但书，该条款约定不应与其他条款相冲突，也不应当增加交易双方的责任。

（十一）其他商业合同通用条款

这些条款虽然不是再保险协议特有的，但也是不可或缺的，主要包括：（双方相互有效）送达条款（Service，该条款有时也被称作 Notice ，但不同于损失通知条款）、中介条款（Intermediary, reinsurance broker）、保密条款（Confidentiality）、合同修改条款（Amendments and alterations）、独立条款（Severability）、自保条款（Self-insurance）、不可转让条款（Non-assignment）、共同再保险人按份责任（非连带）责任条款（Several liability）、完整协议条款（Entire agreement）、未弃权条款（Non-waiver）、法律适用条款（Choice of law）和仲裁条款（Arbitration）等。

法律适用条款和仲裁条款（或诉讼管辖条款）可被合称为法律及争议解决条款，详见本书第六章。

（十二）定义条款

前已述及，再保险合同是一种特殊的保险合同，有其特殊的语言体系；加之各国保险法律规定趋于原则性,而争议解决是以协商和仲裁为主,外界难以深入了解,故被蒙上神秘色彩。为避免争议,对再保险合同中的词语和专业术语尽可能明确定义就十分必要。事实上,再保险合同条款中既有专门的定义条款解释再保险合同常见术语,也有其他条款定义该条款中涉及的专业术语。

正如《比例合同范本》和《非比例合同范本》中定义条款所示,通常定义条款包括:分摊费用(Allocated expenses)、总保险责任(Gross Insurance liability)、保险赔偿金(Insurance compensation)、官方汇率(Official rate of exchange)、原货币(Original currency)、保单(Policy)、再保险赔偿金(Reinsurance compensation)、再保险期间(Reinsurance periods)等。对于溢额比例合约,还会包括溢额责任(Surplusliability)和自留额(Retention);对于非比例合约,还会规定自留额/免赔额/起赔点(Retention/excess/attachment point)和总净保费收入(Gross net premium income, GNPI)等。如前所述,除了定义条款,对于特定术语,通常还约定专门的术语条款,比如损失事故定义条款(Loss/event definition)、险位定义条款(Risk definition)和职业病定义条款(Occupational diseases definition)等。

本节先介绍保单、分摊费用和再保险赔偿金这三个重要术语的定义。

"保单"(Policy)既可能是原保险的保单,也可能是再保险的保单,故为了避免混淆,在再保险中用再保险合同(或称再保险协议,Reinsurance Agreement,Reinsurance Contract)代替再保险保单(Policy),让保单专门指向再保险责任开始时所转移的原保险的保单,还可能包括原保险人通过共保和临时形式分入的风险,具体要结合再保险分保条或摘要表,以及承保条款的规定进行分析。

"分摊费用"(Allocated Expenses)是指原保险人处理原保险损失发生的费用。对于原保险人赔偿原被保险人的保险金之外的费用,是否以及哪些费用可以转向再保险人索赔,英国普通法存在争议,①故需要在再保险合同中予以明确定义。中国保险行业协会的上述范本采纳了再保险市场上的通常约定,明确原保险人支出的外部检验公估费用、专家费用和法律费用,应作为原保险人损失的一部分,根据再保险协议的规定可以向再保险人索赔;同时明确原保险人(分出人)的雇员工资、办公费用和其他内部管理成本(如差旅费),不属于损失和分摊

① See Butler & Merkin, *Reinsurance Law*, Surrey: Kluwer Publishing, 2019, C. 1. 6.

费用,不得要求再保险人赔偿。

"再保险赔偿金"(Reinsurance Compensation)是指保险赔偿金在扣除残值、追偿款和第三方支付的款项(包括已经或尚未从其他再保险人处取得的赔款)后,再保险人向再保险分出人已付或应付的金额。该定义条款呼应了再保险的损失补偿原则,明确分出人支付的任何追偿、残值处理和第三方支付款项均应当从再保险赔偿中扣除,分出人不应当从再保险中额外获利。实务中,同一个保险事故经常触发多个再保险合同,在这种情况下,分出人应当根据交易习惯或合同约定,同时或逐个向相关再保险人提出再保险赔偿请求;如果再保险合同约定了明确的赔偿顺序,分出人应扣除在前的再保险合同赔偿金额后,再启动下一顺位的索赔。

二、合约分保比例合同的特殊条款

比例合约通常会约定:"再保险分出人同意根据摘要表的约定,将本合同保障的所有保单按照约定份额分出给再保险接受人。再保险接受人应按照原条款和条件以及原货币向再保险分出人收取原保费的相应份额。如果再保险接受人承担了保险责任,即使再保险分出人没有收到保费,再保险接受人仍有权享有相应份额的再保险保费。"①该条款强调分出范围包括符合条件的所有保单,不允许分出人选择性分出,以避免逆选择或道德风险。

(一)成数合约条款

成数合约分保(Quota share)是最容易理解的分保形式:原保险人将再保险合同保障范围内的"所有风险"(All risks, each and every risk)按一个固定比例转移给再保险人,同时可以约定再保险人的最高赔偿限额。

① 《中国保险行业协会财产再保险比例合同范本》第7条第1款、第2款。

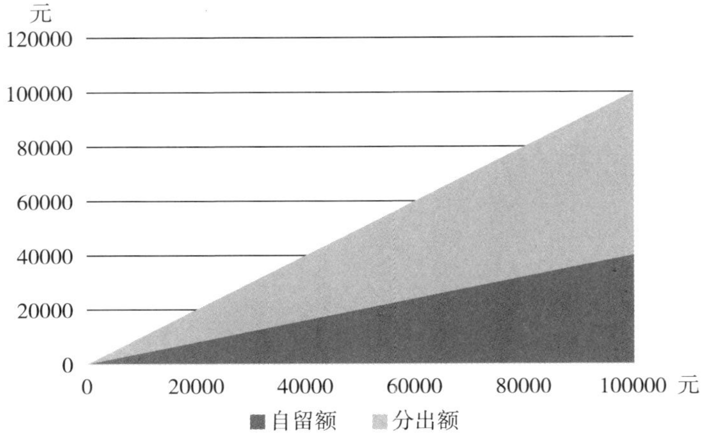

图 2-4 成数合约示例(以 40% 自留比例为例)

基于此,成数合约条款(Obligatory reinsurance, Reinsurer's share)通常约定:"再保险赔偿金和再保险保费等于保险赔偿金和保险保费分别乘以再保险比例。再保险比例等于摘要表约定的成数分出比例乘以再保险接受人的参与份额。"①举例而言,如果某承保年度,甲分出人保费收入 1000 万元人民币,分出 70%,乙再保险人接受了 50% 的分出份额,则该年度分出保费为 1000 万元 × 70% × 50% = 350 万元。如果甲分出人该年度赔付 500 万元,则乙再保险人承担 500 万元 × 70% × 50% = 175 万元。

该条款除了约定具体再保险分出比例、再保险保费和赔款基本计算方法,通常还会约定分出限额、自留额、累积限额等。若保单中保额、最大可能损失(如适用)或双方同意的其他数额超出合同中约定的合同保障限额,超出部分将不受再保险合同保障。

(二)溢额合约条款

溢额合约分保(Surplus)是原保险人将其转移的风险,以其自留额为基数(称为"线":Line),分成若干等份(称为"线数",Lines),供再保险人部分或全部接受承保。②

① 《中国保险行业协会财产再保险比例合同范本》第 7 条。

② 再保险市场也称为"认购",即再保险人认购了一定份额的再保险分出。

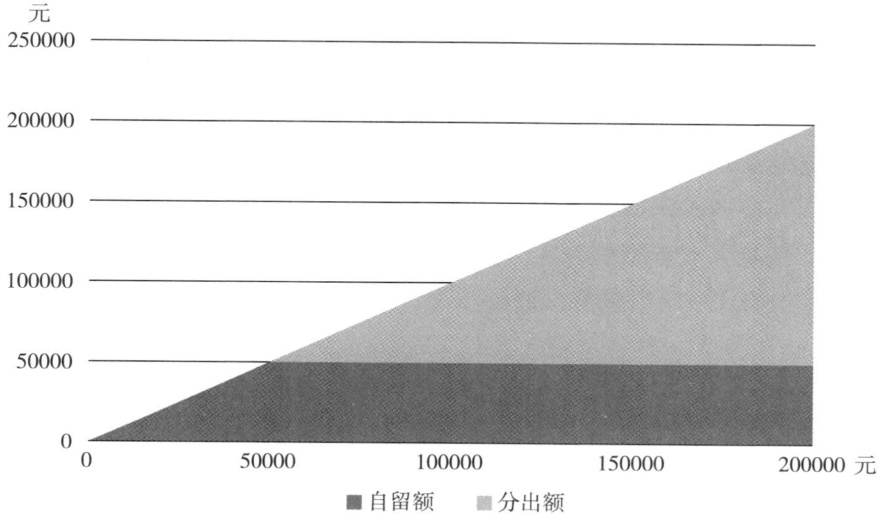

图 2－5　溢额合约示例（以 5 万元自留额为例）

溢额合约条款的约定基本和成数合约条款一致，即约定："再保险赔偿金和再保险保费等于保险赔偿金和保险保费分别乘以再保险比例。再保险比例等于溢额责任除以总保险责任，再乘以再保险接受人的参与份额。溢额责任和参与份额在摘要表中约定。"只不过相比成数比例而言，这个比例并非一成不变。举例而言，如果某承保年度，分出人甲自留额为 500 万元人民币，溢额两条线，每条 500 万元。如果某笔业务保额为 800 万元，则分出比例为 37.5%；如果某笔业务保额为 1500 万元，则分出比例为 66.6%。分出人甲也向再保险人支付相应比例的保费和摊回对应比例的赔款。

和成数合约条款一样，溢额合约也通常会约定自留额、分出限额、事故累积分出限额、年度累积分出限额等。实务中，溢额合约可能涉及多种保险标的，再保险分出人可能根据原保险标的风险等级的不同，约定不同的自留额和分出限额。当然，如前文所述，约定自留额和分出限额所依据的危险单位和最大可能损失，也应当明确约定。

（三）业务转移条款

合约分保通常是连续的，而且即使以损失发生在再保险期内作为责任基础，也有大量长尾业务，故国外再保险市场通过业务转移条款（Portfolio Transfer），将多年的承保年度记账过程缩短到更短时间，此前的记账全部“了结”（Clean-cut），从上一年度的再保险人转移到下一年度的再保险人。

业务转移包括“保单转移”（Premium portfolio transfer）和“索赔转移”（Claims/loss portfolio transfer），并非直接发生在两个再保险人之间，而是由上一年度的再保险人（Outgoing reinsurer）将现有业务转移给分出人，然后分出人再独立地将其转移给下一年度的再保险人（Coming reinsurer）。这需要签订两个独立合同才能完成交接。再保险业务转移条款实质上是保险合同的转让，详见本书第三章。

如果再保险业务不能安排转移，则再保险人在该再保险协议终止后，需要继续负责到底，直至自然终止（Natural expiry）。

三、合约分保非比例合同的特殊条款

（一）最终净损失条款

在超赔和其他各种非比例协议中，再保险人都只负责“最终净损失”（Ultimate Net Loss，UNL），即从分出人的实际总损失中扣除从第三方（如其他再保险人）摊回的损失、代位求偿及损余（残值）等款项。一个标准的最终净损失条款通常需要约定如下要点：

（1）最终净自留损失应当是分出人已经支付的（Actually paid）损失金额，再保险是损失补偿保险，再保险分出人不能通过再保险额外获利，故而其从非比例再保险人处获得赔偿应当扣除其他收益或赔偿。

（2）合同应当约定最终净自留损失是否包括直接理赔费用，例如理赔定损查勘费用、诉讼费用等。在海外再保险市场实务中，“分摊损失费用”（Allocated loss expenses，指在理赔过程中产生的合理查勘定损和法律费用）可能出现两种不同的约定，即包括分摊损失费用（Cost inclusive basis）和不包括分摊损失费用（Cost in addition basis）。前者指最终净自留损失包括分摊损失费用，损失和费用加起来一起适用合约免赔额；后者则将净自留费用按比例赔偿，比例依据非比例再保险赔款或最终净自留损失确定，且分摊损失费用不计入合约免赔额。[①]

① Mike Spice & Paul Phillipson, *Reinsurance*, M97/April 2023, CII, 2023, Chapter.7, p.30.

但无论如何,再保险分出人自己的员工工资、管理费用和其他营运费用不应当计入分摊损失费用。

(3)最终净自留损失不包括通融赔付(Ex gratia payment)。通融赔付指保险人根据保险合同本不应当承担或完全承担赔偿责任,但仍赔付全部或部分保险赔偿金的行为。

(4)最终净自留损失应当扣除所有赔款、残值、代位求偿所得和其他再保险赔款。即使分出人未能从其他再保险人处获得赔偿,也应当从总损失中扣除。这点和净自留条款相互印证,形成体系。净自留条款(Net Retained Lines)从承保角度,围绕自留额确定再保险人的保险责任不受分出人的错误或遗漏,或者其他再保险人拒赔或破产等因素影响。最终净损失条款(Ultimate Net Loss)从理赔角度,围绕损失金额确定再保险人的赔款范围。

特别值得注意的是,合同条款可能写有但书,比如约定扣除其他再保险赔款,但是下层超赔(Underlying layers of excess of loss reinsurance)的索赔不用扣除,只要不违反补偿原则,可以由合同双方约定。

(5)再保险分出人虽然应当扣除上述金额,但其不用等到净自留损失金额最终完全确定再向非比例再保险人索赔。实务中,再保险分出人可以通过分配索赔的方式及时有效获得赔款。如果再保险分出人在获得再保险赔偿后获得追偿款,应当退还给再保险人。

需要特别说明的是,合约分保和临时分保的净自留条款并不尽相同。

(二)几种主要的非比例分保合同形式条款

如前文所述,非比例合同形式主要有险位超赔、事故超赔(其中最典型的是巨灾超赔,故常常作为单独的一种非比例合同)、累积超赔(Aggregate excess of loss)和止损(Stop loss)等。但在再保险实务中,各种非比例合同可能分层,也可以组合适用,因此有多种多样的非比例再保险合同。

1. 险位超赔条款

险位超赔(Excess of loss)通常指某一危险单位(Per risk, per policy)由某一约定承保事故造成的损失,损失以超过再保险合同约定的分出人的自留额(Excess, retention, deductible)且不超过分保上限(Upper limit)为限。国内普遍认为险位超赔是以单一危险单位在一个事故中所发生的赔款为基础,来计算自负责任限额和分保限额。[①]

险位超赔条款通常约定该再保险保障的具体金额，例如“Layer 1 RMB 10000000 Ultimate Net Loss, each and every loss, each and every risk Excess of RMB 10000000 Ultimate Net Loss, each and every loss, each and every risk”（单一险位产生的单一 UNL 超过 1000 万元人民币的，该保障层提供 1000 万元人民币的保障）。对应该险位超赔的结构，在再保险合同中有单独的险位超赔保费、复效保费（Reinstatement Premium）、险位定义（Risk Definition）、UNL 等约定。

该险位超赔条款通常有三个核心要件，分别为“单一险位造成的单次损失”（Individual loss per risk）、免赔额（deductible）和再保险承保金额（Reinsurance cover）。“单一危险单位”（Each and every risk, per risk）应当在再保险合同中约定，这种约定通常基于双方均认可的既有的保险和再保险惯例（Established practices in the class of business），当然再保险分出人还应遵守诚信原则和国家保险监管机构对于危险单位划分的规定。“单次损失”（Individual loss）则通常理解为一个危险单位因为同一个原因（One and the same cause）造成的损失。“免赔额”（Deductible）是绝对免赔额，通常为一个固定金额，指损失额在免赔额之内，分出人自行承担损失，再保险人不负责赔偿的额度。再保险承保金额（Reinsurance cover）也称为再保险赔偿限额（Limit），该限额可以被分割成多个金额区间，每一个区间称为一层（Layer）。实务中，险位超赔免赔额和赔偿限额的设定通常需要考虑原保险的承保限额和再保险分出人的净自留额。[②] 如果一个险位超赔还涉及巨灾风险（如地震、台风、洪水等），险位超赔条款中还需要添加单一事故或年度限额以限制再保险承保范围。特别值得注意的是，险位超赔条款是再保险合同的核心条款，任何修改和变更都可能导致双方权利义务的实质性调整，对合同效力产生重大影响。

图 2 –6 展示了一个典型的险位超赔案例，某再保险公司 A 和分出公司 B 签订了一个险位超赔再保险合同，在合同期间发生了六次损失，损失金额分别为 1100 万元、2200 万元、2900 万元、4100 万元、500 万元、1800 万元。该险位超赔保障的是超出 1000 万元，低于 3000 万元的部分（实务中简写为 30 million excess

① 《保险术语》（GB/T 36687—2018）。

② 参见本章自留额。

of 10 million)。该险位超赔对第一次损失赔偿 100 万元,第二次赔偿 1200 万元,第三次赔偿 1900 万元,第四次赔偿 3000 万元(超出限额 3000 万元不予赔偿),第五次赔偿 0 元,第六次赔偿 800 万元。当然,实际业务中再保险人是否都需要赔偿这些损失,还取决于再保险合同对于赔偿次数和复效保费的约定。

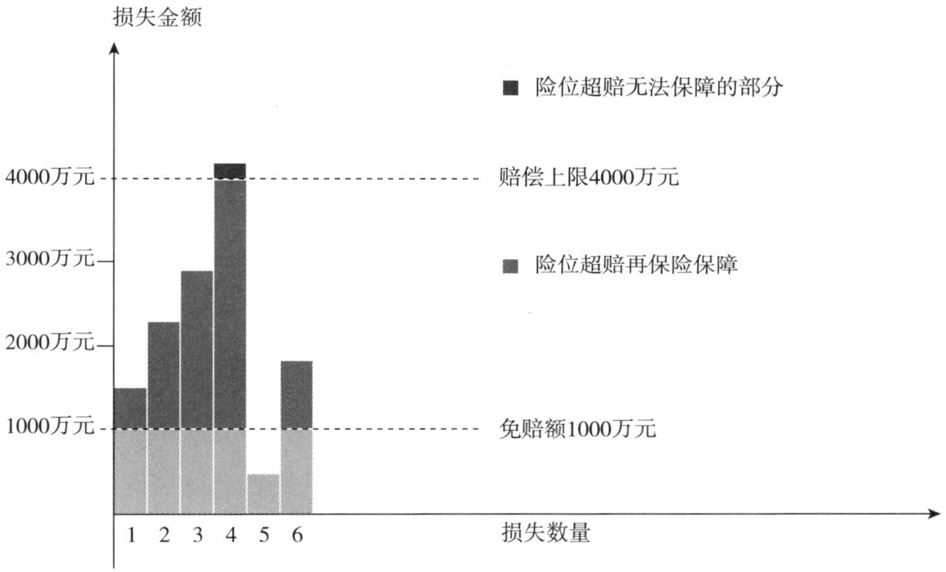

图 2－6　险位超赔示例①

2. 事故超赔条款

事故超赔(Excess of loss per event)的基本含义是:约定分出业务由约定承保的事故(Event 在普通英汉词典通常翻译为“事件”,但我国再保险实务习惯上称作“事故”,Per event)在约定地域的约定时间段内造成的损失,损失以超过合同约定的分出人的自留额,不超过分保上限为限。国内对于事故超赔另外一种常见定义是,以一个或多个危险单位在一个事故中所发生的赔款为基础,来计算自负责任限额和分保限额。②

事故超赔条款通常约定该再保险保障的具体金额,例如“Layer 1 RMB 10000000 Ultimate Net Loss, each and every loss and/or series of losses arising out

① Swiss Re, *Reinsurance matters*, SR, 2005, p. 120.
② 《保险术语》(GB/T 36687—2018)。

of one Loss Occurrence, Excess of RMB 10000000 Ultimate Net Loss, each and every loss and/or series of losses arising out of one Loss Occurrence"(单一事故产生的单一损失或多个损失超过1000万元人民币以上,该保障层提供1000万元人民币的保障)。对应该事故超赔的结构,再保险合同中通常有单独的事故超赔保费、复效保费、事故定义①、UNL等约定。

图2－7展示的是事故超赔的保障结构,第一场事故造成单个损失为事故损失A,第二场事故造成的单个损失(individual losses)为事故损失B,第三场事故一共导致了四个损失,分别为C1、C2、C3和C4,事故超赔允许在满足特定的条件前提下,将C1至C4的四个损失累加为一个事故损失,超过事故损失免赔额,低于上限的部分即为该事故超赔的保障范围。

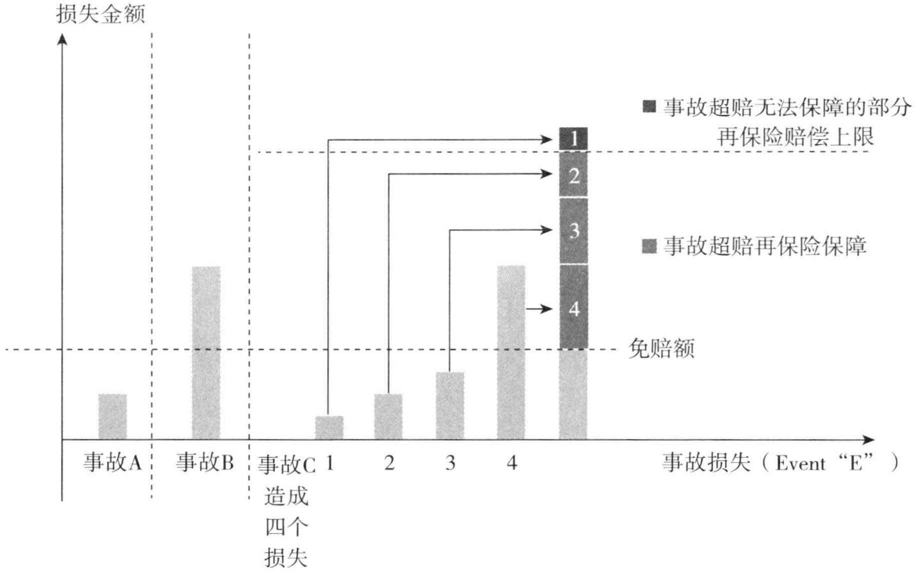

图2－7 事故超赔示例②

从上述条款和案例可以看出,事故超赔条款的核心要件包括事故、免赔额和再保险承保金额。其中,关于免赔额、承保金额的约定与险位超赔条款类似,事故定义则是事故超赔条款中最重要的基础条款。我们将在第四章第三节详细介

① 详见本书第四章第三节"风险累积和事故"。

② Swiss Re, *Reinsurance matters*, SR, 2005, p. 123.

绍再保险事故和风险累积。此外,事故超赔条款通常还约定了年度累积限额。

3. 巨灾超赔条款

巨灾超赔(Cat XL)是事件超赔的一种典型形式。其应用场景之一是对于比例合约的自留额部分(无论是成数分保还是溢额分保),如果存在自然灾害(如洪水、台风)引起的风险累积,再保险分出人就有必要办理巨灾超赔分保,以保护其总的净自留责任。在比例合约中,再保险分出人还可能安排与该比例合约的再保险人共同受益的巨灾超赔,称之为“共同账户保护”(Common account protection)。另一个应用场景是针对超过(下层)比例分保协议的限额部分的风险暴露。

巨灾超赔条款除了有上述事故超赔的类似约定外,最重要的特点是有巨灾事故的定义和巨灾事故的限额约定(Natural Hazards Event Limit)。很多时候,对于不同的灾因,巨灾超赔的免赔额和限额不同。因为巨灾事故定义关系合同双方当事人核心利益,故而是巨灾超赔合同的核心条款。实务中,由于一个自然灾害(如台风)可能持续很长事件,影响多个地域,造成多个索赔,再保险人通常会通过时间长度来限制巨灾事故,这种条款又称为“时间条款”(Hours clause);该条款约定再保险人只赔偿一定连续时间内造成的损失,通常约定再保险分出人可以自行决定事故开始起算的时刻,具体详见本书第四章第三节。

巨灾超赔通常还对巨灾风险的一些关键术语,如“爆炸”(Explosion)、“洪水”(Flood)、“风暴”(Storm)或“台风”(Typhoon)、“火灾”(Fire)等进行仔细定义,以避免争议。①

再保险分出人可以同时通过巨灾超赔和险位超赔来控制净自留风险,例如再保险人 A 和分出人 B 签订了一个险位超赔合同,约定单一险位产生的单一最终净自留损失超过 30 万元以上损失,该保障层提供 70 万元保障(700000 per risk xs, 300000 per risk),一个巨灾超赔合同约定单一巨灾事故产生的单一损失或多个损失超过 60 万元以上的损失,该保障层提供 440 万元的保障(4400000 per event xs, 600000 per event),两个合同责任期间相同。假设当年巨灾发生了八个单一险位损失,金额分别是 8 万元、50 万元、25 万元、70 万元、30 万元、40 万元、100 万元和 60 万元,险位超赔合同下首先赔偿超过免赔额的损失,分别为

---

① See Robert & Merkin, *Reinsurance Law*, Surrey: Kluwer Publishing, 2019, B. 3. 4.

0 元、20 万元、0 元、40 万元、0 元、10 万元、70 万元、30 万元，总计 170 万元；险位超赔赔偿后的分出人净自留损失为 213 万元；巨灾超赔合同下扣除 60 万元的免赔额，赔偿 153 万元，分出人最终净自留损失 60 万元。

4. 累积超赔条款

累积超赔（Aggregate excess of loss）的基本含义是：约定的分出业务（Agreed ceded business）在约定时间内造成的累积总损失，该总损失以超过再保险协议约定的分出人的自留额，低于限额上限为限。

5. 止损条款

止损条款（Stop loss）的基本含义是：约定分出业务在再保险期间内（通常是 1 年）发生的损失，无论是否是单一事故所造成，其超过再保险合同约定的再保险分出人的该险业务保险费收入的一定比例（赔付率）即由再保险人承担。当然，通常再保险人承担的赔偿责任不超过某一比例上限。

止损超赔也被称作“赔付率超赔”（Excess of loss ratio），用来保护再保险分出人的某大类保险业务在保险期间（通常是 1 年）的 UNL，以超过约定的同期“总净自留保险费收入”（Gross Net Retained Premiums Income，GNRPI，要扣除比例合约分出保费，但不扣除原保险佣金和业务获取费用）的一定比例（如 110%），作为触发再保险接受人责任的起赔点，同时以一个更高的赔付率（如 130%）作为再保险人的责任上限。图 2－8 即为赔付率超赔（20% xs 110%）的例子。

止损超赔针对大类保险业务的年度巨额亏损，涉及大量风险单位及保单，也不局限于某一事故所引起。止损超赔在季节性农业保险（agriculture reinsurance）中应用广泛。

在这几种非比例再保险合同中，再保险人都是在约定的责任限度内承担补偿责任。超赔和巨灾超赔的自留额和责任限度都是固定的金额，而止损用“损失与保费百分比”（“赔付率”，Loss ratio）来表示。《非比例合同范本》第 8 条“再保险赔偿条款”简要定义了“险位超赔”和“事故超赔”两种最基本的非比例分保形式。

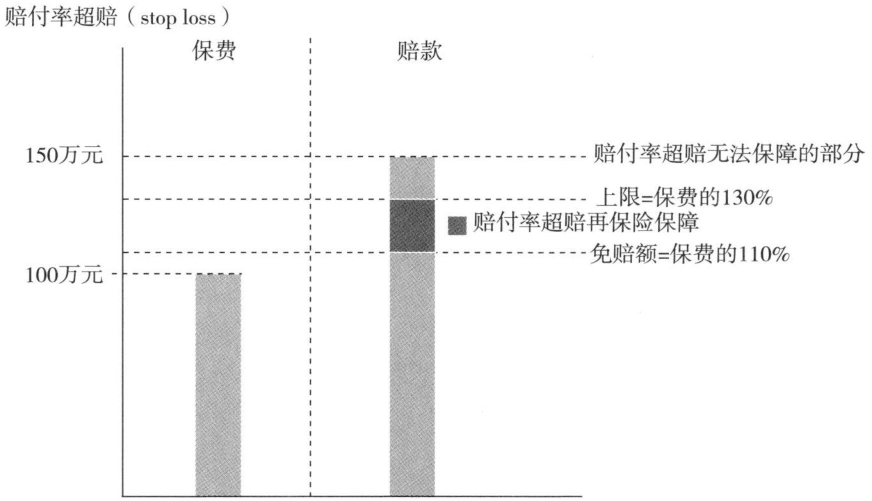

图2－8　赔付率超赔示例

（三）复效保费（责任恢复保费）条款

复效保费（责任恢复保费）条款（Reinstatement Premium）规定在再保险期间内再保险接受人赔付达到责任上限的次数，并可以约定相应的额外再保险费，又称复效保费（如原再保险费的一定比例）；缴纳复效保费后，再保险责任又自动恢复效力。如果再保险协议中没有此种条款，在我国再保险市场上，则表示在再保险期间内再保险接受人赔付达到责任上限不再承担责任。责任恢复条款常常见于险位超赔合约和巨灾超赔合约。

复效保费的计算应当在合同中明确约定，实务中，复效保费通常根据待恢复责任的金额（使用的再保险责任金额）、再保险合同剩余时间和原有再保险保费等因素计算。因为非比例的再保险保费通常分批缴纳，首期为预付保费，后续可能根据约定追加保费，所以复效保费同样也可能因再保险保费的变化而变化。

四、临时分保合同的特殊条款：并入条款

临时分保主要针对特大单一保单、单一风险单位，临分合同与原保险合同属于两个独立合同，临分再保险合同的条款中，最有特点的是“并入条款”（Incorporation clause），其将原保单的内容转移到临分再保险合同中，由此构成

临分与原保单所谓的“背靠背”(Back to back)。

在英国再保险市场,常见临分的并入条款表达为“Full reinsurance clause: being a reinsurance of and warranted same gross rates and terms and conditions”,还有更传统的措辞如“Subject to the same terms and conditions as the original policy”①。

并入条款带来的一个常见问题是如何调和两个不同的合同之间潜在的冲突?尤其是原保单中可能有一些非同寻常的条款,这种条款是否可以通过此种泛泛的并入条款来约束再保险人?

英国普通法认为,原保险合同的适用法律、管辖(如仲裁条款)、时效、损失通知等条款,不能通过上述并入条款并入到再保险合同中。② 原保单中与再保险合同的自有条款相冲突的条款,也不能并入再保险合同中。

考虑到不同国家保险法律和司法实践对于临时分保并入条款的效力认识并不相同,临时分保合同的明确约定就显得至关重要。实务中,需要明确并入条款的并入范围,同时通过临时分保条和通用临时分保条款(General Facultative Condition)规避原保险和再保险合同潜在的冲突和再保险合同可能未有效并入的内容。

五、近年来新的重要再保险条款

近年来随着商业环境和交易风险的变化,再保险交易双方不断协商拟定新的再保险条款,这些条款既有因为新问题出现而拟定的,例如,因网络安全风险增加而拟定新的网络责任条款、因新冠疫情而拟定的流行病条款、因分出人的海外标的风险而拟定的海外利益条款和因新的监管政策而带来的担保条款等,也有为了解决新问题而进行升级改造的,例如,因数据安全监管规定变化而更新迭代的数据保密条款因地区战争或冲突而更新迭代的战争条款和因国际形势变化而更新迭代的制裁条款等。条款拟定或修改一般由再保险分出人、再保险人或

---

① Robert Merkin, A Guide to Reinsuancelaw, Informa, 2007, Chapter 4, Terms of Reinsurance Agreement, p. 2.

② See P. T. O'Neill & J. W. Wolonieck etc., *The Law of Reinsurance in England and Bermuda*, Sweet & Maxwell, 5th ed., 2019, para. 4 -004.

特定行业协会发起，根据双方的交易习惯经过多轮协商，最终增加到现有或即将续转的再保险合同中。下面我们列举两个近年来讨论较多的新兴再保险重要条款。

（一）网络风险（除外）条款

网络风险伴随着计算机的兴起一直没有离开过保险行业的视野，应用网络安全风险除外条款（Cyber exclusion clauses）已有几十年的时间。市场上最知名的网络安全除外条款协会网络攻击除外条款（CL 380）在水险（货运险、能源险、超赔损失、船舶险、涉水责任险、贵重物品和战争险）、养殖险、责任险、在岸能源险、政治风险/政治暴乱、电力和英国商业财产险市场上已经广泛使用。同时，电子数据批单条款 A（NMA 2914 ）及其修订条款电子数据批单条款 B（NMA 2915），在很多非水险种中得到广泛使用，包括建筑工程险、在岸能源险、发电险、财产险的直接业务和临时分保业务、英国商业财产险等。

在过去 20 多年的使用过程中，市场交易双方发现了一些问题，以 NMA 2914 和 NMA 2915 为例：

（1）该除外条款对电子数据事故损失或损坏的原因约定不明；

（2）只回购（Write back）列明风险导致的物质损失，但对营业中断保险的回购约定不明；

（3）对未造成电子数据损失或损坏的网络攻击导致的财产损失约定不明。

对于 CL 380 来说，最常见的争议点是该条款没有明确除外非恶意行为导致的损失，比如因为手指误操作或者系统维护升级出错导致的损失。此外，CL380 也因为过于宽泛的用词，含混不清且很难在实操中应用的“一种造成伤害的手段”（As a means for inflicting harm）措辞等被人诟病，引发黑客攻击船舶航海系统导致船舶触礁或货损是否除外等争议。

其他网络除外条款，条款本身通常不针对网络风险。恰恰相反，他们通常针对的是一个网络行为导致的损失。这种措辞逻辑更像是将网络风险作为传统险种的一个触发条件，而不是作为一种新的风险。越来越多的事实表明这样的措辞逻辑并不像我们想象的那样可靠。

面对这样的现状，伦敦市场中的劳合社市场协会（Lloyd’s Marketing Association，LMA）和国际保险协会（International Underwriting Assocation，IUA）陆续出台了一系列网络安全条款，这些条款针对不同保险业务条线拟定了不同的条件,同时一个条线的条款也拟定了不同的情形供交易双方选择。这其中包括在我国市场已经逐渐被认同并采用的适用于多个险种的 IUA 09 - 081Cyber Loss Absolute Exclusion Clause、财产险 LMA5410 Cyber Loss Limited Exclusion Clause 和水险 LMA5402 Marine Cyber Exclusion Clause、LMA5403 Marine Cyber Endorsement Exclusion Clause 等。这些条款普遍包含除外责任、回购和定义三部分,在此前条款基础上集中澄清了网络安全沉默风险(无意或未明确的保险保障,在传统广义财产险保单中包含的潜在网络风险,这些保单通常没有明确由于网络风险导致的损失是否是除外责任)是否在保障范围,为现实生活中不断发生的网络攻击导致的损失,在不同业务保单中是否可以得到赔偿提供合同依据。LMA5410 条款原文如下:

CYBER LOSS LIMITED EXCLUSION CLAUSE (PROPERTY TREATY REINSURANCE) No. 1

i. Notwithstanding any provision to the contrary within this reinsurance agreement or anyendorsement thereto, this reinsurance agreement excludes all loss, damage, liability, cost orexpense of whatsoever nature directly or indirectly caused by, contributed to by, resulting from, arising out of or in connection with:

- any loss of, alteration of, or damage to or a reduction in the functionality, availability oroperation of a Computer System, unless subject to the provisions of paragraph 2;
- any loss of use, reduction in functionality, repair, replacement, restoration orreproductionof any Data, including any amount pertaining to the value of such Data.

ii. Subject to the other terms, conditions and exclusions contained in this reinsurance agreement, this reinsurance agreement will cover physical damage to property insured under the original policies and any Time Element Loss directly resulting therefrom where such physical damage isdirectly occasioned by any of the following perils: fire, lightning, explosion, aircraft or vehicle impact, falling objects, windstorm, hail, tornado, cyclone, hurricane, earthquake, volcano, tsunami, flood, freeze or weight of snow.

Definitions

iii. Computer System means any computer, hardware, software, communications system, electronicdevice (including, but not limited to, smart phone, laptop, tablet, wearable device), server, cloudor microcontroller including any similar system or any configuration of the aforementioned andincluding any associated input, output, data storage device, networking equipment or back upfacility.

iv. Data means information, facts, concepts, code or any other information of any kind that isrecorded or transmitted in a form to be used, accessed, processed, transmitted or stored by aComputer System.

v. Time Element Loss means business interruption, contingent business interruption or any otherconsequential losses.

LMA5410

07 March 2020

(二)传染病除外条款

自新冠疫情2019年12月开始大范围流行以来,保险和再保险行业对该疫情损失保持了高度的关注。面对这种传染病全球大流行风险,保险和再保险行业在疫病爆发伊始开始评估已经生效的业务暴露风险,为即将生效的业务确定承保边界。一个合理、合适的传染病除外条款(Communicable diseases exclusion clauses),成为不少地区再保险分出人和再保险人努力的方向。在疫病爆发后的1年多时间里,超过200个疫病除外条款出现在市场上。这些条款意在排除任何由传染性疫病(包括但不限于新冠疫情)导致的损失、损伤、费用、责任、索赔等。该条款一般还明确了举证责任或阐明回购的情形。

传染病除外条款在我国的再保险实务中已经广泛存在,其中多采用伦敦市场 LMA 5502 Limited Communicable Diseases Exclusion, LMA 5503Limited Communicable Diseases Exclusion, LMA 5396 Communicable Disease Exclusion

或再保险人、再保险经纪人选用的条款(如瑞再 Infectious Disease Exclusion)。该除外条款虽然由新冠疫情而起,但条款本身大多并不局限于新冠疫情,还包括其他传染病(Infectious diseases)和世界卫生组织或政府机关宣布的全球性或高传染性流行病(Pandemic or epidemic),这意味着该除外条款并不随着新冠疫情全球大流行的结束而失去存在的基础。LMA 5503 条款原文如下:

LIMITED COMMUNICABLE DISEASE EXCLUSION No. 2

(PROPERTY TREATY REINSURANCE)

1. Notwithstanding any provision to the contrary within this reinsurance agreement, this reinsurance agreement excludes any loss, damage, liability, claim, cost or expense of whatsoever nature, directly or indirectly caused by, contributed to by, resulting from, arising out of, or in connection with a Communicable Disease or the fear or threat (whether actual or perceived) of a Communicable Disease regardless of any other cause or event contributing concurrently or in any other sequence thereto.

2. Subject to the other terms, conditions and exclusions contained in this reinsurance agreement, this reinsurance agreement will cover physical damage to property insured under the original policies and any Time Element Loss directly resulting therefrom where such physical damage is directly caused by or arising from any of the following perils: fire, lightning, explosion, aircraft or vehicle impact, falling objects, windstorm, rainstorm, hail, tornado, cyclone, typhoon, hurricane, earthquake, seaquake, seismic and/or volcanic disturbance/eruption, tsunami, flood, freeze, ice storm, weight of snow or ice, avalanche, meteor/asteroid impact, landslip, landslide, mudslide, bush fire, forest fire, riot, riot attending a strike, civil commotion, vandalism and malicious mischief.

Definitions

3. Communicable Disease means any disease which can be

transmitted by means of any substance or agent from any organism to another organism where:

3.1. the substance or agent includes, but is not limited to, a virus, bacterium, parasite or other organism or any variation thereof, whether deemed living or not, and

3.2. the method of transmission, whether direct or indirect, includes but is not limited to, airborne transmission, bodily fluid transmission, transmission from or to any surface or object, solid, liquid or gas or between organisms, and

3.3. the disease, substance or agent can cause or threaten damage to human health or human welfare or can cause or threaten damage to, deterioration of, loss of value of, marketability of or loss of use of property.

4. Time Element Loss means business interruption, contingent business interruption or any other consequential losses.

LMA5503

15 May 2020

需要说明的是,虽然网络安全除外条款和传染病除外条款本身侧重责任限制,但并不意味着此种条款仅用于除外责任。准确地说,这两个条款本身旨在在合同条款层面明确双方当事人权利义务的边界,既明确除外责任,也明确承保范围;前者体现在条款的除外(exclusion)措辞中,后者体现在回购和定义措辞中。在实践中,这些条款的引用:一方面,可以促使再保险分出人更谨慎面对这种特殊新兴风险,通过研发新产品或升级现有产品来服务客户;另一方面,交易双方依然可以根据业务需求再行安排专门的再保险合同(如网络安全再保险合约或临时分保合同),来满足自身的风险分散需求。

第三章

再保险合同的效力、保全、变更和转让

合同效力是对已经成立的合同是否具有合法性的评价，依法成立的合同，才对当事人具有法律约束力。《民法典》第 502 条至第 508 条专门规定了合同的效力，是对《民法典》有关民事行为能力、民事法律行为和代理等总则规定的进一步扩充。判断合同的效力，除了适用《民法典》的有关规定外，还需要结合与争议有关的具体事项可能涉及的部门法律规章，对再保险合同而言，要适用《保险法》《再保险业务管理规定》等法律法规和部门规章。

第一节　再保险合同的效力

一、再保险合同的成立和生效

再保险合同作为保险合同的一种，是诺成合同。我国《保险法》第 13 条规定："投保人提出保险要求，经保险人同意承保，保险合同成立。保险人应当及时向投保人签发保险单或者其他保险凭证……依法成立的保险合同，自成立时生效。投保人和保险人可以对合同的效力约定附条件或者附期限。"

在我国法律下，再保险合同的成立与普通保险合同并无不同，经过合同双方的要约与承诺，意思表示一致，合同即成立。根据《民法典》第 143 条和《保险法》的有关规定，再保险合同生效应当符合合同生效的三要件：主体适格，当事人具有相应的行为能力；意思表示真实、一致；订立保险合同不违反法律法规的强制性规定，不违背公序良俗。实务中，这三要件在实际适用再保险合同时，产生了如下几个典型的问题，值得在此阐述：

（一）再保险分出人的资质和再保险人的资质

如本书第二章所述，在我国合法登记并获得保险经营许可的保险公司通常都应当根据《保险法》和《再保险业务管理规定》办理再保险。法律法规没有设定特别的再保险分出资质，实务中最经常出现的是没有授权的保险公司的分支公司超越权限或超越经营范围参与再保险交易；此时，即使该分公司或支公司可能承担行政责任，其签订的再保险合同或共保合同并不当然无效，现有司法实践通常结合双方缔约时的交易情况，综合认定合同效力及其应当承担的民事责任。

相较而言，根据《保险法》和《外资保险公司管理条例》等法律法规，再保险人应当具备再保险的经营许可。如果没有具备再保险经营许可，根据《民法典》第502条的规定，我们认为如果再保险人不能通过事后申请进入有效清单中，则可能导致再保险合同无效；如果再保险合同无效，没有资质的再保险人是过错方，应承担缔约过失责任，赔偿分出人的损失。实务中出现较多的是保险公司的分公司、支公司甚至营销服务部参与隐名共保，如果其法律性质被法院认定为再保险合同，就成为法律意义上的再保险人；此时，该保险公司的分支机构的分入权限即使被认定违反了《再保险业务管理规定》，也并不必然导致再保险合同无效。法院司法实践中经典的论述如"《再保险业务管理规定》规范系部门规章，其关于分支机构不得办理再保险分入业务而需经总公司核准和备案的规定，系对保险公司分支机构经营范围的规定，属于典型的管理性规定，且仅就保险公司分支机构未经总公司核准而从事再保险分入分出业务而言，难以与违背金融安全、市场秩序、国家宏观政策等公序良俗建立直接联系"①。因此，司法实践通常倾向根据合同生效的三要件认定再保险合同有效。

需要注意的是，承担再保险人角色的保险公司的分公司和支公司的保险经营许可证上通常明确其业务范围包括"与上述业务相关的再保险业务"②，这点与未批准获得再保险经营许可的再保险人也完全不同。

英国法下，《2000年金融服务与市场法》(The Financial Services and Markets Act 2000)要求任何主体经营保险和再保险业务必须持有明确许可(Authorization)，根据该法律第26～28条的规定，未经授权许可的保险人的保单持有人可以要求对方履行其保单下义务，但未经授权许可的保险人无权要求保单持有人履行保单下义务。再保险合同在该法中未被提及，但学者认为再保险人面对分出人没有获得授权许可的现实也不太可能逃避付款；③而再保险人如果没有获得授权许可，就可能面对无权要求分出人履行再保险合同下的义务的情形。④

---

① 北京金融法院二审民事判决书，(2021)京74民终534号。

② 详见国家金融监督管理总局保险许可证信息查询。

③ See Robert Merkin, *A Guide to Reinsurance law*, informa, 2019, p.49.

④ Mike Spice & Paul Phillipson, *Reinsurance*, M97/April 2023, CII, 2023, Chapeter.8, p.8.

（二）再保险合同当事人的意思表示真实

和所有合同一样，再保险合同当事人的意思表示真实是合同有效的要件之一；主要通过再保险合同的磋商过程，包括要约邀请、要约和承诺、反邀约和承诺等，查明当事人意思表示是否真实。在反复多轮的磋商中，如何判断什么是当事人真实的意思表示，何时达成了意思表示一致，是目前司法实践中经常处理的争议问题。从最高人民法院此前审理的两起再保险合同纠纷，我们得到了一些启示，例如“就再保险合同订立事项，再保险分入人既向再保险分出人发出关于订立再保险合同的新要约，又对再保险分出人关于订立再保险的原要约进行承诺，视为再保险合同按照原要约内容成立”[①]“再保险分出人在再保险分入人可接受分保份额范围内调整再保险分入人的实际分保份额，不构成对再保险人分入认定的新要约”[②]等。当然，我国并非判例法国家，且最高人民法院上述案件的判决意见也仅基于特定案件事实和证据，故而不能作为判定再保险合同当事人意思表示真实且一致的绝对标准或依据。但从理解再保险合同生效的法理角度，这些意见依然值得我们推敲琢磨，以规避其中风险，确保实务中合同有效。

英国法下，有大量的判例围绕要约与承诺来分析再保险合同当事人真实意思表示，进而判断再保险合同效力。在伦敦保险市场，由于再保险经纪人或者代理人的充分参与，要约和承诺的过程常常依赖多方形成的市场交易习惯，[③]这进一步增加了再保险合同效力查明的难度。

（三）再保险合同的保险利益

保险利益被学者认为是保险合同生效的特别要件，[④]也有学者认为是保险合同不违反法律的体现。[⑤] 但无论如何，对于财产保险合同，《保险法》第 12 条第 2 款明确规定：“财产保险的被保险人在保险事故发生时，对保险标的应当具有保险利益。”保险法对于再保险合同的保险利益没有特别规定，但法理上，再

---

① 詹昊主编：《中国保险诉讼裁判规则集成——保险诉讼经典案例判词逻辑分类汇编》，法律出版社 2019 年版，第 898 页。

② 詹昊主编：《中国保险诉讼裁判规则集成——保险诉讼经典案例判词逻辑分类汇编》，法律出版社 2019 版，第 899 页。

③ Robert Merkin, *AGuidec to Reinsurance Law*, Informa, 2007, Chapter 2: Formation of Reinsurance Agreements, Placing Procedures in the London Markets, p. 49.

④ 参见李玉泉：《保险法》（第 3 版），法律出版社 2019 年版，第 109 页。

⑤ 参见贾林青等主编：《保险法》，中国人民大学出版社 2020 年版，第 144 页。

保险合同的分出人(原保险人)对于被保险标的应具有保险利益,被保险人在事故发生时对于保险标的也应具有保险利益。两种保险利益相互联系,缺一不可。对于再保险分出人的保险利益,根据本书第一章对再保险合同法律性质分析,国内主流观点认为再保险合同是一种责任保险,其保险标的是原保险人(再保险分出人)对原被保险人应承担的保险赔偿责任,故而再保险合同的保险利益也应当是再保险分出人依法对其保险责任享有的利益。

英国法下,《1906 年海上保险法》(MIA1906)中明确规定,"海上保险合同中的保险人对其承保的风险有保险利益,并可将有关风险再保险"(The insurer under a contract of marine insurance has an insurable interest in his risk, and may re-insure in respect of it.)。英国判例法也形成了较为统一的认识,即保险人应当有保险利益才能安排再保险。这种保险利益通常体现在保险人在发生保险事故时向被保险人支付赔偿款的保险责任上。[①] 英国判例法[②]同时也认为,如果被保险人在直接保单下没有可保利益,但保险人仍向被保险人支付了保险金,则再保险人不承担赔偿责任。

(四)再保险合同不违反法律法规的强制性规定,不违背公序良俗

再保险合同涉及的法律法规并不少见,如本书第一章再保险的法律渊源所述,其中既有直接规范再保险交易的《保险法》《海商法》《农业保险条例》等,也有部分适用于再保险的税务、外汇、数据管理、网络安全等方面的法律法规。这里的法律法规仅限于全国人大及其常委会通过的法律和国务院颁布的行政法规,而且强制性规定有别于管理性规范或者形成性规范,违反管理性规范、形成性规范,或者地方法规、行政规章的特定强制性规范并不会导致合同无效。

除了上述列举的四个问题,在中国法下,再保险合同的成立和生效也依然深受中国保险理论和司法实践中已然达成的共识影响,有些司法实践中形成的观点,例如"如果保险合同关于投保人缴纳保费后,保险人开始承担保险责任的约定属于保险合同约定的生效要件"[③]"保险法合同是诺成合同,保险人同意承保

---

① See Robert Merkin, *A Guide to Reinsurance law*, informa, 2019, p. 70.

② 参见英国案例 Re Overseas Marine Insurance Co. Ltd (1930) 36 Ll. L. Rep. 183。

③ 詹昊主编:《中国保险诉讼裁判规则集成——保险诉讼经典案例判词逻辑分类汇编》,法律出版社 2019 年版,第 90 页。

后，保险人未及时签发保险单等保险凭证，不影响保险合同的成立与生效”[①]等，对再保险合同，尤其是临时分保合同业务有较强的指导意义。

二、合同中免责条款无效情形

与原《合同法》相比，《民法典》扩大了对格式合同下保险人的明确说明义务和不利解释规则的适用范围及其法律后果。

《民法典》对于规范格式条款，规定了订入规则（第 496 条）、效力规则（第 497 条）和解释规则（第 498 条）。根据《民法典》第 496 条第 2 款的规定，采用格式条款订立合同的，提供格式条款的一方应当遵循公平原则确定当事人之间的权利义务，并采取合理的方式提示对方注意免除或者减轻其责任等与对方有重大利害关系的条款，按照对方的要求，对该条款予以说明。提供格式条款的一方未履行提示或说明义务，致使对方没有注意或者理解与其有重大利害关系的条款的，对方可以主张该条款不成为合同的内容。

对保险合同中的“免责条款”，《保险法》第 17 条要求保险人在订立保险合同时向投保人明确说明，未明确说明的，该条款对被保险人不产生效力。《民法典》将保险人应该明确说明的条款范围扩大到“免除或者减轻其责任等与对方有重大利害关系的条款”，要求保险人在合同成立之前提请被保险人注意，并在被保险人有要求时予以说明，并明确规定保险人未提请注意或未说明的法律后果是这种条款可以不成为合同内容。围绕《保险法》第 17 条的争议尘埃未定，《民法典》第 496 条第 2 款的规定将再起烽烟。

《民法典》第 496 条和《保险法》第 17 条如何适用再保险合同有待探讨。我们认为，《民法典》规定的保险人的明确说明义务和不利解释规则的扩大适用，对消费者保险合同（如人身险、车险）是合适的，但对再保险合同这种商业保险合同并不合适，在将保险人的说明义务和不利解释规则适用于再保险合同时，应从严解释，理由如下：

其一，再保险合同的签订主体是商事主体，不涉及个人消费者利益。根据

---

① 詹昊主编：《中国保险诉讼裁判规则集成——保险诉讼经典案例判词逻辑分类汇编》，法律出版社 2019 年版，第 98 页。

《再保险业务管理规定》,再保险战略的制定、实施、评估和调整由公司高级管理层负责,经营再保险的双方当事人应当配备专业核保和理赔业务人员,这意味着通常双方知识和经验对等。其二,再保险合同的拟定如本书第二章第一节所述,按照再保险市场惯例,经历了要约邀请、要约、反要约和承诺等多轮协商,对于合同的通用条款和特别约定(如摘录表)通常经历充分讨论,最终达成书面协议,并在中国保险监管机构报备。其三,在再保险合同订立和履行过程中,再保险经纪人通常承担重要的中介角色,其代表分出人参与合同条款的拟定、解释和说明等工作,极大减少了双方对于合同的误解和偏差。其四,再保险合同中的除外条款或其他免除或减轻责任条款通常关系再保险对价和责任,是再保险合同的核心条款;这类条款通常同时出现在摘要表和通用条款中,再保险合同双方在合同订立和履行中通常针对该类型条款反复讨论、说明、澄清和研究,留有清晰的记录,而且合同可能历经多年续约,双方当事人对于合同条款已经了然于胸。其五,再保险合同的格式条款涉及行业标准条款,该类格式条款拟定过程中通常由再保险人和分出人代表参与讨论,同时制定时备有详细的条款起草说明,方便双方学习、理解和采纳。

毫无疑问,《民法典》的相关规定也对《保险法》和《海商法》(海上保险合同一章)的修订提出迫切要求,例如可以仿效《德国保险法》第三编附则第 209 条,明确规定再保险和海上保险。

此外,《民法典》中的格式合同效力规则(第 497 条),限制保险人任意设定保险条款,是否适用于再保险合同也值得讨论。《民法典》的规定比《保险法》第 19 条的规定更宽泛。这对消费者保险合同(如人身保险合同)将产生重大影响。就商业性的再保险合同而言,何为“不合理地免除或减轻保险责任”?何为“不合理地限制对方权利”或“排除对方主要权利”?也都有待司法实践给出答案。

第二节　再保险合同的保全

《民法典》第二编合同第一分编通则第五章规定了两种合同保全制度：债权人的代位权与撤销权。其与再保险合同的关系是极为复杂而现实的问题，特别是在再保险分出人、再保险人或再保险经纪人跨境重整或破产的情况下，值得结合具体案例潜心研究。本书仅就再保险分出人破产时其他债权人的代位权做基础介绍，没有进行深入探讨。

原保险合同与再保险合同是两个相互独立的合同，根据合同相对性原则（privity of contract），原保单的被保险人没有权利直接向再保险人请求损失赔偿，根据英国法，即使在分出人发生重整或破产的情况下，原被保险人对再保险人的直接请求权也不能成立，即使再保险合同中有相反的约定。[①] 然而，美国法律承认再保险合同中"抄近路条款"（Cut-through clause）的法律效力：在分出人重整或破产的情况下，原被保险人有权直接向再保险人索赔，但不得超过分出人在再保险合同下的权利，而且在再保险人直接赔付原被保险人后，分出人的索赔权消灭。[②] 英国判例无论是在解释该抄近路条款，还是在援用《1999 第三人方案》（Rights of Third Parties Act 1999）打破合同相对性方面都极为谨慎，通常不愿意认可被保险人的直接索赔权，理由是英国破产法的一项基本原则：破产公司的所有债权人应在该公司清算人可获得的有限资金中按比例获得平等待遇。[③]

中国法下，根据《保险法》，保险公司的偿付能力是监管的主要关注点之一，也是保险人履行赔偿责任和诚信原则的基础。分出人重整或破产是小概率事件，当保险公司的偿付能力出现异常时，监管机构有权介入，对保险公司进行整

---

① 英国法院通过 British Eagle International Airlines Limited v. Compagnie Nationale Air France [1985] 判例确认一项清算协议规定了债务履行方面通过多边净额轧差结算被认定无效，因为该条款与破产平等原则相冲突。

② See Butler & Merkin, *Reinsurance Law*, Surrey: Kluwer Publishing, 2019, D. 2. 3.

③ See Robert Merkin, *A Guide to Reinsurance Law*, informa, 2019, p. 155.

顿,并在必要时予以接管;监管机构也可以申请法院对被整顿或接管的保险公司进行重整或破产清算。[①] 此时,再保险人通常仍旧与分出人及其接管人或者清算人处理债务债权事项,没有道理直接参与赔偿原保险被保险人。更何况,理论上,根据《民法典》第535条的规定,债权人代位权的行使条件之一是债务人怠于行使到期债权;而在再保险分出人重整或破产清算情况下,破产管理人代替再保险分出人行使对再保险人的索赔权,可能并不满足再保险分出人怠于行使到期债权这一法律要求。

---

① 《保险法》(2015修正)第137~148条。

第三节　再保险合同的变更和修改与转让

一、再保险合同的变更和修改

再保险合同的变更(Alteration)和修改(Amendment)时有发生,其效力也适用“要约—承诺”分析方法,并适用诚信原则;变更和修改一般约定采用书面形式即“批单”(Endorsement)。再保险合同的变更和修改通常是书面的,《比例合同范本》第 34 条和《非比例合同范本》第 30 条都规定,任何修改和变更必须以书面形式作出,否则无效。

首席保险人条款可能约定首席再保险人同意的变更约束其他共同再保险人。如果没有此种条款约定,根据中国保险行业协会《合约分保指引》6. 8. 1b 项,再保险分出人需要得到所有共同再保险人的书面确认后,再保险合同修改才生效,并应及时办理正式批单的签署。

根据《临时分保指引》7. 5,对临分业务的批改,分出人宜提前 5 个工作日按协议约定将相关情况报送再保险接受人。在再保险人确认前,再保险分出人应注意自留风险不得超过监管要求。

需要指出,再保险合同的变更和修改不同于对错误与遗漏(Error & Omission)的更正,也不同于对错误和不完整信息(Incorrect or incomplete information)的更正。如前文所述,错误与遗漏指日常再保险合同操作过程中疏忽大意(accidental or inadvertent)导致的事务性(administrative and clerical)错误与遗漏,而错误或不完整信息①构成再保险分出人违反告知义务的,从再保险人

---

① 具体可以参见《比例合同范本》第 17 条“错误或不完整信息”(Incorrect or Incomplete Information):本合同条件是基于再保险分出人在合同成立前提供给再保险接受人的信息。如果再保险分出人向再保险接受人提供了前者知道或应当知道的错误或不完整的信息,则对本合同作以下处理:如果再保险接受人获知真实信息后会拒绝提供再保险的,则本合同无效。如果再保险接受人获知真实信息后会以更不利于再保险分出人的条件提供再保险的,则应相应修改本合同并自始生效。本条是假设再保险接受人作为合理谨慎的再保险人,其在获知真实信息后可能会采取的行动,除非再保险分出人能够证明再保险接受人不会作出此决策。

的角度，视违反的严重程度，可能导致再保险合同自始无效，或使再保险人有权相应调整（Modify）再保险合同的条件和条款，包括增加再保险费。

再保险合同的变更和修改，还应注意再保险合同中的“核保政策条款”（Underwriting policy）及《保险法》第 52 条和第 53 条的规定。核保政策主要反映在再保险分出人在再保险合同中使用的原保单条款、条件和保险费率等方面。在再保险期间核保政策发生重大变化的，再保险人对风险重大变化造成的扩大损失有权拒赔，并有权要求相应调整再保险保险费等，并不必然导致再保险合同的解除。但是，如果核保政策发生重大变化造成保险标的危险程度显著增加，根据《保险法》第 52 条和第 53 条的规定，被保险人应及时通知保险人，保险人有权重新协商保险条件和条款，如果没有及时通知或者没有达成新的协议，保险人有权解除合同。

二、再保险合同的转让

再保险合同的转让通常采用书面形式，《比例合同范本》第 40 条和《非比例合同范本》第 37 条规定了同样的“不可转让条款”（Non-assignment）：转让再保险合同下的任何权利、义务和责任必须双方书面同意才有效。

如本书第二章所述，再保险市场的“业务转移条款”（Portfolia transfer），是指在不同再保险人之间发生保单（保费）业务转移（Premium portfolio transfer）或损失（索赔）业务转移（Loss portfolio transfer），此种业务转移当然也需要分出人的书面同意。如果全部保单和损失业务都转移给了新的再保险人，就构成再保险合同的转让；如果只是部分转移，就只发生再保险合同的变更和修改。《比例合同范本》第 29 条“业务转移条款”（Portfolia transfer），由其附录第 3 条“保单转入”（Policies at commencement）、第 4 条“未决损失转入”（Losses outstanding at commencement）、第 5 条“保单转出”（Policies at termination）和第 6 条“未决损失转出”（Losses outstanding at termination）分别做了补充说明，都针对某一再保险合同的分出人和再保险人，对再保险合同的主要权利、义务进行变更的情况。

第四章

再保险合同的履行

第一节　再保险分出人的义务

一、再保险分出人缔约前的告知义务

如前文所述,《民法典》第 7 条和《保险法》第 5 条明确规定了诚实信用原则,对从事民商事活动的各方都有约束力,也被称作“帝王条款”,是合同规定的重要补充及合同解释原则之一。再保险合同因高度依赖交易双方的专业性,故而对诚信原则的依赖相比一般的保险合同有过之而无不及。

1999 年颁布的《合同法》(已失效)第 42 条和第 43 条创设了“先合同义务”的规定,《民法典》第 500 条、第 501 条将其予以保留。事实上,1993 年生效的《海商法》就率先规定了“先合同义务”,而且对海上保险合同当事人的诚实信用有更高的要求,例如《海商法》第 222 条和第 223 条规定了被保险人所负的严格的告知义务,第 224 条的规定未如实告知的法律后果。

再保险理论的主流观点认为,诚信原则要求再保险分出人在缔约前有义务向再保险人提供其已知或应当知道的对再保险人承担风险重要的所有信息。重要的所有信息指该信息会影响一个谨慎合理的再保险人决定是否接受该风险,或者如果接受,以何种合同条款和条件接受该风险。[①] 这种观点也正是海外和国内再保险实务中的通常做法。需要说明的是,中国《保险法》第 28 条“应再保险接受人的要求,再保险分出人应当将其自负责任及原保险的有关情况书面告知再保险接受人。”该条款是在投保人告知义务在再保险合同中的体现[②]。《保险法》对于再保险公司似乎采取了询问告知的立法例,规定再保险合同的分出人与原保险合同被保险人(投保人)一样,仅有义务如实告知再保险人提出询问

---

① See H. Heiss, M. Schauer & M. Wandt, *The Principle of Reinsurance Contract Law* 2019, UNIDROIT, 2019, p.37.

② 最高人民法院保险法司法解释起草小组编:《中华人民共和国保险法保险合同章条文理解与适用》,中国法制出版社 2010 年版,第 191 页。

的与保险标的和被保险人有关的情况。《海商法》采取了主动告知的立法例,规定海上保险合同被保险人有义务(主动)如实告知有关影响保险人据以确定保险费率或者是否同意承保的重要情况。这些对于原保险的法律规定如何适用于再保险,是否需要允许再保险合同对于分出人缔约前告知义务另作约定尚不明确,有待理论和司法实践澄清。

一个典型的缔约前应履行告知义务的例子是,分出人了解到其投保人最近开发的一款刚进入市场的产品存在缺陷,而该缺陷在投保时并不为人所知;投保人已经将相当数量的产品卖给零售商或消费者;虽然该产品目前尚未触发政府或制造商的召回,但该信息直接影响了再保险人对于分保风险的判断,因而是重要的,分出人应当在缔约前告知再保险人。作为对比的另外一个例子是,分出人将自己在加勒比海沿岸区域的房屋财产保险业务在年初分保给再保险人,虽然气象学家预测当年应当是一个飓风灾害较重的年度,但气象学家的预测信息并不能影响客观存在的灾害风险,该气象学家的预测信息则不被认为是分出人应当告知的重要信息。

很显然,重要信息的评价标准是再保险分出人是否应先告知合同义务的关键。主流观点认为该信息如果影响再保险人接受和拒绝风险,或者影响其再保险定价和合同条款即为重要信息。例如,分出人未告知再保险人其分保的标的设施中存有大量丙烷气体,如果告知,分出人将拒绝该风险。在运用该评价标准时,主流观点认为应当以一个谨慎合理的再保险人的视角客观分析信息是否重要。如何运用该客观方法需要结合双方证据和中国法律认定。

在临时分保合同缔结时,有关特定风险的问题通常被认为是需要告知的重要信息。在合约分保合同缔结时,再保险分出人告知的重要信息则更多是同类型风险的概括信息,而在个别风险单独以个案特例分入合约时,重要信息的认定又类似临时分保。实务中,再保险分出人通常被要求告知的信息包括:(1)有关所有索赔和理赔相关的准确信息;(2)潜在的重大风险暴露;(3)再保险人提出的问题;(4)影响风险的争议信息;(5)与该风险相关的其他再保险合同;(6)在合同缔约时发生重大变化的信息。分出人告知的信息应当准确、全面、不具误导性。告知的信息可能是定性的,也可能是定量的数据化信息;例如在再保险人询问分出人该业务历史赔付记录时,该赔付记录就应当是一个定量数据。

上述提到的再保险分出人通常指一个整体或一个机构,分出人的雇佣人员或其代理人所了解的情况，应当视为其了解的情况。考虑到分出人相比再保险人更容易获取原保险信息，其在告知时应当进行一定的调查和判断，并呈现给再保险人。

分出人违反缔约时告知义务的法律后果可以参见本书第五章第二节。

二、再保险分出人支付再保险保费义务

和所有保险合同一样，再保险分出人最重要的履约义务是向再保险人缴纳保费，保费应当按照约定时间和方式及时、准确支付。再保险合同通常约定再保险保费的计算基础、方式和支付方式、时限等。

（一）再保险保费的计算基础

再保险保费或称分保费（Reinsurance premium）的确定方式和金额（Pricing，rating）是再保险经营的重要内容，因比例分保与非比例分保而异，也因临时分保与合约分保而异。

再保险费的计算基础被称为“基础保费”（Base premium，Premium base，Subject premium，Underlying premium）。实务中有多种选择，比如分出人原保险的“签单保费”（Written premium）、“已赚保费”（Earned premium）、“总签单净保费”（Gross Net Written Premium Income，GNWPI）、“总已赚净保费”（Gross Net Earned Premium Income，GNEPI）。为避免争议，需要在再保险合同中明确定义。

上述保费定义中，一般“签单保费”（Written premium）是指保险期间相关原保单下的全部保险费；“已赚保费”（Earned premium）是指在评估期内保险公司承保的保险责任已经结束部分对应的保险费，即要从全部保险费中扣除保险责任尚未结束所对应的保费（未赚保费，Unearned premium）。相关术语中的“毛”（Gross，也习惯称之为“总”）是指投保人支付的总保费，没有扣除本再保险合同下的再保险费。“净”（Net，net retained）是指已经扣除原保险退保（Policy cancellation）、退费（Refund）和保护原保险合同的其他再保险合同保费（Premium paid for other reinsurances inuring to the benefit of this Agreement）后的保险费。[1]

---

[1] See Munich Re, *A Basic Guide to Factitive and Treaty Reinsurance*, Glossary, p. 30.

比例分保与非比例分保采用的是不同的再保险费术语。即使同是非比例分保，不同非比例合同对分出人基础保费的定义也可能各不相同。《比例合同范本》和《非比例合同范本》介绍了国内再保险实践中常见的两种保费计费基础，比例分保采用的再保险费术语主要是签单保费（Written Premium），非比例分保采用的主要保险费术语是GNWPI。

（二）再保险费的计算和支付

如前文第二章第二节所述，比例再保险的保费计算较为简单，比例再保险保费＝保费计算基础×再保险人承担的分入比例；分入比例根据事先约定的百分比或公式计算。需要特别注意的是，再保险人承担的分入份额并不等于分出人的分出比例，原因是通常一个合约不止一个再保险人参与，每家再保险人的分入比例并不相同，每家再保险人实际承担的分入份额＝分出人的总分出比例×该再保险人认购的份额；如果一个合约只有一家再保人承担，才会出现再保险人的分入份额等于分出人的分出份额的情况。这些计算方式都需要在条款中清晰呈现以避免保费分歧，这一点我们将在后续再保险人赔付义务中具体举例阐述。

非比例再保险的保费计算则更为复杂，不同类型的非比例再保险合同计算方式略有不同，但普遍以“净自留保费×非比例再保险费率×再保险人承担的分入份额”为计算公式。其中费率由交易双方协商决定；与比例再保险合同一样，再保险人承担的分入份额并不等于分出人的分出比例，具体分入份额需要由交易双方协商决定。与比例再保险不同的是，非比例再保险还存在特殊的复效保费和追加保费机制。

再保险合同的保费条款（尤其是非比例再保险）通常会提及保费支付的问题，通常包括再保险的最低/预付保费、保费是否分期及缴纳的期限、复效保费的费率及缴纳、最终调整保费的缴纳等。此外，保费的具体结算还需要根据合同中的账单和结付条款操作，本章第四节将予以介绍。

中国保险法下，在合同没有约定的情况下，缴纳保费并非保险合同的成立或生效要件。在再保险合同中，双方可以明确约定再保险分出人按时支付再保险费是再保险人履行保险赔偿责任的先决条件，或约定再保险分出人未按时支付再保险费的，再保险人有权解除合同或终止合同。根据英国判例法，如果再保险合同没有明确约定再保险分出人未按时支付再保险费的法律后果，则只有在分出人明确表示不支付再保险费的情况下，才可以构成分出人“毁约”

(Repudiation),再保险人才有权解约。[①]

三、再保险分出人的自留风险及其告知义务

不管是比例合同,还是非比例合同,再保险分出人通常都会自留一定比例的保费,也相应自留了一定比例的风险和一定金额的保险责任。同时,各国保险法和保险监管法律法规也可能对分出人的自留义务作出强制性规定[②]。再保险人需要在签订再保险合同时了解清楚分出人的安排和意图,并通过清楚的"自留保证条款"(Retention warranty),来规定再保险人希望分出人最终真正承担的最低净自留构成。自留通常属于"重要情况"(Material fact),再保险分出人在投保前负有告知义务。[③]

在比例再保险合同中,虽然分出人有权利确定其自留额,但是溢额分出人应当基于诚信原则告知再保险人其自留额,并按照其告知的自留额承担自留责任。同时,一般约定溢额再保险分出人对该再保险合同下的自留部分安排其他分保前,必须通知再保险人(参见《比例合同范本》第 9 条"自留额通知条款")。根据业务实际需求,再保险合同双方还可以约定再保险分出人必须自留一定比例的风险,不得将其另行安排分保。

在非比例再保险合同中,分出人的自留义务则通常体现在专门设置的"净自留额条款"中。一个典型的净自留额条款如中国保险行业协会《非比例合同范本》第 4 条:

> 本合同仅保障再保险分出人根据惯例对任何业务的净自留的责任。再保险接受人的责任不应因为下列情形而增加:由于再保险分出人的错误或遗漏而导致常规净自留额增加,或由于再保险分出人没能按惯例安排相应

---

① 参见[英]科林·埃德尔曼等:《再保险法》,杨帆译,法律出版社 2019 年版,第 127 ~130 页。

② 虽然大部分时候保险监管机构认为于再保险自留比例应当由再保险合同双方当事人自由约定,但多数国家对于零自留采取审慎态度,例如美国部分州对于分出人零自留持保留态度,大多数欧洲国家的保险监管机构倾向于要求分出人自留一部分风险(如自留 10%),以确保再保险合同双方当事人有共同利益。

③ See Butler and Merkin, *Reinsurance Law*, Surrey: Kluwer Publishing, Sweet & Maxwell, 2019, B1.

的再保险,或由于其他再保险接受人因偿付能力不足或者其他原因导致再保险分出人不能从该再保险接受人处收取到期的再保险赔偿金。

该条款明确了本再保险合同的保障即针对分出人的净自留额,故而其他再保险人的保障应该扣除。换句话说,这是第二位的再保险合同,与其他再保险合同不构成重复保险,属于其他再保险合同赔偿范围的,即使其他再保险人拒绝赔付或无法赔付,也不在有此条款的再保险合同的赔偿范围内,不得将其他再保险合同应赔未赔的损失加入最终净损失(UNL)中向本再保险合同的再保险人索赔。在净自留条款中双方还可以特别约定,在适用本再保险合同后,分保人可以购买额外的再保险来保护本再保险合同之外的自留风险。①

在实务中,通常分出人有多个再保险安排,在发生损失启动再保险索赔后,非比例合约的再保险人依据这个条款主张其赔偿责任不受分出人的错误、遗漏,或者其他再保险人拒赔、破产等因素影响,换句话说,其赔偿责任应当基于分出人事先告知的自留额确定,不应当因为外在因素增加。这个原理在另外一个非连带责任条款(Reinusrer’s liability is several and not joint)中也再次体现。非连带责任条款明确各个再保险人的责任是相互独立而非连带的,准确说是基于约定的按份责任,任何一个再保险人因为任何原因未履行其全部或部分义务不影响其他再保险人的权利、义务。

值得一提的是,上述条款中的错误或遗漏(Errors and Ommissions)不同于本书第二章提及的错误或遗漏条款中的错误或遗漏,这里通常是指分出人安排再保险发生的错误或遗漏,例如未能及时安排比例再保险导致净自留风险增加,或者其他再保险合同被解除导致净自留额增加。

再保险分出人自留部分的多少,决定再保险交易双方是否共担风险,间接影响再保险人对再保险分出人的业务质量、理赔质量和承保利润的判断,对于双方的长期合作非常重要。

---

① See Mike Spice & Paul Phillipson, *Reinsurance*, M97/April 2023, CII, 2023, Chapter. 7, p. 21.

四、再保险分出人的尽职义务

英国普通法认为，再保险分出人负有尽职（审慎 Businesslike，due diligence）的默示义务（Implied obligation），该法定义务可以平衡再保险分出人享有的自行决定承保风险及风险单位的权利和再保险人承担的损失支付或理赔跟随（或共命运）义务以及再保险人遵从不利判决的义务。

审慎尽职默示义务的内容很广泛，包括审慎地承保、调查核实损失、法律抗辩、决定风险单位，保留承保、理赔及支付记录并供再保险人检查，决定赔付等。其中大部分内容已有明示的合同约定，反映在损失通知条款、索赔条款、账单条款等再保险合同条款中。

合同的明示规定难免有遗漏，此默示义务可以用来约束再保险分出人的所有权利的行使。[①] 但是，我国法律中没有默示条款的概念，再保险人只能借助一些基本的法律原则如诚信原则主张权利，所以再保险合同的明确约定就更重要。中国保险行业协会《比例合同范本》第 10 条和《非比例合同范本》第 10 条都规定了“最大诚信和谨慎原则条款”（Utmost good faith and due diligence），该条款约定：“保险分出人应当按照有关市场的保险行业惯例和规则，以一个合格的保险公司在如同没有再保险安排的情况下所应有的谨慎来开展保险业务”，希望达到类似英国普通法的审慎尽职默示义务的法律效果。

五、再保险分出人在发生重大变化时的义务

根据《保险法》第 52 条的规定，被保险人在危险发生实质性变更或增加时，有及时通知保险人的义务，保险人有权酌情修改承保条款和条件、增加保险费，甚至有权解除保险合同。此一规定，也适用于再保险合同[②]，再保险分出人在危险发生实质性变更或增加时，有及时通知再保险人的义务。再保险分出人违反上述义务的，再保险人有权要求调整再保险合同。

---

① 参见［英］科林·埃德尔曼等：《再保险法》，杨帆译，法律出版社 2019 年版，第 85～88 页。

② 最高人民法院保险法司法解释起草小组编：《中华人民共和国保险法保险合同章条文理解与适用》，中国法制出版社 2010 年版，第 191 页。

体现在具体再保险合同中,双方一般约定发生重大变化(Material change)时双方的权利义务也相应变化。重大变化的定义通常由双方当事人在合同中约定,实务中一般至少涵盖:核保政策(Underwriting policy)的重大变化、法律环境(Legalenviroment)的重大变化、再保险承保风险(Reinsurance covered risk)的重大变化。

(1)分出人核保政策的重大变化通常体现在单独的核保政策条款或包含在重大变化条款中。中国保险行业协会《比例合同范本》第11条和《非比例合同范本》第12条规定的"核保政策条款"为:"本合同项下业务的现有核保政策如发生重大变化,再保险分出人应及时通知再保险接受人。否则,对受变更影响的保单项下的保险损失,再保险接受人应当免除赔偿责任,并按双方约定退还变更发生后相应再保险期间的再保险保费。双方亦可协商采取其他解决方案。现有核保政策主要体现于再保险分出人在本合同开始时使用的保单条款、条件和费率等。重大变化是指现有核保政策的变化可能会增加再保险接受人的责任,以至于审慎的再保险接受人在同样情况下会拒绝以相同条件承保该业务。"

(2)法律环境的变化也通常体现在单独的法律环境变化条款或者包含在重大变化条款(Material Adverse Change Clause)中。中国保险行业协会《比例合同范本》第39条和《非比例合同范本》第36条规定的"法律环境的变化条款"为:"合同生效后,如果任何一方的责任因为法律法规、行政行为或者法院裁判(如果适用)有实质性的增加或者延长,合同双方应当立即协商,对合同条件做适当的修改。"

(3)再保险承保风险的重大变化则一般体现在重大变化条款中,常见的重大变化定义为:如再保险保费计算基数的变化超出一定的区间,如超出此前预估保费的120%;或者一定期间内赔付率超出预期,如超过150%等。实务中,这个方面的重大变化条款相比前两者,定制化程度更高,需要双方基于分出业务情况协商拟定。

无论是上述哪一种重大变化,都要求分出人及时告知再保险人,双方重新协商再保险条件,明确受该变化影响的已经发生的损失如何赔偿。实务中,对于特殊风险或多年期业务(Multi-year covers),还会拟定单独的重大变化条款,约定重大变化的定义、分出人的告知义务(发出和送达形式、除斥期间、内容等)、违反告知义务的后果、重新协商的流程和生效要件、协商未果的法律后果等。

六、再保险分出人的损失通知义务

同原保险（直接保险）一样，损失通知对再保险人非常重要，但英国普通法中，再保险分出人并没有通知再保险人损失之发生的默示义务，因此，再保险人应特别注意在再保险合同中明确约定再保险分出人对损失的通知义务（Claim and loss notification/reporting），并将其列为再保险合同的核心条款之一。例如，对于分出的责任保险而言，第三者的明显损失、人身事故、疾病、索赔或诉讼，就是再保险分出人潜在的损失事故，在再保险合同中可以明确约定，再保险分出人在知道后，有及时向再保险接受人发出损失通知的义务。[①]

典型的例子是：再保险分出人 A 与再保险人 B 签订了一份产品责任险临时分保合同，合同约定再保险人 B 承担超过 500 万美元以上的损失。A 公司的一位投保人为一种医疗设备提供零部件，该设备的零部件最近被媒体报道存在缺陷。目前投保人已经收到七起诉讼索赔，每名原告都声称该医疗设备零部件存在缺陷并造成了严重伤害。投保人的公司法律顾问告知保险公司 A 公司，这很可能只是“冰山一角”。A 公司应当立即告知再保险人 B 公司全部情况（包括已经收到的索赔和可能发生的索赔）。

损失通知可能是一个单独的条款，也可能包含在理赔合作条款或理赔控制条款中，再保险人接到损失通知后，才能决定是否参与原保险理赔。损失通知也可能包含在现金摊赔（cash call）条款中。

损失通知条款还可能包含在再保险责任限额条款中，例如，“分保限额条款”（Cession limit）约定再保险分出人需要定期报告所承保的自然灾害的所有业务，“事故限额条款”（Event limit, first loss limit）约定再保险分出人需要及时报告可能超过事故限额的某一自然灾害的损失。

中国保险行业协会《比例合同范本》第 21 条和《非比例合同范本》第 18 条规定了同样措辞的单独的“出险通知条款”：“再保险分出人在估损金额超过或可能超过摘要表约定金额时，应以书面形式通知再保险接受人。通知应包括有关赔案事实、法律评估以及估损金额等信息。在发出通知后，再保险分出人应及

---

① Ozlem Gurses, *Reinsiurances Clauses*, London, Lloyd's List, 2010, SS.9.01,9.06 –9.40.

时将任何有关该索赔或损失的进展情况通知再保险接受人。”

实务中,根据再保险合同类型和损失类型的不同,损失通知的具体形式有所差别。同时,考虑到大型自然灾害导致的损失最终确定耗时长、变数多,再保险人和分出人可以在特定的再保险合同中单独约定更具体的损失通知条款,详细约定通知的时限、通知内容最低要求、触发通知程序的具体阈值、损失金额的预估等。

中国保险行业协会制定的《财产再保险理赔操作指引(征求意见稿)》“分出人发布出险通知”一节中建议:分出人根据再保险合同约定需要通知分入人的赔案,分出人应在知悉事故发生后,按照合同约定的方式和时限,及时向分入人(或通过经纪人,下同)发送书面出险通知。出险通知应清晰、简要地反映案情和当前阶段分出人向分入人提出的要求(例如,是否需分入人共同参与理赔、摊回预付款等),出险通知内容应包括分出人、分入人、涉及再保险合同名称(合约或临分)、被保险人、巨灾名称/事故名称、出险时间、出险地点、事故原因、原保险估损金额、相应再保险合同项下估计损失。对于损失较大的事故,分出人应提供涉案原保险保单复印件、初步查勘报告(如有)或公估即时报告(如有)等案件支持资料。如有必要,分出人可及时向分入人提出协助理赔的意向。

再保险分出人的损失通知义务是再保险承保和理赔的基础,也是诚信原则的基本要求。尤其考虑到再保险人依赖分出人对于业务的管理实现盈利,故而再保险分出人的损失通知更是关系再保险业务模式是否可持续和稳固的根本。实务中,约定再保险分出人损失通知义务的条款是再保险合同的核心条款之一,该条款也通常被约定为是再保险人履行赔偿义务的前提条件。国际再保险市场各交易主体通过大量司法案例对再保险分出人损失告知义务的履行做出了长期的努力,值得我们学习和思考。实务中再保险交易双方对于损失通知均格外重视,双方一般会安排专人专岗负责处理。可以说再保险分出人的损失通知义务的履行既是再保险合同存在的基础,也是再保险市场建立、健全再保险制度的基础和前提。

七、再保险分出人提供索赔文件及信息的义务

再保险分出人对其提出的损失、索赔或保险金支付负有举证责任,即再保险

分出人至少需要证明:(1)损失已发生;(2)损失的具体金额,且损失赔偿金额已经支付或即将支付;(3)该损失在保单承保范围内;(4)该损失也在再保险合同承保范围内。对不同类型的保险事故,分出人承担的举证责任内容有所不同。损失支付条款、理赔跟随条款或共命运条款可以在不同程度减轻或改变再保险分出人的上述举证责任,但不能免除其举证责任。换言之,如果发生再保险理赔纠纷,分出人依然需要承担上述举证责任。

再保险合同通过索赔条款和账单条款来明确约定再保险分出人应提供的索赔文件及提供的时间和方式。

在具体业务中,再保险分出人的具体义务可以参考《合约分保指引》《临时分保指引》《财产再保险理赔操作指引(征求意见稿)》。例如,对于非比例再保险合同,指引中明确索赔通知应该包括:"分出人、分入人和经纪人(如有)、非比例合约名称、合约年度、合约期间、涉及超赔层的起赔点和责任范围、巨灾或事故名称、出险原因、出险时间、出险地点、分出人毛赔款总金额、分出人净自留赔款金额等遵循再保险合同约定的相关信息"。支持材料应该至少包括:"a. 出险通知;b. 直保保单;c. 再保险分出人或第三方理算人编制的理算报告(如有);d. 赔款计算书;e. 直接理赔费用相关发票;f. 再保险分出人付款或被保险人收款凭证"。当然,在具体个案中,索赔文件的具体要求由双方基于上述最低要求协商决定,对于行业特殊、专业性强或技术含量高的案件,双方协商确定赔案处理方法。

同时,对于追偿案件,"对存在追偿可能性的保险事故,再保险分出人应积极向责任方进行追偿,并及时将追偿情况告知再保险人。追偿成功后,再保险分出人应将属于再保险接受人的追偿款按照合约约定及时返还再保险接受人"①。

八、再保险分出人纠正错误与遗漏的义务

如第二章所述,现代再保险合同的错误与遗漏条款的适用范围很广,包括各种再保险合同下再保险分出人非故意导致的事务性错误与遗漏。根据该条款,再保险分出人非故意的错误与遗漏一经发现,分出人应立即纠正,再保险人不得

---

① 《中国保险行为协会财产再保险合约分保业务操作指引》6.7。

拒赔，但是再保险人的责任不因分出人的错误与遗漏而增加。[①]

九、再保险分出人提供记录供检查的义务

再保险人除了通过损失通知条款、索赔（文件）条款和账单条款来获得有关损失信息外，还可以通过“记录检查条款”（Access to records clause, Inspection of records）来有效行使其对损失的查核权。

英国法下，如果该条款是明示约定，再保险人行使权利的范围和方式依据约定；如果没有明示约定，英国判例法认为再保险合同默示再保险分出人有义务制作并保留与保单及损失有关的完整记录和账单，包括计算机存储材料，并供再保险人查核。[②]

中国保险行业协会《比例合同范本》第 18 条和《非比例合同范本》第 20 条规定了同样措辞的比较详细的“记录检查条款”，具体条文如下：“根据再保险接受人要求，在双方约定的时间和地点，再保险分出人应向再保险接受人或其指定的代表提供其所掌握的与本合同相关的信息。记录检查的通知应至少提前两个星期发出，或在紧急的情况下经双方同意的时间发出。再保险接受人可以在任何合理的时间履行检查权。再保险分出人就检查范围和时间不应承受不合理的费用支出或干扰。再保险分出人根据要求提供给再保险接受人与本合同有关的保单、账单、账户、记录或其他文件的复印件，但费用由再保险接受人承担。如果双方之间将要或已经开始进行仲裁或司法诉讼程序，再保险接受人应通过仲裁员或法官指定人员行使检查权。只要任何一方因本合同对另一方提出索赔，或在本合同下仍有未了责任，则再保险接受人的检查权将持续有效。”

再保险人通过再保险分出人提供的文件和必要时的自行查核，来审核损失是否属于再保险合同责任，是否属于再保险除外责任，是否存在分出人欺诈行为，分出人是否违反审慎尽职义务等。但是，再保险人对其提出的主张负有举证责任。

实务中，记录检查权利的行使通常伴随赔案的发生，所以记录检查条款和理

---

① See Mike Spice & Paul Phillipson, *Reinsurance*, M97/April 2023, CII, 2023, Chapter. 7, p. 17.

② 参见［英］科林·埃德尔曼等：《再保险法》，杨帆译，法律出版社 2019 年版，第 143 ~148 页。

赔相关条件相互联系，互相印证，互相影响。一个赔案逐次启动包括重大赔案通知、现金摊赔、记录检查、账单轧差等多个流程的案例并不少见，成熟的再保险交易双方通常都会制定详细的操作规范以确保双方互利共赢。

此外，各国保险监管机构虽然不介入再保险合同履行中的记录检查，但其通常会直接规范分出人的再保险业务管理，其中通常包括分出人记录的法定要求（如记录的责任人、内容、形式、数据标准、信息系统、隐私保护、数据安全、档案管理等），这其实直接影响了再保险合同中记录检查条款的实际履行状况；双方当事人需要结合法定要求，调整合同条款的履行方法，以实现最佳效果。

十、再保险分出人协助理赔或交由再保险人控制赔案的义务

在再保险合同的履行过程中，再保险人很难介入原保险的理赔过程，也很难对原保险应否赔偿及其赔偿金额发表意见。为了保证交易双方利益的平衡，再保险人可能在再保险损失通知（claims notification）之外，要求在再保险合同中明确规定理赔合作条款（Claims co-operation）或理赔控制条款（Claims control），来进一步明确分出人和再保险人在赔案处理中的权利义务边界，这其实是对后续提及的再保险人理赔跟随（follow the settelments）义务的修改。

（一）理赔合作条款（Claims cooperation clause）

理赔合作条款是伴随再保险发展逐渐演变的条款，这个条款在演变过程中经过分出人和再保险人的博弈，经历以英国法为主的司法实践的检验，最终成为今天这样一条互惠互利的再保险核心条款。这些英国案件包括：Charman v. Guardian Royal Exchange Assurance plc，该案法官 Webster J. 认为，如果再保险合同没有理赔合作条款，再保险人无权介入原保险的理赔和支付；The National Fire and Marine Insurance Company of New Zealand v. The Australian Mercantile Union Insurance Company，该案中再保险分出人因为没有履行理赔合作条款约定的义务而无权获得赔偿；Insurance Co. of Africa v. Scor（UK）Reinsurance Ltd，Eagle Star Insurance Company Limited v. J. N. Cresswell and others，Gan Insurance Co.，Ltd v. Tai Ping Insurance Co.，Ltd 等案件，讨论了理赔合作条款

的措辞如何才能构成再保险人赔偿的先决条件。①

本条款赋予再保险人知情权和建议权利,要求再保险分出人及时向再保险人发出损失通知,并与再保险人就具体赔案展开合作;合作范围可能很广,可以包括再保险人提出建议和意见,也可以包括再保险人参与和介入赔案的处理,甚至还可以包括再保险人批准和决定某些理赔环节,如案件和解。

理赔合作条款对原保险理赔的制约效果取决于其具体措辞,当然是越具体权责越清晰。例如,再保险人可以在再保险合同中明确约定,理赔合作的具体内容包括查勘、定损和赔偿解决;再如,再保险分出人违反理赔合作条款的法律后果,也宜在条款中明确约定,否则,就会引起解释上的不确定性。在实务中,对于临时分保或保障新兴风险的再保险合同,交易双方基于合作共赢的考虑,理赔合作的范围更广。

中国保险行业协会《比例合同范本》第 22 条和《非比例合同范本》第 19 条规定的"理赔合作条款"为:"赔案由再保险分出人负责处理。对根据出险通知条款应及时通知的赔案,经再保险接受人要求,再保险分出人应与再保险接受人或其指定的其他人及时合作。"该条款起草的较为简略和原则。更详细和周密的条款可以参考劳合社市场协会(LMA)起草的 NMA 2737 条款,其全文如下:

Claims Cooperation Clause

Notwithstanding anything to the contrary contained in this Reinsurance it is acondition precedent to Reinsurers' liability under this Reinsurance that:

(a) The Reinsured shall give to the Reinsurer(s) written notice as soon as reasonably practicable of any claim made against the Reinsured in respect of the business reinsured hereby or of its being notified of any circumstances which could give rise to such a claim.

(b) The Reinsured shall furnish the Reinsurer(s) with all information known to the Reinsured in respect of claims or possible

① 英国法下,如果再保险合同明确约定理赔合作或理赔控制是再保险人承担赔偿责任的先决条件(condition precedent to reinsurers' liability under this reinsurance),则当保险人没有按照要求行事时,即使保险人根据原保险合同需要承担赔偿责任,再保险人也有权拒绝赔偿。

claims notified in accordance with (a) above and shall thereafter keep the Reinsurer(s) fully informed as regards all developments relating thereto as soon as reasonably practicable.

(c) The Reinsured shall co-operate with the Reinsurer(s) and any other person or persons designated by the Reinsurers in the investigation, adjustment and settlement of such claim notified to the Reinsurer(s) as aforesaid.

1/1/97

NMA 2737

(二)理赔控制条款(Claims control clause)

理赔控制条款比理赔合作条款赋予再保险人更多的对原保险理赔的干预权利。当再保险分出人的自留部分很少或采用"前端分保"(Fronting)形式(分出人没有自留)时,或对于特殊风险(例如,董监高责任险,有集体诉讼风险的产品,或特定类型的工程险等),再保险人有必要全面控制原保险的理赔过程,可能是否赔偿及赔偿金额都需要再保险人事先同意。另外,再保险人行使理赔控制权,也必须遵守诚信原则,即不得在没有合理怀疑的情况下不同意再保险分出人的理赔意见。①

一个标准的理赔控制条款可以参考伦敦劳合社市场协会(LMA)起草的LMA 5073条款:

Claims Control Clause

Notwithstanding anything contained in the Reinsurance Agreement and/or the Policy wording to the contrary, it is a condition precedent to any liability under this Policy that: -

a) The Reinsured shall, upon knowledge of any circumstances which may give rise to a claim against this Policy, advise the Reinsurers thereof by e-mail, facsimile or in writing immediately and in any event

① OzlemGurses, *Reinsiurances Clauses*, London, Lloyd's List, 2010, SS. 9.138 -9.141.

within. . . days.

b) The Reinsured shall furnish the Reinsurers with all information respecting any claim or claims notified in accordance with a) above and shall thereafter keep the Reinsurers fully informed as regards all developments relating thereto as soon as reasonably practicable.

c) The Reinsurers shall have the right to appoint adjusters and/or representatives on their behalf to control all negotiations, adjustments and settlements in connection with such claim or claims.

d) No settlement and/or compromise shall be made and no liability admitted without the prior written approval of the Reinsurers.

LMA 5073

29 June 2007

如果再保险合同没有约定再保险分出人遵守理赔合作义务或理赔控制义务的具体时间,则再保险分出人应在合理时间内履行合同约定的义务。同理,再保险接受人也应该在合理时间内行使其合同权利,否则可能被视为弃权。

实务中,需要注意不同国家的保险法律和司法实践对于该条款的解释和适用并不一致,可能会产生一定的争议,例如该条款是否会导致再保险人更为接近或成为原保险人,进而面临被起诉的风险,或者面临恶意履行(bad faith allegation)再保险合同的风险。

面对这种风险,实务中还出现再保险人参与理赔程度在理赔合作和理赔控制之间的条款,明确理赔的实际处理权仍在分出人,特定情形下赔案应当告知并获得再保险人批准。

十一、再保险分出人退还追偿与损余的义务

代位求偿权是保险人的法定权利。在再保险合同下,如果再保险分出人已经或者能够通过行使代位求偿权来减少损失,则再保险人有权分享相应的利益,具体详见下一节。再保险分出人未及时追偿的,再保险人有权代位追偿,再保险分出人应提供所有必要的配合,包括出具或提供追偿所需文件材料等。

第二节　再保险人的义务

一、再保险人赔付义务

（一）再保险人的赔付义务

在诚实、合理、专业处理赔案的前提下，分出人具有按照再保险合同约定，依据原保险合同自主处理原保险理赔的权利。如果再保险合同有特殊约定，如附加理赔合作条款或理赔控制条款等，则再保险人可与分出人一同开展理赔。处理原保险合同索赔后，再保险分出人有权就再保险合同项下的损失向再保险提出索赔，再保险人应处理索赔并进行赔付。

在比例合约再保险合同中，除再保险合同约定的特殊情形外，双方一般约定在再保险定期账单中（通常频率为每季度）列示该账单期间发生的已决赔款总金额，并将已决赔款与当期保费、手续费等科目的账单金额汇总轧差后结算，双方的理赔过程仅体现为财务结算过程。比例合约分保的特殊情形有重大损失通知、现金赔款、理赔合作和理赔控制等。

非比例合约以保障重大损失为主，与比例合约业务不同，分出人需按合同约定将非比例合约项下可能触发或已触发的赔案通知再保险人，再保险人按合同约定核赔及理赔。

临时再保险由分出人逐保单安排，分出人需按合同约定将该临分项下赔案通知再保险人，再保险人需逐案核赔及理赔。实务中，为提高双方效率，也存在分出人与再保险人约定一定赔款金额标准，对于低于该标准的赔案由分出人根据双方合同约定采用类似比例合约的理赔处理方式，再保险人不再逐案核赔及理赔。①

---

① 参见《中国保险行业协会财产再保险理赔操作指引（征求意见稿）》，第9页。

(二)再保险人支付的赔款

原保险合同下,保险人赔款通常即为其根据原保险合同和理赔规则最终实际赔付的金额。再保险人支付的赔款通常不等于原保险合同下的实际赔款金额。如前文所述,比例再保险的赔款金额通常是总赔款金额乘以再保险人实际分入的份额,和保费一样,再保险人分入的份额等于分出人分出的份额乘以再保险人认购的份额,例如总赔款100万元,分出人总分出80%,再保险人认购20%,则其实际分入份额为16%(80%×20%),即16万元。这点看似简单,但在实际业务中不乏争论,我国司法实践中已经不止一次出现类似的再保险理赔争议,例如,再保险赔款究竟是以再保险人的份额乘以总赔款为基数,还是以分出的赔款作为基数,即到底是16万元,还是20万元(100%×20%)。非比例再保险的赔款则更为复杂,通常以最终净自留损失作为基数计算,最终净自留损失的定义参见本书第二章;再保险人最终承担的损失应当是最终净自留损失超过免赔额/率,被再保险保障的部分。

实务中,再保险合同当事人可能有不同的赔款约定。例如,再保险双方当事人可以约定损失分担(Loss participartion)或赔付率封顶(Loss ratio cap)等条款,约定当赔款到达一定阈值,赔款金额由双方按比例分担或全部由分出人承担。再如,合同可能约定赔付的上限和免赔额/率,这些也都直接影响再保险合同中的赔偿责任和赔款金额。

(三)再保险人根据约定指数调整赔款

指数条款(Index clause,Stability clause)最早可查的记录来自1957年的一份法国法院判决,自1970年开始在欧洲被广泛采用,该条款广泛运用于除美国和加拿大的全球各个地区责任保险(如公共责任险,雇主责任险等)和机动车责任险非比例再保险合同中。该条款以指数形式约定合同的赔款、免赔额、限额,它们不是一个绝对的金额或者数字,而应当根据物价指数、工资或收入指数的变化而调整。

此类型指数条款通常涵盖四个要素:(1)指数的定义,例如居民消费价格指数(CPI)或者工资指数;(2)基准指数(Base index)的日期和用以调整金额的指数日期(Index on the date of loss);(3)约定适用指数调整金额的条件,例如指数前后增加10%等,当然如果约定的变化值较高,条款通常成为严重程度指数条款(Severe Index Clause,SRI);(4)运用指数计算赔款、免赔额和限额的计算方法。实务中,不同市场的指数条款有所不同,近年来随着欧洲通货膨胀的加剧,再保险合同双方都更加注意通过宏观经济的分析来调整指数条款。

(四)再保险人依合同分摊损失抗辩、调查及和解的成本

如果再保险合同明确约定再保险人的同意是再保险分出人向原被保险人支付保险金的先决条件,在再保险人不批准支付的情况下,分出人就只能将争议交给法院或仲裁庭,并因此产生法律抗辩费用(律师费、诉讼费、专家证人费等)。根据普通法案例,在再保险人不批准支付(Withhold approval)的情况下,除非再保险合同有相反的约定,否则即使在比例合约中,再保险分出人也不得要求再保险人承担分出部分的法律抗辩费用。①

即使可以不考虑是否需要再保险人同意,再保险分出人在原保单理赔过程中,也不可避免发生大量损失调查、评估、抗辩及和解费用,分出人是否可以要求再保险接受人承担,取决于再保险合同的约定。

中国保险行业协会《比例合同范本》和《非比例合同范本》第 1 条(定义条款)中都定义了“分摊费用”(Allocated expenses)和“再保险赔偿金”(Insurance compensation)的范围,明确再保险人应赔偿的分摊费用限于:外部损失调查费、专家报告费和法律费用,不包括再保险分出人的员工工资、管理费用和其他内部管理成本(如差旅费)。

(五)再保险人没有通融赔付的义务

通融赔付(Ex gratia payment)是指保险人在没有保险赔偿义务的情况下对被保险人进行的赔偿。这不同于对是否有保险赔偿责任有争议,再保险分出人出于善意,没有欺诈,通过专业调查和评估后与原被保险人达成的妥协。

再保险人没有义务赔偿分出人支出的通融赔付金额,除非分出人获得再保险人的同意。中国保险行业协会《比例合同范本》第 20 条“理赔跟从条款”第 3 款规定,通融赔付必须事先取得再保险人的同意,再保险人才有赔偿义务。

(六)再保险人的赔款应当扣除追偿款和残值

对存在追偿可能性的保险事故,再保险分出人应积极向责任方进行追偿,即

---

① 参见英国案例 Baker v. Black Sea and Baltic General Insurance Co., Ltd [1998] Lloyd's Rep. IR 327。转引自[英]科林·埃德尔曼等:《再保险法》,杨帆译,法律出版社 2019 年版,第 135～136 页。

时将追偿情况告知再保险人。我国司法实践①已经从保险法理论和再保险行业惯例角度，认可保险人代位求偿时不需要扣除保险人已经获取的再保险赔偿，可由保险人在追偿成功后根据再保险合同约定及相关规定，将追偿款返还再保险人。同理，如果再保险分出人应当向再保险人返还残值处理收益。

二、再保险人赔付义务之共命运

（一）共命运的起源

共命运（Follow the fortune）是再保险最广为人知的概念之一，但初学者极容易望文生义，片面解读这个概念。国内理论和实务中经常对于该概念存在一些误解和问题，例如共命运是否是再保险的基本原则、共命运条款和理赔跟随条款（Follow the settlement）的关系等。在合同条款中，也经常发现对于共命运条款的约定模糊和解释随意，与其他条款存在明显的冲突。

“共命运”（Follow the fortunes）被认为最迟起源于19世纪法国再保险合同中“suivre la fortune”的英语翻译，当时再保险合同约定，只要分出人善意（in good faith）且能够证明其赔偿了被保险人，再保险人就应当赔偿分出人。② 此后共命运被引入普通法国家，并在很多再保险合同中使用。

共命运要求再保险人跟随分出人的命运承担赔偿责任。再保险合同和原保险合同本是相互独立的，共命运将两个合同连接起来，要求再保险人跟从原保险合同的赔付。需要注意的是，共命运原则的适用是有例外的，例如，再保险人并不承担再保险合同责任范围外的损失，再保险人也不应当赔偿超出限额或者除外责任的损失。

（二）共命运条款

共命运虽然为分出人和再保险人建立了联系，但当共命运成为一个独立的条款，就不断在各国司法实践中遭到挑战和质疑。各国司法实践通过判例对于共命运条款的内涵和适用作出澄清，例如美国判例法明确：引用共命运条款的分

---

① 最高人民法院二审民事判决书，（2018）最高法民终1334号。

② See Understanding Reinsurance Terminology—Follow-the-Fortunes, IRMI website, www.irmi.com.

出人应当合理且善意(reasonable and in good faith)[①],分出人的赔偿应当符合原保险的约定,分出人向再保险人的索赔应当符合再保险合同约定。当然,在再保险合同中约定的但书、除外责任、限额、变更效力优于共命运条款。

常见的共命运条款通常包括两部分:(1)再保险人根据再保险合同约定赔偿分出人在保险合同下的赔款;(2)再保险人根据再保险合同跟从再保险分出人的承保结果(follow the underwriting fortunes of the reinsured)[②]。特别需要说明,此前有国内理论研究理解共命运条款通常规定保险费的收取、赔款赔付、对受损标的的施救、损余的收回、向第三人追偿、避免诉讼、提起诉讼等事宜[③],无论是国内外理论还是实务都并非如此,实务中共命运条款通常不涉及双方权利义务履行细节。

共命运条款通常试图尽可能完整表达共命运原则,但遗憾的是,无论是理论还是实践,该条款面临重重问题。例如,共命运条款要求再保险人根据再保险合同赔偿分出人在保险合同下的赔款,与"理赔跟随条款"(Follow the settlements)既重复,也冲突。重复的是两者都约定再保险人按照再保险合同承担赔偿责任;冲突的是"理赔跟随条款"设定了具体的再保险理赔条件,如分出人应当已经支付或即将支付,还约定再保险人有权拒绝通融赔付等,而共命运条款则可能没有这样的限制。再如,如果一个再保险合同既有共命运条款,又有理赔合作条款或理赔控制条款,前者表示再保险人信任分出人的诚实和专业,后者意在限制分出人对原保险的理赔权。两者冲突显而易见,再保险合同双方的权利义务边界无法界定。还有,对"跟从再保险分出人的承保结果"(Follow the underwriting fortunes)在合同所适用的法律下如何解释,如何认定其内涵和边界也存疑。

基于上述理论和实践中存在的冲突和重复的窘境,对共命运条款作出修改似乎是一个解决方案。但在实务中,当一个共命运条款不断被修改时,经常出现越发接近"理赔跟随条款"的情况(Follow the settlement),容易出现条款的同义反复,冗长冗余。关于共命运条款,一直以来都存在一个疑问:在再保险合同中

---

① See Utmost Good Faith: Follow the Fortunes, The Theory and The Reality: What Are the Implications for Cedents and For Reinsurers? –FindLaw, https://corporate.findlaw.com/corporate-governance/utmost-good-faith-follow-the-fortunes-the-theory-and-the.html.

② 例如《中国保险行业协会财产再保险比例合同范本》第12条。

③ 最高人民法院保险法司法解释起草小组编:《中华人民共和国保险法保险合同章条文理解与适用》,中国法制出版社2010年版,第190页。

约定共命运并使其成为单独条款是否是一个明智的选择?

(三)共命运常见的争议和问题

1. 共命运原则的适用

共命运原则是否是再保险合同的基本原则,换言之在合同中没有共命运条款时,共命运原则是否是再保险合同的默示原则(implied principle),或者说,法院是否可以援引共命运原则来裁判案件,成为各国保险司法实践的争议问题。在美国的诸多案例中,各州法院意见各有不同。一部分判决认为在合同没有约定时,除非再保险人有足够的证据证明双方并非共命运关系,否则共命运原则就是再保险合同的默示原则;①另一部分持反对看法的法官则认为如果合同并未约定共命运条款或该条款约定不清,法院不能当然引用共命运原则②。英国法则认为该问题应当由合同约定③。

《财产保险公司再保险管理规范》第三章第一节第6条规定:"……赔款摊回适用'共命运'原则,即在分出公司根据保险条款尽职厘定损失的前提下,分出公司的理赔决定自动适用于再保险接受人……"近年来,在中国司法实践中,也出现了法院直接以共命运原则作为比例再保险合同纠纷裁判准则的案例。④需要注意的是,法院在适用共命运原则时,还特别指出在再保险合同中没有其他约定,而且再保险分出人遵循诚信原则以及尽职厘定保险实际损失。由此可以看出,即使我国法院主动适用共命运原则,依然有至少两个前提:其一是合同没有不同约定,其二是再保险分出人应当遵循诚信原则以及尽职厘定保险实际损失。

---

① See Utmost Good Faith: Follow the Fortunes, The Theory and The Reality: What Are the Implications for Cedents and For Reinsurers? –FindLaw, https://corporate.findlaw.com/corporate-governance/utmost-good-faith-follow-the-fortunes-the-theory-and-the.html.

② Sullivan & Cromwell LLP, *Insurance & Reinsurance* 2023 USA, p.29.

③ 根据英国法律咨询报告(Lexology: Insurance & Reinsurance 2023),除英国外,西班牙、瑞典、瑞士、日本、韩国、印度等国成文法或司法实践并不认可共命运原则是再保险合同的默示原则。即使是倾向于肯定的德国保险法律师,也认为共命运原则应当受制于诸多限制,如并不跟随分出人的通融赔付,并不跟随分出人理赔错误而产生的赔付等。

④ 参见《北京金融法院成立一周年十大典型案例》,载北京金融法院网2022年3月23日,https://bjfc.bjcourt.gov.cn/cac/1648002325433.html。

2. 共命运条款和理赔跟随条款的关系

有理论学说①认为共命运条款(Follow the fortune)和理赔跟随条款(Follow the settlement)有所区别,理赔跟随条款要求再保险人跟从再保险分出人赔付,但共命运条款要求再保险人应当承担的再保险赔偿责任包括超出分出人控制范围的赔案(bound by developments beyond the reinsured's control),但两者都要求再保险人的赔付应当符合再保险合同的责任范围。

在美国司法实践中,很多法院倾向于认为共命运条款等同于理赔跟随条款或是理赔跟随条款的替代,两者效力相同。② 基于此,美国法院的判决沿袭了英国判例法关于理赔跟随条款的解释。③ 但在包括英国在内的其他国家的理论和实践中,共命运条款并非与理赔跟随条款是同一含义,而且认为共命运条款通常只能应用于比例再保险,④这一观点在相关非寿险行业⑤中也出现过。

如前文所述,从合同条款出发,共命运条款和理赔跟随条款经常有重复和冲突,故为了避免冲突,我们认为更有现实意义的方法是,约定一个清晰的理赔跟随条款,同时梳理其他理赔和承保条款,确保其逻辑自洽,可以操作。

三、再保险人赔付义务之理赔跟随

(一)理赔跟随条款

相较于充满争议的共命运原则和共命运条款,理赔跟随条款(Follow the settlements)受益于过去几十年美国法和英国法判例的演绎,再保险合同双方对于该条款的使用更为熟练,对条款的理解更为接近。

在这些判例中,著名的 Insurance Company of Africa v. SCOR 一案确定了英国法下再保险人承担再保险赔偿责任的两个要件:

---

① See H. Heiss, M. Schauer & M. Wandt, *The Principle of Reinsurance Contract Law* 2019, UNIDROIT, 2019, p. 72.

② See Robert Merkin, *A Guidance to Reinsurance Law*, Inforam, 2007, p. 151.

③ See Ozlem Gurses, *Reinsiurances Clauses*, London, Lloyd's List, 2010, SS. 9. 138 -9. 141.

④ See Mike Spice & Paul Phillipson, *Reinsurance*, M97/April 2023, CII, 2023, Chapter. 8, p. 18.

⑤ See Swiss Re, *Reinsurance Matters*, 2nd ed. ,2005, p. 37,事实上,follow the fortune 在大多数情况下都认为只能用于比例再保险合同,非比例再保险合同免赔额以下的赔款再保险人并不与分出人承担同样的风险,共享同样的利益。

1. 分出人善意行事，采取了适当的和符合保险商业的步骤达成赔偿方案（the reinsured had acted honestly and taken all proper and businesslike steps in making the settlement）。

2. 索赔在法律上属于再保险合同的承保范围（fall within the terms and conditions of the reinsurance agreement）。

值得一提的是，上述判例中再保险合同的理赔跟随条款[①]（Being a Reinsurance of and warranted the same ... terms and conditions as and to follow the settlement of the ICA）较为简单，彼时再保险人希望通过另外的理赔合作条款来中参与赔案。

关于上述两点，以下两个例子[②]可以帮助理解：

1. 再保险分出人 A 和再保险人 B 签订了一份比例再保险合同，承保美国一家大型汽车经销商的责任险。分出人签发的汽车经销商保单的承保范围明确排除了惩罚性赔偿。汽车经销商因油箱爆炸而被起诉，爆炸导致车内一名 60 岁工人烧死。在诉讼过程中再保险人发现，汽车制造商明知油箱存在危险，但仍继续销售有此问题的汽车，并且没有提供任何警告。经过审理，法院判决受害者的遗属可获得 100 万美元补偿性赔偿和 1 亿美元惩罚性赔偿。在就 1 亿美元判决提起上诉的同时，A 公司又以 1000 万美元的价格与受害人遗属达成和解。由于该和解明显包括远高于 100 万美元赔偿金，再保险人 B 没有义务就超过 100 万美元的损害赔偿部分跟随理赔。这是因为基础合同中明确排除了惩罚性损害赔偿，而且 A 为承保除外的损失支付赔偿金也不符合保险商业的步骤（businesslike）。

2. 再保险人分出人 A 和再保险人 B 就 A 对一家大型制药公司的责任保险签订了非比例再保险合同，保单限额为 2500 万美元。投保人公司的新药刚开始很受欢迎，医生在处方中也广泛使用该药；随后发现该药物有严重的副作用，并

---

① 尽管本案最终再保险人被判定有条件跟随分出人，但再保险理论有时仍然将本案中出现的条款措辞称为不适格理赔跟随条款（Unqualifiedfollow the settlement position），主要原因是措辞本身粗糙简单，需要依赖法官对于案件事实的认定和法律适用，这无疑给交易稳定性带来了极大的挑战。国际再保险行业吸收本案中法官对于理赔跟随条款要件的认定，修改形成了后续我们今天常见的理赔跟随条款范本。

② See H. Heiss, M. Schauer & M. Wandt, *The Principle of Reinsurance Contract Law*, 2019, UNIDROIT, 2019, p. 72.

引发了一场大规模的集体诉讼。A 以 5000 万美元与对方达成和解。A 的和解看似合情合理,但是由于 B 在再保险合同下的责任限额为 2500 万美元,而理赔跟随条款并不能扩大这一限额,超出限额的 2500 万美元不在再保险合同的承保范围之内。对于超出再保险合同承保范围的部分,B 没有义务跟随 A 的理赔。

此后,英美两国判例继续沿用 Insurance Company of Africa v. SCOR 判例形成的原则进行分析,形成了更多的理赔跟随条款解释理论,例如 Hiscox v. Outhwaite 案判决再保险人不应当跟随分出人对于原保险没有赔偿责任的通融赔付。Hill & Charman v. Mercantile & General Reinsurance Company plc 案中的理赔跟随条款详细约定:"只有在保险人达成的和解既在保险合同的条款约定范围内,又在再保险合同条款约定的范围内,保险人才有权就和解金额请求再保险人赔偿";英国上议院①司法委员会 Lord Mustill 判决,该条款应该按其字面含义进行解释,保险人并非在任何情况下都可以请求再保险赔偿。Assicurazioni Generali SpA v. CGU International Insurance plc 等案例表明,即使理赔跟随条款中增加了"无论是否有责任"(whether liable or not liable),"毫无疑问"(without question)等表述,再保险分出人也不能免除自身的审慎(尽职)义务。

国际市场上再保险合同双方逐渐通过条款的修改来呼应英美再保险判例的发展,以确保理赔跟随条款既符合双方真实的意思表示,也避免潜在的纠纷。中国保险行业协会《比例合同范本》第 20 条、《非比例合同范本》第 17 条的理赔跟从条款即中国市场常用条款,也接近国际市场常见条款,其规定:"在保单和本合同条款承保范围之内,赔案由再保险分出人处理并对再保险接受人具有约束力,前提是再保险分出人已经支付或将要支付赔款。再保险接受人应有权利按其份额得到与该赔案相关的残值或追偿款。再保险分出人支付给被保险人的通融赔付只有事先得到再保险接受人书面同意时才对其有约束力。"

该条款回应了英美普通法下关于理赔跟随条款的要件要求,在内涵和外延上明确了再保险合同双方的权利义务。该条款中有三个核心要素:

其一,再保险赔偿应当既在原保险合同责任范围内,也在再保险合同责任范围内;

---

① 根据英国《2005 年宪制改革法令》,英国上议院上诉委员会(Appellate Committee of the House of Lords)2009 年 10 月重组为英国最高法院(Supreme Court of the United Kingdom)。后续所有提及上议院均可等同于英国最高法院。

其二,再保险分出人的责任明确,赔偿已经或即将支付;

其三,再保险人不承担任何通融赔付。

理赔跟随条款与原保险合同、再保险合同之间可能存在的“背靠背”(“back to back”,表达为“as original”, or “subject to the same terms and conditions as original”等并入条款)是不同的概念,除了二者都需要看再保险合同本身是否有此种约定外,理赔跟随条款还要考察再保险分出人遭受的损失以及分出人如何处理该损失。实务中,临时分保合同的同一条款中可能同时包含这两个概念,例如,常见如下约定:“subject to the same terms and conditions as original... and to follow the settlements...”

在同一再保险合同中,有时会出现相互冲突的理赔条款,例如,一个再保险合同当事人担心挂一漏万,试图把所有相关条款堆砌齐全,既有共命运条款,又有理赔跟随条款、理赔合作条款,甚至还有其他理赔相关条款,这样堆砌条款存在明显的不协调、重复甚至冲突,违背了合同应当明确、完整、全面,从而维护正常交易秩序的理念,为合同履行带来隐患。

前文已指出,应当回避模糊的共命运条款,回到明确的理赔跟随条款或下文提及的损失支付条款,兼具良好措辞的核保政策条款、损失通知条款和理赔合作/控制条款。再保险合同条款的起草应当符合经过历史检验的再保险理赔基本原则:损失确实已经发生且再保险分出人已经或即将向原被保险人作出保险赔付,而且该损失赔偿的事实和法律基础同时落入原保单和再保险合同的赔偿范围;再保险人不承担通融赔付。双方可以约定,作为理赔跟随之例外,再保险人在约定条件下可以参与或控制赔案。

(二)理赔跟随条款下的举证责任

根据上述理赔跟随条款,分出人的举证责任通常包括:第一,分出人作为保险人已经或者即将赔偿被保险人;第二,再保险索赔请求属于原保险的承保范围;第三,再保险索赔请求属于再保险合同的承保范围。

再保险人的其他抗辩理由包括但不限于:某些损失可能并不属于再保险合同的赔偿范围。例如,该损失在时间上或地域上不属于再保险合同约定的范围,或造成该损失的原因不是再保险合同约定承保的事件或事故,或超过再保险赔偿限度,或不符合损失累积的约定,或属于除外责任。当然,再保险人也可以提出分出人的赔款不属于原保险合同的赔偿范围,或者分出人的理赔行为不是专业和尽职(Businesslike)行为等。再保险人对这些抗辩负有举证责任。

上述双方的举证责任受具体理赔跟随条款的影响,如前述英国判例 Hill & Charman v. Mercantile & General Reinsurance Company plc 所示,该案再保险合同中订立的理赔跟随条款赋予了再保险人以超出 Insurance Company of Africa v. SCOR 案再保险人的抗辩权。

即使再保险合同中有理赔跟随条款或类似条款,而且没有理赔合作条款或理赔控制条款,在英国法下,再保险人对再保险分出人的损失支付“记录检查”(Review)权利也属于合同的默示条款内容,即在任何情况下,再保险人都有权要求再保险分出人向其提供有关文件和信息,以便查核分出人与原被保险人之间的理赔过程和处理方式是否符合原保险合同的约定。

(三)损失支付条款

在再保险合同中有一种“损失支付条款”(或称作“损失和解条款”,Loss settlement clause),一般认为损失支付条款是从“理赔跟随条款”(Follow the settlements)和“共命运条款”(Follow the fortunes)发展而来,即使其具体措辞中未使用“理赔跟随”或“共命运”。损失支付条款可能是一个单独条款,也可能包含在再保险理赔条款、损失通知条款或承保范围条款中。

一个在比例合约中使用的典型损失支付条款可以参考美国经纪人和再保险市场协会 BRMA 条款 BRMA28F:

> All loss settlements made by the Company, within the terms and conditions of the policy, shall be binding upon the Reinsurer, and the Reinsurer agrees to pay or allow, as the case may be, its share of each such settlement in accordance with this Contract.
>
> The Reinsurer shall also be liable for its proportionate share of loss adjustment expense incurred by the Company under policies subject hereto.

(四)涉及外国法院和仲裁的理赔跟随情形

英国案例法认为,在再保险协议中有一个默示条款:不管再保险合同中有无理赔跟随条款或损失支付条款,再保险人必须视生效的外国法院判决或仲裁裁

决对再保险分出人的保险责任有约束力和决定性。不过,这一默示条款受到以下四个条件的限制:

第一,在(英国)国内法院看来,外国法院(或仲裁庭)具有管辖权;

第二,判决(或仲裁裁决)的获得没有违反专属管辖条款或原被保险人在合同中约定的其他排他适用条款;

第三,再保险分出人已经进行了适当的抗辩;

第四,外国法院的判决并非明显不当。①

如果再保险合同中有理赔跟随条款或损失支付条款,再保险分出人只要正常参加抗辩,就应视为专业和谨慎,可以大大减少证明损失或保险金支付具有适当性的难度,毕竟外国法院的判决或境外仲裁裁决对本国法院或仲裁庭没有法律上的约束力。在我国,有些外国法院的判决也已经可以得到承认和执行。承认和执行外国仲裁裁决依据我国和绝大多数国家参加的《1958 年纽约公约》。上述英国案例对我国有一定参考价值。

四、再保险人支付再保险手续费(佣金)的义务

再保险手续费或称佣金(Ceding commission)常见于比例合约分保和比例临时分保合约,一般不会出现在非比例合约中,因为非比例合约主要用于再保险分出人从整体上保护其净自留责任(如巨灾非比例合约),并不是像比例合约一样直接分担原保单风险。而且比例合约是长期业务,再保险人也愿意向再保险分出人支付再保险手续费,用于填补分出人展业和管理保险业务的部分费用(Acquisition and other overhead costs)。

再保险手续费一般是再保险费的一定比例,这里的再保险保费一般是总保费(Gross premium),不应扣除展业和获取业务成本。具体手续费形式有以下几种:

1. 固定手续费,顾名思义,手续费仅以再保险保费的固定比例(Flat-rate, fixed commission)收取。固定手续费在条款约定中最为简单,以中国保险行业

---

① See O'Neill & Woloniecki, *The Law of Reinsurance in England and Bermuda*, 5th ed., Sweet & Maxwell, 2019, p.5 -41;[英]科林·埃德尔曼等:《再保险法》,杨帆译,法律出版社 2019 年版,第 97 页;参见本书第七章对英国重要再保险案例的介绍。

协会《比例合同范本》第 16 条为例,仅简单约定“再保险接受人应按摘要表约定的方式向再保险分出人支付分保手续费”。

2. 滑动手续费(Sliding scale commission),手续费的收取以一定的比例作为基础根据分出业务的表现优劣做调整。通常一个低赔付率的业务可以有更高的手续费,高赔付率业务则手续费较低。赔付率和手续费呈现一定的线性(Liner)或阶梯(Stepped)关系。

滑动手续费条款通常有两种表现形式:一种以表格形式呈现具体的赔付率和手续费的对应关系,这种表现形式较为直观,能够完整体现不同赔付率和手续费之间的函数关系;另一种通常以文字或文字表格形式呈现,例如,“再保险人同意向分出人支付分保手续费,先按保险费的 30% 临时计付,之后以每一业务年度的赔付率为依据,按相应的浮动手续费标准进行调整。当赔付率超过 60% 时,手续费为 25%,赔付率每降低 1%,手续费增加 0.5%,直至最高手续费 35% 为止”。

除了滑动手续费的计算方法,滑动手续费条款的约定通常还应考虑以下因素:

其一,因手续费与赔付率呈对应关系,故赔付率的定义至关重要,在条款中应当对“赔付率”用明确的公式定义以免争议。同时,该公式应当与再保险合同的责任期间相互呼应,如果责任期间为保单年度,则公式本身也应当以保单年度为基础。此外,赔付率应当明确是否包含各项准备金,如未决准备金(outstanding claims reserve)、额外赔款准备金(additional claims reserve)、已发生未报告准备金(Incurred But Not Reported Claims Reserve)等。

其二,手续费的预付比例。通常滑动手续费以一定基数预缴。该比例应当是清楚明确的比例。

其三,最终手续费的确定时间和方法。因为赔付率本身随着再保险分入业务的发展不断变化,合同双方一般应约定具体的时间点回顾赔付率的具体比例,进而确定对应的手续费。这个时间点一般是合约生效后的 12 个月、24 个月、36 个月和 48 个月。

3. 纯益手续费(Profit commission),为了更好地平衡双方利益,有的再保险合同还约定了与利润或亏损相关联的“纯益手续费”(Profit commission)。纯益手续费通常用来在分出业务有利润存余时,再保险人和分出人共享利润。条款主要由三部分构成：利润分成的比例、利润的计算公式和利润的计算周期。

例如，约定利润分成为本业务年度利润的15%，公式如下：利润 = 本合同下保费收入项目 – 保费支出项目。

收入项目：

——本业务年度分保保费收入。

支出项目：

——本业务年度再保险手续费、税费及附加税；

——本业务年度分保已决赔款；

——本业务年度分保未决赔款；

——再保险人管理费；

——以往业务年度滚存的亏损额。

对利润计算书，分出人应在业务年度的第四季度结账后即行编送。如果某一业务年度因支出超出收入而出现亏损，也应编送利润计算书，并将亏损结转到此后的业务年度，直至亏损得到弥补和出现利润为止，但亏损的转结不得超过此后连续三个业务年度。

从上述例子可以看出，和其他手续费条款一样，利润手续费条款重在清晰明了地列明计算方法、结算流程和计算要素。

在非常困难的年度，再保险人的年度亏损可能很高，再保险合同中可能约定负利润佣金，即对超过一定赔付率的部分，再保险人不负赔偿责任，由分出人自行承担。此种负利润佣金的条款在中国市场通常被称作“损失参与条款”（Loss participation clause）。该条款重在定义损失分担的触发条件和损失分担的比例。实务中，该条款可以和纯益手续费一起使用，以加强分出人和再保险人共担风险、共享利润的理念。同时，如果再保险合同中有此种规定，分出人就需要考虑另行投保“止损超赔（赔付率超赔）”之类的再保险。

五、再保险人设置再保险准备金和/或再保险准备金留存（担保）义务

保险准备金是指保险人为保证其如约履行保险赔偿或给付义务，根据有关

法律规定或业务特定需要，从保费收入或盈余中提取的与其所承担的保险责任相对应的一定数量的基金。保险人和再保险人应当根据《保险法》第 98 条的规定，保险公司应当根据保障被保险人利益、保证偿付能力的原则，提取各项责任准备金。

《保险公司非寿险业务准备金管理办法》第 6 条规定："保险公司非寿险业务准备金包括未到期责任准备金及未决赔款准备金。"第 7 条规定："未到期责任准备金是指在准备金评估日为尚未终止的保险责任而提取的准备金，包括未赚保费准备金及保费不足准备金。"第 11 条规定："未决赔款准备金是指保险公司为保险事故已经发生但尚未最终结案的损失提取的准备金，包括已发生已报案未决赔款准备金、已发生未报案未决赔款准备金和理赔费用准备金。"

上述监管规定既规范保险人（分出人），也规范再保险人。再保险人的年度收入和支出都涉及准备金问题。财产再保险准备金包括未到期责任准备金（Premiums reserve）和未决赔款准备金（Claims/loss reserve）。

实务中，不同市场的再保险合同中通常有两种再保险准备金相关条款。再保险准备金条款（Reserve clause）通常约定再保险人应当根据监管要求，留存未到期责任准备金和未决赔款准备金。分出人应当向再保险人及时告知赔案的未决赔款准备金。再保险准备金留存（担保）（Premium and loss reserve depositclause）条款通常约定再保险人应当按照约定进行保费或赔款准备金留存（担保）。

这两个条款对再保险人义务的要求是递进的。再保险准备金条款仅约定了再保险准备金评估中分出人和再保险人的职责。再保险准备金留存（担保）条款则更进一步，强调再保险人应当保证其有充足的偿付能力。这种保证通常有两种形式：一种是再保险分出人有权从再保险人处留取一笔保费保证金；另一种是再保险人提供担保，以应对再保险合同条款和条件下任何潜在索赔所产生的信用风险。后者实质与担保条款（Collateralization clause[①]）在中国国内保险监管法律下殊途同归，二者均要求再保险人提供符合监管要求的担保，以应对再保险业务可能出现的赔付带来的信用风险。实务中，考虑到境内再保险人已经按照中国保险监管机构的偿付能力要求管理其再保险业务，再保险准备金留存

---

① 再保险交易担保是控制再保险分出人财务报表中信用风险的一种方式，各国监管法律不同，对于再保险担保的要求也有所不同。同时国家间金融协定可以通过互相免除对方国家再保险人的担保要求，例如美国和欧盟 2017 年签署的保险监管互相承认协定（the Covered Agreement）。

(担保)条款和单独的担保条款都主要适用于境外的再保险人。

六、再保险人的保密义务

和大多数商业合同一样,再保险合同也会含有保密条款(Confidentiality clause)或者订立单独的保密协议(Non-Disclosure Agreement,NDA);同时,在双方缔约和履行合同过程中使用的邮件里也会列入保密声明等。考虑到再保险人接收的数据通常含有分出人核心商业机密,无论是分出人/经纪人还是再保险人,都应该重视保密条款的订立和履行。

中国保险行业协会《比例合同范本》第19条和《非比例合同范本》第15条的保密条款全文如下:"再保险接受人在此承诺对本合同和再保险分出人提供的相关信息(统称'保密信息')严格保密。再保险接受人声明并同意,在未经再保险分出人书面同意的情况下,不会在本合同期限内或之后的任何时间直接或间接使用再保险分出人提供的与本合同有关的信息。但再保险接受人为签署和履行本合同以及其通常的业务经营目的可以使用保密信息,包括但不限于在其信息技术系统中出于行政管理、风险管理、赔案处理和会计目的存储保密信息。再保险接受人保证,根据合同、法律或内部政策的规定,对其信息技术系统有合法访问权限的所有人员对通过该等系统获得的所有信息均承担严格保密义务。保密信息不应包括以下信息(1)再保险分出人披露前再保险接受人已经合法拥有的信息;(2)再保险接受人从第三方合法取得的信息。该第三方在不违反任何法律义务的前提下有权进行前述信息披露;(3)再保险接受人独立开发的信息;(4)再保险接受人在不违反任何保密义务的前提下可以从公开渠道取得的信息。未经再保险分出人事先书面同意,再保险接受人不得披露任何保密信息,除非是为其通常的业务经营目的向其董事、员工、审计人员、转分保接受人、第三方服务供应商、或集团公司的其他分支机构等提供保密信息。根据任何有管辖权的司法、行政、监管或立法机构的传票、要求或正式通知,必须披露信息的,本条约定的保密义务不适用。"

从上述条款中可以看到,保密条款通常包括以下要素:

第一,保密信息的定义需要准确、清晰,可以兼采归纳法和排除法来定义保密信息的内涵和外延。

第二,保密义务的约定,包括保密义务的当事人、保密义务的具体内容等。

第三,保密义务的商事例外,通常包括再保险人为签署和履行本合同以及通常的业务经营目的可以使用保密信息,还应明确执行例外事项的当事人,例如再保险人的董事、员工、审计人员、转分保接受人、第三方服务供应商或集团公司的其他分支机构。

第四,保密义务的公法例外,即任何有管辖权的司法、行政、监管或立法机构的传票、要求或正式通知要求必须披露信息的,本条约定的保密义务不适用。

有时候单独的 NDA 还会包括违约责任、举证责任、仲裁、法律适用和法院管辖条款。保密条款则通常不包括这些内容,将其留给合同其他条款和准据法予以确定。

实务中,随着过去 20 年各国数据监管法律法规的推陈出新,该条款需要根据相关法律法规不断修改和完善,各个再保险市场的保密条款差异性由此而来,所以我们无法像其他再保险权利义务条款一样倚重由再保险商业实践经验总结演绎而成的条款,而必须结合本国保险市场发展、数据法律和监管现状不断摸索和调整。上述要素也正是这种摸索的理论总结。

第三节　风险累积和事故

保险合同或再保险合同对于最大责任范围通常表述为，在保单责任范围内一个赔案的金额或者一个事故导致的一系列赔案的金额。累积（Aggregation）一词就通常用来描述将多个损失加在一起提起保险或再保险索赔的机制。最典型的累积是单一自然灾害造成的损失，这些损失对于一个保险人或者再保险人，可能横跨一定的时间和空间范围，涉及多个保单和多个被保险人。这样一个机制是保险行业提供风险保障价值的重要体现，是合同双方权利义务的核心内容，是保险定价的关键要素之一。这样一个机制在再保险合同中受到重视是毋庸置疑的，事实上从再保险诞生伊始，各国保险法的法理和司法实践就不断推动该机制产生、演变和发展。本节在前述章节基础上说明风险累积概念和相关的一系列条款。

一、风险累积在再保险中的意义

风险累积（Risk accumulation，Risk aggregation）是一个风险管理的标准术语，在《风险管理　术语》（GB/T 23694—2013）中也被译为风险集成，是指将多个风险综合成一个风险，以便更为全面地把握整体风险。风险累积也是一个保险行业经营管理的基础概念，在《保险术语》（GB/T 36687—2018）的再保险术语一章中，风险累积是指在同一个地区、同一个行业、同一个事件、同一个险种或同一个职业中的风险累积情况。本节讨论的即这个语境下的理论和实践。风险累积可以分为地域累积、事件累积、险种累积等。地域累积是指一个地区性事件导致多起保险理赔，例如地震、洪水等。事件累积是指一个事件导致多起保险理赔，例如汽车的追尾、恐怖袭击或传染病流行等。险种累积是指由于经济、战争因素使一个险种内出现多起保险理赔。

风险累积对于保险和再保险意义巨大。从保险监管角度看，全世界各国保险监管机构都将保险风险累积视为保险监管的核心内容之一。我国《再保险业务管理规定》中要求保险集团的再保险战略中包含风险累积管理,分出公司也需要向保险监管机构提交巨灾风险累积情况。从分出人角度看,无论是自然灾害,例如地震、海啸、台风、飓风,还是人为事故,例如设施坍塌、食品安全事故、民众骚乱,都是现实且棘手的风险累积问题,需要通过再保险在内的风险管理方法妥善处理,以实现业务的可持续发展。从再保险人的角度看,风险累积管理是再保险的核心价值体现,是再保险定价的关键要素之一,也是再保险合同中必不可少的部分。因此,再保险业长期持续积极探索风险累积的商业和科技解决方案。

二、与风险累积相关的再保险术语

在讨论风险累积时,我们经常遇到不同的措辞、概念和制度,其中最常见的有损失(Loss)、索赔(Claim)、事故(Event/Occurrence)。[①] 这些措辞在保险和再保险合同中呈现多样化的定义,同时不同法律或不同法院的解读也有所不同,值得引起重视。

风险累积在发生争议时主要表现为损失累积(Loss accumulation, Loss aggregation),故而损失(Loss)是最常用的风险累积基础概念,涉及风险累积的损失至少包括两种:最终净自留损失(UNL)和单个损失(Individual losses)。如本书第二章所述,最终净自留损失指扣除残值、追偿款和第三方支付款项后,再保险分出人实际支付的保险赔偿金总额。其他第三方支付款项包括其他再保险人赔偿的金额。这个概念用于非比例再保险合同,是为了强调非比例合同的再保险人赔偿顺位排在最后,应当先扣除追偿款、残值和其他再保险人的赔偿款。不同于最终净自留损失这样一个纯粹的再保险概念,单个损失的定义则更多依赖原保险的保单约定。当再保险合同约定一个损失累积条款时,经常需要将多个单个损失按照一定规则累加,形成事故总损失。

再保险合同有时也会在风险累积时约定,累积的是"索赔"(Claim),而非损失。字义上,索赔指对人或对物的要求或主张,一般指金钱主张。索赔也是诉或

---

① 翻译时,event/occurrence 有时翻译为事件,以区别于事故(accident)。但无论如何翻译,普遍的看法是,event 强调影响重大,accident 侧重偶然性。通常来说 event 比 accident 更重要,但我国再保险实务习惯上都称事故。另外,无论是英文字义,还是英国判例,通常将 event 等同于 occurrence。

诉讼请求的基础。但需要注意，在再保险中索赔并不按照其字义理解，而是需要根据原保险和再保险合同约定来确定具体内涵和外延，例如在责任险再保险合同中，索赔到底是被保险人的索赔，还是第三者的索赔，是索赔行为，还是索赔金额。

事故(Event/occurrence, loss occurrence)指因为特定原因，在特定时间、特定地点造成的一系列损失的累积。事故概念是再保险风险累积制度下最重要的概念，有专门的事故条款予以规范。我们将在后文予以阐释。

再保险合同需要小心定义上述概念，因为该定义影响到再保险损失累积、责任触发、责任限额、免赔额的适用、损失通知义务和诉讼时效的计算等，经常发生争议。

特别值得注意的是，在全球财产保险市场，责任险原保险合同的责任触发机制通常有四种：(1)因果关系(Causation)，要求导致损失的最初行为必须在保险期限内发生；(2)损失发生(Occurrence)，要求对第三者造成的人身伤害和财产损失的行为要发生在保险期限之内；(3)损害结果/损失显现(Manifestation)，要求被保险人第一次发现人身伤害或财产损失时在保险期限之内；(4)索赔提出(Claims Made)，要求首次向被保险人提出索赔要在保险期限之内。① 这四种触发机制所产生的保险责任有所不同，对应的再保险责任也各有差别。这四种触发机制产生的风险累积在评估和索赔时，既需要考虑原保险的触发机制和原保险合同约定，又要考虑再保险合同约定，尤其是本书第二章提及的再保险责任成立的时间基础。②

三、与风险累积相关的再保险条款

风险累积相关条款在比例和非比例再保险合同中应用都很广泛。在比例再保险合同中，一个事故(如自然灾害)导致多个原保险合同被触发，再保险人的

---

① 王佳欣：《环责险：谈谈责任触发机制的选择与应用》，载微信公众号“瑞士再保险”2018 年 7 月 31 日，https://mp. weixin. qq. com/s? src = 11&timestamp = 1700926944&ver = 4918&signature = caupTLbMXBVrcLRjZKnnKBcqQN8aauKdNBmydGyyV7BSkDN3m * zINiwjefK2iwa * Swlq7QPVUTFpIVb765Us -9bnDRMJOdZmhT3ALYBLpvb - * 1K6TkFcfVq-n548FuwG&new =1。

② 参见[英]科林·埃德尔曼等：《再保险法》，杨帆译，法律出版社 2019 年版，第 117 页。

风险累积责任可能极为巨大，需要通过风险累积条款（如事故条款）和限额条款控制自己的风险敞口。在非比例再保险合同中，无论是临时分保还是合约分保，都以约定承保事故发生为触发条件，如何定义事故成为合同的核心要义。事故条款的解释和运用是风险累积条款的具体演绎。

风险累积相关条款对于保险合同双方都是有益的，它存在的目的并不是单向约束再保险人或者分出人，而是明确规则，避免误解和冲突，保护再保险交易秩序。事实上，当很多单一损失都小于再保险合同的免赔额时，将单一损失按照一定规则累积计算无疑有利于分出人；而当一个损失超出了再保险限额，再保险只赔偿一次显然有利于再保险人。到底如何实现双方权利义务的平衡正是风险累积相关条款起草的重要考量。当一个再保险合同没有约定风险累积条款时，单一损失极有可能无法累积，需要按照传统方式一个一个单独计算，这显然背离了再保险合同双方的缔约意图。

风险累积相关条款无论是在理论还是在实务中，从来就不是一个条款，而是一类条款，共同规范再保险双方在风险累积问题上的权利义务关系。这些条款普遍都约定，当受到保单保障的两个或更多的单独损失具有某种共性而被联系在一起时，这些损失能够被视为一个单一损失得到赔偿。① 这种共性通常被称为共同因素（Unifying factors）。共同因素，也可以理解为共同原因（Common Causes），是保险法中因果关系原则在再保险领域中的延伸。

共同因素的范围有宽有窄，包括起因/起始原因（Originating cause）、共同原因（Common causes）、同一事故（Event/Occurrence）、同一行动（action）、同一索赔（Claims）等，其中事故（Event/Occurrence）为再保险实务中最常见的术语。再保险法理论普遍认为，从共同因素的范围来看，起因最为宽泛，共同原因次之，事故再次，行为再次，索赔最为狭窄。不同的术语对共同因素的要求不同，构成了不同的风险累积条款，因此我们也可以按照共同因素的不同将风险累积相关条款予以分类。

在风险累积条款中还有一类风险累积延展条款（Aggregation extension clause，Aggregate Extraction Clause），允许分出人将一个事故累积限额下的损失拆出，合并到同样一个事故造成的其他损失中。当然，合并规则在风险累积延展

---

① 参见［英］科林·埃德尔曼等：《再保险法》，杨帆译，法律出版社 2019 年版，第 110 页。

条款中应当有详细具体的约定。

最后,特别需要注意的是,风险累积相关条款直接关系再保险的定价,不同的风险累积条款对应的再保险保费和条件不同,任何对于风险累积条款的修改都需要至少考虑法律和商务两个层面,任何对于既往规则的重新约定,都应当重新定价以避免争议。

四、再保险事故条款

如前文所述,在再保险实务中,以事故为基础的再保险风险累积条款(又称再保险事故条款 Event-based aggregation clause)最为常见。我们将在下文中做详细介绍。除此以外,还有基于其他共同因素,例如以共同原因为基础等多种累积条款。

(一)再保险事故条款的起源和发展历史

如前所述,事故(Event)本身是再保险合同计算损失累积时最常用的基础概念。事故条款(Loss Occurrence Clause)通常约定因为一个事故导致一个或多个,这些损失按照一定的规则累积成一个或多个。从再保险发展历史看,事故相关的诉讼和仲裁争议屡见不鲜,也不断提醒再保险合同双方需要在合同中明确、完整、全面约定。

事故条款起源至少在1940年以前,最初的条款将事故损失简单定义为因为一个事故导致的损失(losses arising out of one event or one disaster),后来发现这样无异于同义反复,一旦遇到争议,毫无帮助。此后该条款不断的被修改,到20世纪60年代,该条款内容已经陆续将事故发生的地点、时间长度、气象特征等纳入其中,并试图将极端风险,如洪水和飓风做单独的名词定义。在这一时期,伦敦劳合社市场的承保人联合起来,提出了一个物质损失条款(Physical Damage Excess Loss Wording),注册编号为LPSO98。该条款以外行人可以理解的语言,将特定损失在空间和时间上予以界定。[①] 这个条款因其以时间为客观标准界定灾害事件,也被称为时间条款(Hourly clause)。LPO 98a条款的推出给保险和

① See Robert J. Kiln, Insurance Hall of Fame, https://www.insurancehalloffame.org/robert-j-kiln-simple.

再保险行业困扰已久的损失累积问题带来的新的启发和解决方案，此后以该条款为母本的修改持续不断，今天全球保险和再保险市场的事故条款仍然能看到LPO 98a 条款的痕迹和烙印。

一个完整的 LPO 98a 条款如下：

The words "loss occurrence" shall mean all individuals losses arising out of and directly occasioned by one catastrophe. However, the duration and extent of any "loss occurrence" so definedshall be limited to：

• 72 consecutive hours as regards a hurricane, a typhoon, windstorm, rainstorm, hailstorm and/or tornado.

• 72 consecutive hours as regards earthquake, seaquake, tidal wave and/or volcanic eruption.

• 72 consecutive hours and within the limits of one City, Town, Village as regards riots, civil commotions and malicious damage.

• 72 consecutive hours as regards any "loss occurrence" which includes individual loss or losses from any of the perils mentioned in (a), (b) and (c) above.

• 168 consecutive hours for any "loss occurrence" of whatsoever nature which does not include individual loss or losses from any of the perils mentioned in (a), (b) and (c) above.

and no individual loss from whatever insured peril, which occurs outside these periods or areas, shall be included in that "loss occurrence".

The company may choose the date and time when any such period of consecutive hours commences and if any catastrophe is of greater duration than the above periods, the Company may divide that catastrophe into two or more "loss occurrences", provided no two periods overlap and provided no period commences earlier than the date and time of the happening of the first recorded individual loss to the

Company in that catastrophe.

LPO 98a 条款诞生以后的几十年,全球经济发展迅速,单一事故造成的损失金额急剧增加,事故条款也不断在各种保险索赔案件中遭到挑战和质疑,存在的问题包括该条款并没有定义什么是巨灾(catastrophe),也没有定义其他灾害如风暴、洪水、地震等。此外,将事故定义的重点从自然现象本身转移到时间跨度上固然简单,但一旦遇到复杂事故,例如一场洪水,成因复杂,损失多样,影响数个地区,就容易引发争议①。从再保险定价角度分析,一方面过去认知的风险敞口随着全球气候变化发生剧烈变化,另一方面新型风险层出不穷,例如全球流行疫病、跨境网络攻击等,这些不得不让保险行业重新思考和调整风险累积管理策略,也体现为对再保险合同现有的事故条款的修改。

(二)事故条款的构成要件

事故条款的构成要件理论上通常包括事故的定义、事故与损失之间的因果关系、事故的结果——损失、损失的累积规则(Loss allocation)。

事故的定义在财产险再保险合同中通常以灾害加时间段的形式列明,例如72 小时地震。正如前文所述,这一做法来源于 LPO 98a,后来实践中发现灾害本身,例如洪水、地震、风暴等术语,在科学和商业上的词义并非完全一致,各个地区运用的事故条款中会对灾害名词做说明或界定,例如台风或飓风应当由气象部门发布并命名。同时,英国判例法确定的事故定义也被引入合同,例如在 Axa Reinsurance (UK) Ltd v. Field 案件中,Mustill 勋爵定义事故应当发生在同样的时间(during the same period of time)、同样的地点(in the same area),并以同样的方式(in the same particular way)。

事故与损失之间的因果关系指事故应当直接导致(directly occasioned, resulting from)损失,而非间接导致。事故和损失之间的因果链应当没有打断(unbroken chain of casuation),要符合保险的近因原则。

关于事故直接导致的损失,如前所述,大部分事故条款以单一损失(individual losses)作为累积的基础,在非比例再保险合同中,需要以最终净自留

① 根据英国法律咨询报告(Lexology: Insurance & Reinsurance-United Kingdom 2023),事故累积条款所产生的争议是英国再保险案件中常见的案由,该系列报告的撰稿人提及类似的情况也出现在了美国、德国、日本、瑞士等地司法实践中。

损失作为基础计算。

关于损失累积，LPO 98a 条款提供了主要按照时间长度来累积损失的规则；对于特定风险（如罢工、暴动、民众骚乱或暴力示威 SRCC strike, riot, civil commotion or violent demonstration），计算损失累积需要考虑一定地域范围（如城市、乡镇和村庄）。分出人可以选择上述事件的起点和终点。计算损失累积时，应当基于一些约定的逻辑规则，例如，时间的起算应该不早于事故产生的第一个损失，一个损失不应该算到两次事故里索赔两次，涉及多个事故的，不应当累加时间，应当按照最长的事故计算。损失累积规则对应的不光是分出人已经缴纳的保费，也可能涉及复效保费。如果分出人按照损失累积规则算出了多次事故，可能需要缴纳复效保费，以保证每一次事故都有足额的再保险保障。

（三）事故条款解释的基本规则

在事故条款的发展过程中，以英国普通法为主的司法实践逐渐形成了一些解释该条款的规则或方法，这些解释规则在传统合同解释方法的基础上，针对事故条款做了延伸。其中包括上述提及的 Mustill 勋爵的规则——同样时间、同样地点，以同样的方式。时间条款解释规则中最著名的莫过于 Dawson's Field Arbitration Award（1972）仲裁案件中确立的四统一测试法（Four unities test），该规则将行为人的目的（purposes）、因果关系（Cause）、损害发生时间（Timing）和损害发生地点（Location）这四个要件，认定是确认事故数量的标准，此后该方法不断在案件中被法官适用，例如，Kuwait Airways Corp v. Kuwait Insurance Co. SAK，Scott v. The Copenhagen Re Co.（UK）Ltd，AioiNissay Dowa Insurance Co. Ltd v. Heraldglen Ltd and Advent Capital Ltd 等。[①] 该规则要求损害发生的时间和地点，以及行为人的主观意图应当具有一致性，而且事故和损害之间应该具备因果联系。

除了上述方法，不同国家的法院还有其他的解释规则，例如美国纽约法院采用的不幸事故测试法（Unfortuante event test）[cf World Trade Center Properties, LLC v. Hartford Fire Insurance Company, 345 F 3d 154, 190（2003）]，美国加利

---

① See Oliver D. William, *Reinsurance and the Law of Aggregation: Event, Occurrence, Catastrophe, Cause*, Routledge, 2021, p. 94.

福尼亚州法院采纳的近因测定法（Proximate cause test）[①]等。普遍的观点是事故条款的解释需要基于合同条款的约定，也依赖所适用的法律和司法管辖。在中国法下，尚缺乏解释事故条款的指导性案例，故而上述讨论也仅具有参考价值。

（四）事故条款的注意事项

如何理解和运用事故条款并不是简单的法律问题，更多依赖再保险合同的承保范围、保障结构、定价条件等。上述任何一个事故条款构成要件的改变最终都会影响再保险人最终的风险敞口和实际赔款。所以，事故条款尽管格式条款很多，但再保险双方通常会对格式条款做适当的调整以符合自己的业务需求。例如，涉及森林火灾的事故条款措辞就明显有别于普通财产险保险的事故措辞，责任保险的事故条款也有别于财产保险的条款。

事故条款在全球各个地区市场的应用也不尽相同，不同市场的法院对于案件的判决和看法影响了合同措辞；同时，再保险所保障的风险敞口的变化让交易双方在每一年灾害季节后合同续转时不断优化和调整该条款。实务中的典型例子来自英国、欧洲大陆各国市场和美国市场，受各国法院判例和成文法影响，事故条款有时差异明显。

最后，事故条款应当与其他条款保持一致，对于任何修改事故定义和累积规则的条款不应当与事故条款发生冲突。

五、与责任保险有关的再保险风险累积条款

在再保险业务的发展中，非突发事故造成的损失逐渐成为全球保险和再保险市场的关注重点，例如石棉污染带来的长达几十年的第三者损害赔偿责任。承担此类风险保障的责任保险逐渐发展形成了自己的责任险事故条款（Loss occurrence clause for casualty），其中主要的条款包括：

1. 责任险事故定义和损失分配条款（Loss occurrence and loss allocation clause），此类条款通常约定责任险的再保险责任基础（如损失事故发生制）与前述原保险合同中四种保险责任基础的对应关系，同时确定累积规则［如共同原

---

① H. Heiss, M. Schauer & M. Wandt, *The Principle of Reinsurance Contract Law*, 2019, UNIDROIT, 2019, p. 107.

因(common cause)等]。条款可能还会对如长尾责任风险的保单责任期间作特殊约定。

2. 责任险系列索赔条款(Claims series clause),此类条款通常用于产品责任险的再保险合同,将同一个被保险人因为同一原因造成的损失累积起来,条款针对产品责任险的特点做了定制化的事故定义和累积规则修改。

3. 责任险职业病条款(Occupational disease clause),此类条款通常用于雇主责任险和工伤赔偿保险[①](Workers' compensation insurance)。最常见的即为事故职业病(Accident circle occupuation disease clause,ACOD)条款,通常对于同一个雇员提起的一个索赔认定为一个事故,并根据原保险条款的归责基础的不同,分为 ACOD/A,ACOD/B,ACOD/C 三类条款。

---

① 该险种尽管翻译为工伤保险,但其运行模式不同于我国的工伤保险。以美国为例,美国工伤保险(Workers' Compensation Insurance)由商业保险公司承保,赔偿雇员在工作中受伤或生病的医疗费、收入损失、康复费用等,是美国第三大商业保险险种,政府对该险种进行严格监管。

第四节　账单、支付与结清

账单与结算是再保险经营实务的重要内容，需要根据再保险合同、合同签订地国家法律法规要求和会计准则、双方交易习惯等确定。中国保险行业协会《比例合同范本》和《非比例合同范本》都将其作为单节，规定在第三部分。

再保险结算是指财产再保险业务的分出人和接受人，依据双方订立的再保险合同及分保账单进行的款项收付行为。它是再保险交易的重要环节，是分出人和再保险人履行合同义务，享受权利的体现。及时、准确结算对保障保险企业的经营、发展，防范和控制风险，提高资金使用效率具有积极作用。

再保险结算独立于原保险结算，并具有以下特点：

1. 依据分保账单结算。分出人和再保险人建立合同关系之后，分出人向再保险人出具业务账单，显示该合同项下的业务经营结果，再保险结算依据分保账单开展。

2. 轧差结算。再保险业务的主要形式是分出人将前端原保险业务按照一定比例和规则分保给再保险人，这一特点决定再保险业务普遍采用轧差结算的形式，包括两种情形：一是分保账单列示的保费、手续费、赔款、税等项目轧差结算，二是交易双方多笔分保业务账单进行合并或轧差结算。[①]

实践中，临时分保的账单与结算是逐笔进行，比较简单。合约分保在保险期间分入多笔业务，而且每笔业务有其各自的保险期间，故合约分保的账单与结算相对复杂。其中比例合同主要通过季度账目结算，非比例合同更接近一般的商事合同的付款要求，两者的差异也体现在合同条款中。

---

① 参见《中国保险行业协会财产再保险结算流程操作指引（征求意见稿）》，第1页。

一、再保险账单结算方法

根据合同要求,再保险分出人应当按照合同约定时间向再保险人支付保费,再保险人应当按照合同约定时间向再保险分出人支付手续费和赔款。如遇特殊情况,再保险分出人与再保险人可协商结算时间。在合同中,双方关于结算的约定至少涉及:账单结算方法(Accounting system)、账单结算时限要求、账单编制的形式和格式、账单编制的币种,账单结算的特殊情况(如紧急摊赔,结算罚息等)。

其中再保险账单结算方法是合同结算的基础,一般单独约定结算方法(Accounting system)条款。该条款通常与再保险合同的再保险期间条款[①]相对应,分为会计年度制(Accounting year system)、损失事故发生年度制(Occurrence year system)和承保/保单年度制(Underwriting year system)。

承保年度制指分出人将保费和赔款都按照原保单起期的时间(Inception date of original policy)分入再保险合同,对于该再保险合同所保障的原保险合同,无论是已赚保费,还是未赚保费,无论是已决赔款,还是未决赔款,都将计入当年的再保险合同。实务中,承保年度制是最常见的一种再保险账单结算方法。举例而言,原保险合同的保险期间为2012年7月1日至2013年6月30日,如果再保险合同采用承保年度制,该合同所对应的再保险年度应当为2012年(Underwriting year 2012);如果损失发生在2013年5月1日,则该损失由2012承保年度的再保险合同保障。

一个常见的承保年度制的结算方法条款通常表述为:

> The accounting system in respect of this Agreement, meaning the system allocating items included in any accounts to the respective Reinsurance Period, shall be the system set out in the SCHEDULE.
>
> Underwriting-year-system:
>
> —Reinsurance premiums and commissions are allocated to the

① 详见第二章第二节,绝大多数情况账单结算方法和合同期间条款需一一对应,相互呼应。

relevant Reinsurance Period according to the inception date of the respective Policy.

—Reinsurance Compensations are allocated to the relevant Reinsurance Period according to the inception date of the respective Policy.

损失事故发生制指分出人将保费应付或实付日期(Due date of policy premium or payment date of premium)和赔款按照事故发生日期(Date of occurrence),分入再保险合同。损失事故发生制下,分入再保险合同的保险业务所涉的未到期责任准备金将转入下一年,但未决赔款准备金仍计入本年度。实务中,在计算再保险合同期间和结算方法中使用损失发生制的通常是非比例再保险合同。举例而言,原保险合同的保险期间为2012年7月1日至2013年6月30日,保费缴纳于2012年8月1日,损失发生在2013年5月1日,赔款支付在2013年8月1日;如果再保险合同采用损失事故年度制(2012年1月1日~2012年12月31日),则分入保费计在该再保险合同下,而赔款计在后一年的再保险合同(2013年1月1日~2014年12月31日)下。

会计年度制指分出人将保费按照应付日期或实付日期(Due date of policy premium or payment date of premium),赔款按照赔款日期(Date of payment),分入对应的会计年度,在会计年度结束后保费和赔款不再调整。会计年度制需要考虑此前会计年度的未到期责任准备金和未决赔款准备金。实务中,国内再保险合同使用会计年度制的较少。举例而言,原保险合同的保险期间为2012年7月1日至2013年6月30日,保费缴纳在2012年8月1日,损失发生在2013年5月1日,此后赔案历经诉讼,赔款最终支付在2015年2月1日;如果再保险合同采用会计年度制(2012年1月1日~2012年12月31日),则分入保费计在2012年再保险合同,而赔款计在2015年再保险合同(2015年1月1日~2015年12月31日)。

再保险账单结算方法的作用通常包括如下几点:

第一,再保险合同双方根据约定的结算方法编制账单,不同的结算方法计算出的已赚保费、未到期责任准备金、已决赔款、未决赔款、手续费的具体金额和使用的结算形式也不相同。

第二,再保险合同中的纯益手续费、滑动手续费、损失分担等利用不同再保险结算方法计算结果有所不同,对于合同双方的权利义务影响巨大。

第三,根据不同结算方法形成的数据和数据分析结论不同,既影响当年再保险合同的实际履行结果,也影响未来再保险合同续约的定价和合同协商。故而,再保险合同的结算方法通常在再保险合同签署前由双方协商决定,并通过一个或多个合同条款予以清楚约定。

二、账单条款与分保明细表

中国保险行业协会《比例合同范本》第 24 条和《非比例合同范本》第 22 条规定:分出人应在摘要表约定的期限内向再保险人提供约定期间的账单;账单应以主货币或摘要表约定的货币编制,区分不同业务类型或按摘要表约定的方式列示。

账单项目:不同结算方法下账单项目不同,以会计年度制为例,从再保险分出人的角度看,其收入项目包括本会计年度的再保险已决赔款、佣金(手续费)、未到期责任准备金和未决赔款准备金。其支出项目包括本会计年度的再保险费、上一会计年度留存的未到期责任准备金、上一会计年度留存的未决赔款准备金。这些项目就是再保险账单的主要项目。此外,还有损失分担、手续费调整、税金等项目。

从账单接受人(再保险人)的角度看,再保险分出人的应付项目(分保费等)被称为"贷方"(Credit),再保险人的应付项目(再保险赔款等)被称为"借方"(Debit)。

账单编制及提供:根据中国保险行业协会《比例合同范本》和《非比例合同范本》第 24 条规定,再保险分出人按约定向再保险人提供约定期间的账单、账单项目、编制币种、业务分类方法等,都应符合再保险合同约定。

再保险分出人、再保险人、经纪人应及时、准确地做好结算与逾期账款的催收管理,按照再保险合约或临分合同约定,交易各方在约定时间内完成结算。对于比例合约,一般来说在每季度结束后 45 ~ 60 天为账单期,每季度结束后 60 ~ 90 天为结付期,分出人应在账单期内向再保险人发送账单,在结付期内完成保费支付。非比例合约中会约定结付次数和每次的结付日期,再保险分出人应按摘要表约定的时间和金额支付保费。[①]

关于结算货币(Settlement currency)、汇率与换算方法:原保单计算保险费及保险金的货币(原货币,Original currency)与再保险合同的结算货币不同的,双方应以结算货币结算;由于支付再保险费的时间与摊回再保险赔偿的时间不同,而汇率是波动的,如何确定汇率就成为重要问题,仅约定某一时间的官方汇率进行换算还不够,需要双方约定详细的换算方法。

根据中国保险行业协会《比例合同范本》和《非比例合同范本》第 1 条的定义:官方汇率是指中国政府公布的汇率中间价或双方约定的其他汇率,原货币是指原保单使用的货币,原保单包括分出人承保的直接保单和其接受的临分合约。

分保明细表(Bordereaux):包括保费明细表(Premiums Bordereaux)和损失明细表(Loss Bordereaux)。保费明细表是约定编制期间该协议下已分出保险业务(保单)的明细。损失明细表是指约定编制期间该协议下已发生的损失的明细。保费明细表和损失明细表通常和编制期间的账单一一对应,互为印证。

根据中国保险行业协会《比例合同范本》第 27 条的规定:分保明细表仅仅用于再保险分保人通过分保明细表,让再保险人了解分出风险的信息,再保险人对分保明细表没有审核义务,明细表对再保险人没有约束力;即使再保险人没有指出分保明细表中的错误,也不能增加再保险人的责任。

三、账单确认

再保险分出人有按约定编制和发送账单的义务,再保险人有按约定审核和确认账单的义务,以便双方进行结付,这也是保险赔偿原则的要求。

再保险人发现账单有错误的,或有其他异议的,应在约定期限反馈给再保险分出人,以便再保险分出人更正或双方协商解决分歧。

四、迟延付款和结算罚息

当再保险分出人、再保险人中任何一方没有按照合同约定的履行期限付款,

---

① 参见《中国保险行业协会财产再保险结算流程操作指引(征求意见稿)》,第 3 页。

也没有就任何争议内容展开协商，如果合同中明确约定了逾期付款条款（Late payment clause）、约定了逾期付款的违约金或约定了赔偿损失的具体方法，则依合同约定承担违约责任；但如果对于逾期付款的违约责任未予明确约定，则违约人应当根据合同适用的法律（如《民法典》）支付延迟履行期间内的债务利息并继续履行付款义务。实务中，延期履行期间的利息按合同约定利率自合同约定履行期满之日起计算，或者将这种违约责任处理方式明确写入条款中。[①]

五、税务

我国保险业在2016年5月1日之前实行的是营业税制度。营业税是针对经营主体所取得的营业额征收的一种税，而且营业税作为价内税存在。比如，一张直保保单的保费收入为100单位，其中包含了5.5%的营业税在内，在财务报表上体现的是保费收入100单位，营业税5单位[②]。

《财政部、国家税务总局关于全面推开营业税改征增值税试点的通知》宣布，自2016年5月1日起，在全国范围内全面推开营改增试点，建筑业、房地产业、金融业、生活服务业等纳入试点范围。在营业税改为增值税后，增值税将不再包含在营业额中，而是作为价外税存在。比如，假设直保保单保费收入的相关现金流在营改增后不发生变化，那么同样还是100单位的现金流，在财务报表上的体现，就变为保费收入为100/1.06=94.34单位，增值税为94.34×6%=5.66单位。同时，其他三项附加费和附加税（城市维护建设税7%/5%、教育费附加3%和地方教育费附加2%），因其基数为增值税也相应做了调整。按照上述例子，假设保险费用为30单位，赔款为62单位，费用和赔款中没有增值税进项抵扣，且假设增值税的附加税和费为12%，则该直保保单的利润为94.34－30－62－5.66×12%=1.66单位[③]。

营改增的制度变化给再保险交易带来了一系列新问题，例如在再保险分出

① 参见《中国保险行业协会财产再保险结算流程操作指引（征求意见稿）》，第4页。

② 李晓翾、陶茜：《浅谈营改增对再保险业务的影响》，载中国保险报网2016年8月2日，http://pl.cbimc.cn/2016-08/02/content_203765.htm。

③ 李晓翾、陶茜：《浅谈营改增对再保险业务的影响》，载中国保险报网2016年8月2日，http://pl.cbimc.cn/2016-08/02/content_203765.htm。

人替境外再保险人"代扣代缴"时，如何计算再保险费、手续费、税款和附加费？在再保险人自己缴纳增值税时，如何计算再保险费、手续费、税款和附加费？实务中，交易双方通过专门的增值税条款(VAT clause)明确这些问题的答案。以中国保险行业协会《比例合同范本》和《非比例合同范本》增值税条款为例，条款明确了合约中约定的保险费、赔偿金和手续费均为不含税金额。在岸再保险人(Onshore reinsurer)承担缴纳义务，但再保险分出人需支付相应金额，再保险人开具增值税发票给分出人供其抵扣；离岸再保险人(Offshore reinsurer)由再保险分出人代扣代缴。所有增值税和附加费/税的金额应当在账单中明示。如果涉及分出人机构，分出人应当提供分出人机构名单。需要说明的是，实务中该条款下的权利义务(如税费缴纳主体和实际承担主体)可能随着交易双方的定价条件而产生变化。同时，国家增值税和附加费政策的不断变化会影响条款的权利义务分配。例如，对于经营农业保险的主体，《财政部、国家税务总局关于全面推开营业税改征增值税试点的通知》(财税〔2016〕36号)规定，提供农牧保险业务免征增值税。对于海外交易主体，2021年9月1日施行的《城市维护建设税法》免除了其过去承担的城市维护建设税。

除了增值税条款外，可能还在经纪人条款中约定再保险经纪费的增值税和附加费/税的权责分配，如果涉及第三方服务商参与再保险交易，同样应明确约定增值税和附加费/税如何分配。

六、现金摊赔

除了按再保险合同定期进行余额结算外，对大额赔款，再保险分出人可能需要再保险人及时单独支付，此种安排通过在再保险合同中规定"现金摊回条款"(Cash call, cash loss)来达成。

中国保险行业协会《比例合同范本》第28条现金摊赔条款规定："实际或预计的保险赔偿金超过摘要表列明的金额时，再保险分出人可在征得再保险接受人书面同意后，要求其在摘要表列明的期限内支付赔款。"为此，需要"再保险分出人向再保险接受人提供所有相关事实信息、损失评估和理算报告"。根据此条款，再保险人有权决定是否同意单独赔付大额赔款。再保险人已赔付的现金摊款当然也要在随后的年度账单中反映出来。

中国保险行业协会《非比例合同范本》第 24 条约定了摊赔条款，明确“再保险分出人应就每个赔付申请向再保险接受人提供单独的账单、其已经或将要向被保险人支付赔款的合理证据和所有必要的信息。再保险接受人应在摘要表列明的期限内确认前述账单并结算已确认的到期余额”。

七、分保结算中的轧差

轧差或摊赔条款(Offset or loss payment)要解决到期余额结算(Payment of balance)或应付账款结余(Balance payable)问题。中国保险行业协会《比例合同范本》第 32 条和《非比例合同范本》第 28 条都约定了轧差条款。

中国保险行业协会《比例合同范本》第 32 条的轧差条款，主要约定双方可以冲抵债权债务：

> 本合同任何一方有权抵销在本合同或双方之间其他合同下的达成一致的款项，该权利持续有效直到合同终止(包括合同约定的特别终止)或双方合作关系结束。
>
> 如果合同双方某一方进入破产或清算程序，另一方可依法用对方应付款项或未到期款项抵销应付对方的金额。上述权利也适用于合同任何一方因起期与终止条款中列明的理由而行使特别终止权的情形。

实务中，再保险合同中还明确约定分出人和再保险人的应收应付款项可对多笔合约账单或临分业务账单进行单独、合并或轧差结算，但任何一方不应以轧差为由，拖延分保账款的结算工作。①

八、再保险合同的结清和未了责任转让

通常，再保险合同自然履行至其期满之日或约定终止时。但合同允许双方

① 参见《中国保险行业协会财产再保险结算流程操作指引(征求意见稿)》，第 3 页。

约定权利和义务的转让给其他主体,[1]或者约定提前结束合同,结清未了账目。前者体现在再保险合同未了责任转让条款中,明确在再保险合同终止时结束对仍有效力的原保单下尚未发生损失的保障,再保险人应退回未满期保费。再保险人因不再承担对应赔偿责任,返还部分保费。这部分笔者将在第五章论述。

后者则出现在有些长尾业务可能持续时间太长(如超过5年)时,如果双方都希望马上将其处理完毕,所用的方法就是"结清协议"(Commutation payments):当再保险人赔付一定的金额之后,再保险分出人免除再保险人之后所有的责任,包括已赔付和未赔付的损失,以及已发生但未报告的损失(Incurred But Not Reported,IBNR)。

中国保险行业协会《比例合同范本》附件第7条"自动结清条款"(Cauto Commutation)规定,在协议摘要表中可以约定,在协议再保险期间届满后某一个周年日为"结清日"(Run-off expiry date),双方按约定办理结清。

---

① 同时参见第三章中再保险合同的转让和第五章中再保险合同的终止。

第五章

再保险合同的权利义务终止与违约责任

第一节　再保险合同的权利义务终止

一、再保险合同权利义务的正常终止

再保险合同如果是固定期限，在期限结束后，合同双方债务债权已经履行，合同正常终止。实务中，再保险分出人与再保险人双方的债权债务相互冲抵，欠款方履行支付差额义务后，满足《民法典》第557条"债务已经履行"这一种债权债务终止的条件，再保险合同下的权利义务即告正常终止。

如果再保险合同无固定期限，再保险合同通常约定双方可以提前3个月向对方提出终止合同。合同终止的通知应当采用书面形式，送达和接受应当符合合同约定或法律规定。

在再保险合同正常终止之前，双方应继续履行合同下的附随义务（Accessory duties），例如提供账单、报告赔案和保险损失或提供相关信息的义务。参见中国保险行业协会《比例合同范本》第35条和《非比例合同范本》第31条。

二、再保险合同的法定解除

《民法典》第563条规定："有下列情形之一的，当事人可以解除合同：（一）因不可抗力致使不能实现合同目的；（二）在履行期限届满前，当事人一方明确表示或者以自己的行为表明不履行主要债务；（三）当事人一方迟延履行主要债务，经催告后在合理期限内仍未履行；（四）当事人一方迟延履行主要债务或者有其他违约行为致使不能实现合同目的；（五）法律规定的其他情形。以持续履行的债务为内容的不定期合同，当事人可以随时解除合同，但是应当在合理期限之前通知对方。"

当上述五种事由发生时，当事人有权解除合同，但并不当然免除在合同解除

前发生的当事人的民事义务和责任。

根据《民法典》第180条的规定,不可抗力是指当事人不能预见、不能避免且不能克服的客观情况。因不可抗力不能履行民事义务的,不承担民事责任;法律另有规定的,依照其规定,例如民用航空器造成他人损害的,即使损害是不可抗力造成的,也不能免除航空公司的民事赔偿责任。

在再保险合同下,再保险分出人的主要债务是支付再保险费,再保险人的主要债务是支付损失赔偿和手续费。就再保险合同而言,何种情况构成明确不履行主要债务?何为合理期限?何为不能实现合同目的?《民法典》的上述规定适用再保险合同时尚有一定的解释空间和不确定性,故再保险合同需要更明确地约定当事人有权解除合同的具体情形。

三、再保险合同的约定解除:特别终止

《民法典》第562条规定:"当事人协商一致,可以解除合同。当事人可以约定一方解除合同的事由。解除合同的事由发生时,解除权人可以解除合同。"

再保险合同的双方可以在再保险合同权利义务正常终止前约定解除合同,可以在保险期间届满前,也可以在保险期间届满后。

再保险合同如果是连续的,属于以持续履行的债务为内容的不定期合同,合同中一般约定任何一方有权按合同约定的期限和日期提出通知,终止全部或部分再保险业务。这也符合《民法典》第563条的规定,只要通知期是合理的。

合同解除或终止,不表示合同下双方的权利义务终止;对于合同解除前已经存在的债权债务,双方应履行合同义务,并可以行使合同权利。

中国保险行业协会《比例合同范本》第33条与《非比例合同范本》第29条"起期与终止条款",同样比较详细地约定了再保险合同约定解除的各种事由:

> 除了因一方无力偿债、启动了破产或清算程序和/或任何一方因资产不足而被解散,再保险合同无需发出通知就"自动终止"(Automatic termination)外,当事人约定解除再保险合同的"特别终止"(Extraordinary termination)事由包括:
>
> (1)非因发出通知一方的责任导致的法律上或事实上都禁止或不可能

再履行本合同；

(2)另一方拖欠付款或营业许可被撤销；

(3)另一方为了偿还债务丧失全部或部分实收资本；

(4)另一方与其他公司合并或其所有权或控制权发生重大变化；

(5)本合同项下业务部分或全部转让给第三方；

(6)另一方停止承保新业务或完全不续保其现有业务；

(7)经书面提醒后，另一方仍严重违反其在本合同项下的义务；

(8)另一方营业所在的国家或其总公司所在的国家与其他国家陷入武装战争，无论有否宣战，或者另一方所在的国家爆发内战，和或部分或完全被另一个军事力量占领。

上述第一种和第八种情况，符合《民法典》第563条规定的不可抗力导致不能实现合同目的的情况。第二种到第七种情况指一方当事人经营异常，或明显毁约，应结合《民法典》第563条的规定来理解和解释；对账单错误与遗漏的异议一般是正常情况，并不当然构成不合理拖欠付款，在发生一方拖欠时，另一方应注意明确通过书面方式催付。解除合同不当将构成严重违约，并将承担违约责任。

再保险合同的约定解除与再保险合同中的“核保政策条款”(Underwriting policy)既有区别，也有联系。如前文所述，核保政策主要反映在再保险分出人在再保险合同开始时使用的原保单条款、条件和保险费率等。核保政策的重大变化属于再保险期间风险的重大变化，再保险合同通常约定再保险人对核保政策重大变化造成的扩大的损失有权拒赔，并有权要求相应调整再保险费等。[①] 核保政策的重大变化并不必然导致再保险合同的解除。但是，如果核保政策发生重大变化构成保险标的危险程度显著增加，根据《保险法》第52条和第53条的规定，保险标的危险程度显著增加的，被保险人应及时通知保险人，保险人有权重新协商保险条件和条款，如果没有及时通知或者没有达成新的协议，保险人有权解除合同。

---

① 参见《中国保险行业协会财产再保险比例合同范本》第11条和《中国保险行业协会财产再保险非比例合同范本》第12条。

四、再保险合同终止的法律后果

《民法典》第 566 条规定了合同解除的法律后果，没有履行的，不再履行，违约方应承担违约责任；根据《民法典》第 567 条的规定，合同终止，不影响合同中结算和清理条款的效力。

对于比例再保险合同，一般使用承保年度制结算法，如果合同正常终止，再保险业务在合同期满后保费和损失将继续计算，可能持续一定期间债务债权才最终履行完毕。如果合同是约定解除，在再保险合同中一般订立专门的终止效力条款，约定再保险合同终止后正在生效的保单下保费和赔偿责任，并约定终止时未决赔款如何处理。例如，中国保险行业协会《比例合同范本》在第 36 条"终止效力条款"有较完整清晰的规定，兹引述如下：

> 在合同终止日期后，所有已分保业务的再保险责任应持续至该业务自然满期为止，除非再保险分出人根据本合同约定(如有)选择转出业务。
>
> 如双方同意按照再保险合同约定进行业务转移，对于终止之日当日或之后的未满期业务的再保险责任，再保险接受人应退还未满期分保费给再保险分出人，已解除其未了责任。退还分保费的计算办法与未满期责任保费转入的计算办法相同。本合同的终止应不影响再保险接受人对终止之日的未决赔款的摊赔责任。
>
> 但如果合同双方决定转移业务以解除再保险接受人责任(即结清)，再保险接受人应按摘要表中规定的未决赔款的一定比例进行摊赔。

对于非比例再保险合同，一般采用损失事故发生制的结算方法或承保年度制的结算方法。如果合同以损失事故发生制为结算方法，则保障在合同期间发生的损失，损失可能发生在合同终止前，持续至合同终止后；对此情况，合同通常通过"延后到期条款"(Extended expiration)或"终止时未决损失条款"(Losses outstanding at termination)明确再保险合同到期时正在持续发生的损失，全部属于该年度的损失，不得转入下一年度或转移到其他再保险合同之下。

特别需要注意的是，无论是比例合同还是非比例合同，这种明确合同终止后权利义务的约定直接影响到再保险合同的对价,尤其是再保险保费的多少,故而实务中任何此类条款的约定都需要双方根据履约目的协商决定。

无论是临时分保还是合约分保,是比例合同还是非比例合同,在再保险合同终止后,除了合同权利义务自然终止外,双方还可以签订单独的结清协议(Commutation payments)或终止协议(Standstill agreement),约定当再保险人赔付一定的金额之后,再保险分出人免除再保险人之后所有的责任,包括已赔付和未赔付的损失,以及已发生但未报告的损失。结清协议是在再保险合同履行过程中达成的单独协议,对转分保并无约束力,故再保险人在与分出人协商结清协议时,应考虑转分保人是否同意。①

中国保险行业协会《比例合同范本》附件第 7 条“自动结清条款”(Auto commutation)规定,在再保险合同摘要表中可以约定,在再保险期间届满后某一个周年日为“结清日”(Run-off expiry date),双方按约定办理结清。再保险合同约定再保险分出人应向再保险人发出最终账单,经再保险人审核,双方达成一致后,结清未决损失和未满期保费等冲抵后的余额,在债务人(一般是再保险人)付款后,双方权利义务全部终止。

① 参见[英]科林·埃德尔曼等:《再保险法》,杨帆译,法律出版社 2019 年版,第 103 ~104 页。

第二节　再保险合同下的违约责任和时效

再保险合同的违约责任在再保险合同中通常并没有独立成章，而是融入了具体的权利义务约定。国际统一私法协会（UNIDROIT）项目组撰写的《再保险合同法通则》（UNIDROIT Principles of Reinsurance Contract Law 2019）以《国际商事合同通则》（Principles of International Commercial Contracts）为蓝本，将再保险合同的违约救济分为缔约过失责任和违约责任。[①] 缔约过失责任是再保险分出人违反告知义务应当承担的责任，违约责任则主要包括再保险人和分出人因为预期违约和实际违约应当承担的责任。

本节将结合再保险实务，选取其中四种情形做介绍，这四种情形分别是：(1)再保险分出人违反法律规定的告知义务（属于先合同义务）；(2)再保险分出人违反再保险合同中约定的保证（Warranty）或再保险索赔前提条件条款；(3)再保险分出人的索赔构成欺诈；(4)再保险分出人拖欠再保险费，经催付后仍不支付，根据再保险合同的明确约定，再保险人有权拒绝支付再保险摊款。

一、再保险合同违约的四种常见情形

（一）再保险分出人违反告知义务

基于诚信原则，考虑到保险合同下存在的信息不对称、保险合同的射幸合同性质和节约交易成本的经济原则，《保险法》和《海商法》都规定了被保险人在保险合同成立前和成立当时对风险的如实陈述和说明义务，对再保险合同同样适用。各国的具体法律规定不同，而且同一国家的法律就不同的保险业务，所规定的告知义务也可能大相径庭。

---

① See H. Heiss, M. Schauer & M. Wandt, *The Principle of Reinsurance Contract Law*, 2019, UNIDROIT, 2019, para. 3.1, 3.2.

续保时被保险人同样负有告知义务。再保险合同可能是连续续约的，再保险分出人需要在每一个周年日重新履行告知义务。告知义务仅适用于再保险合同成立前，而诚信原则在再保险合同成立前、履行过程中及终止后，都一直适用。

如本书第四章第一节所述，我国《海商法》规定，在海上保险合同下，被保险人负有主动告知保险标的重要情况的义务（“无限告知”）[①]；而《保险法》规定的是所谓的“有限告知”，即被保险人只需要如实回答保险人询问的情况即可。[②]显然，《保险法》规定的告知义务比较轻。对于违反如实告知义务的法律后果，《保险法》第16条以投保人存在故意或重大过失为要件，规定投保人如果是因故意或者重大过失未履行如实告知义务，而且未告知足以影响保险人决定是否同意承保或者提高保险费率的，保险人有权解除合同，但须在自保险人知道有解除事由之日起30日内行使；保险人对解除合同前发生的保险事故，不负赔偿责任，而且有权不退还保险费。投保人轻微过失未履行告知义务不视为违反告知义务，保险人不得解除合同[③]。《海商法》第223条则有不同规定，仅区分了被保险人故意或非故意未告知：在故意情况下，保险人可以解除合同，不负赔偿责任；在非故意的情况下，保险人有权要求相应增加保险费或者解除合同。如果保险人选择解除合同，对于合同解除前发生保险事故造成的损失，保险人应负赔偿责任，除非未告知或错误告知的重要情况对保险事故的发生有影响。

传统再保险合同法理论接近英国《1906年海上保险法》（MIA1906）的做法，即违反告知义务将造成撤销合同，不承担赔偿责任，也不退还保费。值得注意的是，《再保险合同法通则》从理论角度修改了传统观点，第3.2条基本认可了英国《2015年保险法》（IA2015）关于违反告知义务的法律后果，[④]即根据分出人违反告知义务的主观情形来分别对待：

（1）如果再保险分出人违反告知义务属于欺诈，再保险人有权撤销再保险

---

① 参见汪鹏南：《海上保险合同法详论》（第4版），大连海事大学出版社2017年版，第54～58页。

② 参见李玉泉：《保险法》（第3版），法律出版社2019年版，第63～71页；李玉泉：《〈民法典〉与保险人的说明义务、〈民法典〉与投保人的如实告知义务》，载中国保险行业协会编著：《〈民法典〉颁布对保险业的影响》，中国金融出版社2021年版，第40～64页；大陆法系德国法的有关规定，可参见孙宏涛：《德国保险合同法》，中国法制出版社2012年版，第66～70页。

③ 参见李玉泉：《保险法》（第3版），法律出版社2019年版，第68页。

④ See H. Heiss, M. Schauer & M. Wandt, *The Principle of Reinsurance Contract Law*, 2019, UNIDROIT, 2019, p. 71.

合同,合同自始无效。

(2)如果再保险分出人违反告知义务,而且若不存在该违反告知义务的情况,再保险人将不会以任何条款订立再保险合同,则再保险人同样可以撤销再保险合同。

(3)如果再保险分出人违反告知义务,而且若不存在该违反告知义务的情况,再保险人会要求以不同的条款(除涉及保险费的条款外)订立,如果再保险人如此要求,则视合同是以上述不同的条款订立的。

(4)如果再保险分出人违反告知义务,而且若不存在该违反告知义务的情况,再保险人对于合同(无论除涉及保险费之外事项的条款变更与否)将会索要更高的保险费,则保险人可对索赔额按比例扣减(Reduce Proportionately)并要求分出人按更高的保费支付保险事故发生后剩余保险期间的保费(这点不同于英国《2015 年保险法》)。“按比例扣减”是指保险人仅需赔付按合同条款所规定的赔付责任的 × %,且 × 为实际缴付的保险费与(将会索要的)更高的保险费的百分比(新法附件 1 第 6 段)。

(5)无论上述哪种情形,再保险人都可以要求分出人赔偿对其造成的额外损失。

再保险合同中通常也有类似的约定,例如中国保险行业协会《比例合同范本》第 17 条约定:“本合同条件是基于再保险分出人在合同成立前提供给再保险接受人的信息。如果再保险分出人向再保险接受人提供了前者知道或应当知道的错误或不完整的信息,则对本合同作以下处理:如果再保险接受人获知真实信息后会拒绝提供再保险的,则本合同无效。如果再保险接受人获知真实信息后会以更不利于再保险分出人的条件提供再保险的,则应相应修改本合同并自始生效。本条是假设再保险接受人作为合理谨慎的再保险人,其在获知真实信息后可能会采取的行动,除非再保险分出人能够证明再保险接受人不会做出此决策。”

最后,需要说明,在英国法律中,《1906 年海上保险法》(MIA1906)也适用于非海上保险合同,《2015 年保险法》对《1906 年海上保险法》规定的被保险人的无限告知义务有比较大的修改,其整体修改效果使公平提示义务的履行更清晰,但并未实质性减轻被保险人的告知义务。①

（二）再保险分出人违反再保险合同中的保证或再保险索赔先决条件条款

保证和前提条件并非是我国民法或保险法中的概念。在我国，保证制度仅见于《海商法》，其借鉴英国《1906年海上保险法》（MIA1906），承认海上保险合同中明示的"保证"（Warranty）条款，是对告知义务的补充，要求被保险人严格遵守其作出的保证，否则保险人有权拒赔。②《保险法》并没有关于保险保证的法律规定。

关于前提条件或者先决条件（Condition）条款，基于合同自由原则，合同中的约定只要不违反法律的强制性规定，对双方当事人就有约束力，故再保险合同还可以约定再保险损失赔偿的前提条件条款。对此，合同双方必须特别留意具体约定的措辞，尤其是其在中国法下的解释和适用规则。

考虑到再保险合同的国际性，尤其是特殊风险的再保险合同约定适用英国法的可能性，有必要介绍英国法下违反保证或先决条件条款的法律后果。根据英国《1906年海上保险法》③和相关判例，保证条款被视为保险合同的条件和根基，被保险人必须严格遵守所有的保证，轻微的违反就可能导致保险人解除合同［Bank of Nova Scotia v. Hellenic Mutual War Risks Association（Bermuda）Ltd］。保证事项与重要性无关，与风险无关（Yorkshire Insurance v. Campell），而且除合同另有约定外，违反保证后就不能补救。为了应对英国法院对保证的严格审查，除了保险合同中的"明示保证"（Express Warranty）外［"默示保证"（Implied Warranty）仅见于海上保险，由MIA1906所规定］，保险人常在投保单（Proposal）中规定所谓的"合同基础"（Basis of Contract）条款，规定某些被保险人的"陈述"（Representation）是该保险合同的基础，一旦被保险人违反，保险人就有权解除合同。其法律后果与保证相同。这种保险人轻而易举就设定保证的做法，受到广泛批评，并在英国IA2015中进行了实质性修改。根据该保险法，投保（或合同变更）过程中的"称述"与"声明"都只属于公平提示义务的范畴，不能

---

① See O'Neill & Wolonieck, *The Law of Reinsurance in England and Bermuda*, 5th ed., Sweet & Maxwell, 2019, para. 6-006.

② 参见汪鹏南：《海上保险合同法详论》（第4版），大连海事大学出版社2017年版，第70~72页。

③ 《1906年海上保险法》的默示保证有四个，分别是船舶适航的默示保证，船舶停泊在港口时能够经受港内正常风险的默示保证，货物运输保险和合同中船舶合理适宜载运货物到达合同载明的目的港的默示保证，合法性的默示保证。

变为保证。如此一来,可以成立保证的方式就限于明示保证和仅见于海上保险中的默示保证,违反保证的后果也变为合同效力的“中止”(Suspension)。

再保险合同中的保证条款有如再保险分出人的自留额保证,在比例合同情况下,再保险人如果意图将其作为持续性保证,对条款的措辞的明确性要求就更高。①

与保证制度的修改不同的是,英国 IA2015 并未修改保险合同中“先决条件条款”(Condition Precedent),例如在被保险人不按时交保险费的情况下,保险人不承担保险赔偿责任的条款;在保险事故发生后被保险人不及时通知保险人的情况下,保险人不承担保险赔偿责任的条款等。保险合同的条件条款通常被认为具有三个特点:第一,保险条件是保险人履行承诺的前提;第二,保险条件所规定的是被保险人的义务;第三,构成保险条件的条款必须使用明确的语言表示被保险人不履行条件的后果。违反保险条件条款的法律后果一般取决于保险合同的具体约定。故保险合同的条件条款至关重要,虽然通常不会导致整个合同失效,但直接影响被保险人的权利救济。

(三)再保险分出人的索赔构成欺诈

再保险分出人的索赔构成欺诈有两种情况:一是原被保险人的欺诈性索赔,再保险分出人未发现;二是再保险分出人故意向再保险人提出欺诈性索赔。这两种情况必须区别对待。

理论上,在原被保险人欺诈的情况下,再保险分出人如果没有尽到合理审慎尽职的责任,再保险人有权拒赔。一个值得探讨的问题是如果被保险人并未欺诈,分出人未尽到合理审慎尽职的责任,导致其被法院或仲裁机构认定应当赔偿被保险人[典型的超越原保险合同责任(Extra contractual oligations)②],再保险人是否有权利拒赔?

在再保险分出人故意向再保险人提出欺诈性索赔的情况下,再保险人当然有权拒赔。这是《民法典》第 7 条、第 148 条等法律规定的要求。实务中,何以构

---

① 参见[英]科林·埃德尔曼等:《再保险法》,杨帆译,法律出版社 2019 年版,第 88 ~89 页、第 181 ~184 页。

② 超越原保险合同责任通常解释为,该保险责任不应当由保险人承担,但由于保险人(分出人)或其代理人的过失或未尽谨慎合理尽职责任,而最终由保险人赔偿的责任。该类型责任通常由法院判决或仲裁裁决认定。类似的概念还有超出保险限额责任(Excess of policy limits, XPL)。

成保险欺诈可能存在争议，显然需要根据合同约定和证据来依法综合认定。

（四）再保险分出人拖欠再保险费

按再保险合同约定支付再保险费是再保险分出人的主要合同义务。按中国保险行业协会《比例合同范本》第 33 条和《非比例合同范本》第 29 条的规定，再保险分出人拖欠保费的，再保险人有权解除合同。这一规定比较笼统，实务中，再保险人在行使此权利时通常十分谨慎。

再保险合同的账单条款，一般会约定损失与保费可以冲抵（轧差），在按约定冲抵前，不存在拖欠保费问题，也不存在拖欠再保险赔款问题（合同约定的现金摊赔除外）。

如果存在通过再保险经纪人或代理人转账的情况，可能由于中间环节的拖延造成不能及时收到付款；因此，建议收款方及时和反复催告，不要轻易行使解约权或拒绝履行本方义务，除非有明确证据证明再保险分出人拒绝或无能力按期支付保险费，构成《民法典》第 578 条规定的预期违约。

根据《民法典》第 564 条和第 565 条的规定，解约权应依照合同约定的期限行使，没有约定期限的，应在解除事由发生后 1 年内或违约方催告后的合理期限内行使；如果合同解除权能够成立，解约通知送达违约方的时间、催告履行通知中说明的合同自动终止时间，或解约诉求被法院或仲裁庭支持并在判决或裁决中确认的解约时间，是合同解除的时间。

再保险人收到再保险分出人迟延支付的保费，未在合理时间内明确拒绝并退回的，可能构成放弃解约权。

二、诉讼或仲裁时效

对再保险合同的违约责任争议而言，由于《保险法》优先于《民法典》适用，再保险合同争议的诉讼或仲裁时效期间应优先适用《保险法》及其司法解释；对海上保险业务的再保险合同，《海商法》还优先于《保险法》。《海商法》及《保险法》无特殊规定的，适用《民法典》的规定。

根据《民法典》第一编总则第九章诉讼时效各条的规定，我国法律对诉讼时效实行法定主义，即当事人不能通过协议直接变更诉讼时效期间、起算点，令其中断或中止；当事人对诉讼时效利益的预先放弃也无效（见《民法典》第 197

条)。法律对仲裁时效没有规定的,适用诉讼时效规定(见《民法典》第198条)。诉讼时效利益是当事人的一种抗辩权,人民法院不得主动适用诉讼时效规定(见《民法典》第193条)。

根据《保险法》第26条的规定,非人寿保险合同争议的诉讼或仲裁时效是2年,人寿保险的被保险人或受益人请求保险给付的诉讼或仲裁时效是5年,都是自被保险人或受益人知道或应该知道保险事故发生之日起计算。但根据《最高人民法院关于适用〈中华人民共和国保险法〉若干问题的解释(四)》第18条的规定,商业责任保险的诉讼时效自被保险人对第三者应付的赔偿责任确定之日起计算。《民法典》规定的普通诉讼时效期间是3年,不适用于保险合同或再保险合同争议。

对于海上保险业务的再保险合同而言,还应该注意《海商法》规定的诉讼时效中断,除了违约方同意履行义务外,只能通过开始起诉、诉讼保全或仲裁程序中断,不能通过债权人发出索赔通知中断。

值得探讨的问题是,再保险合同的法律性质如果属于责任保险,那么再保险合同纠纷的诉讼时效起算点就不是保险事故发生时,而是再保险分出人对原被保险人的保险责任确定之日。这种时效起算方法合理实用,对比例合同和普通非比例合同(超额分保)都适宜,也受到英国普通法认可,虽然普通法的观点不认为再保险合同总是一种责任保险。① 从理论上说,再保险分出人对原被保险人的保险责任确定之日是指,再保险分出人与原被保险人达成和解、判决或仲裁裁决生效之日,而不是再保险分出人实际赔偿原被保险人的时间,也不是原被保险人遭受损失的时间或第三者向原被保险人提出索赔的时间。但是,实务中至少有三个例外:

第一个例外是对于一定期间(如1年)的累积超赔再保险合同(Aggregate excess of loss)或赔付率超赔再保险合同(Stop loss),在理赔金额最终确定前,很难确定哪个损失触发了起赔点,无法按一次损失的责任确定时间来起算诉讼时效,只能根据具体情况延后开始起算诉讼时效。

第二个例外是在我国,对于《保险法》规定的商业保险公司,当其作为责任保险人时,如果保险责任已经确定,但被保险人怠于向其责任保险人索赔,第三

① 参见[英]科林·埃德尔曼等:《再保险法》,杨帆译,法律出版社2019年版,第188~191页。

者有权直接起诉责任保险人。如果第三者直接起诉再保险分出人，再保险分出人应及时通知再保险人，再保险合同的诉讼时效也应从再保险分出人确定对第三者的责任时起算。

第三个例外是在远洋船舶保障和赔偿责任保险中，通常有“会员先付”（Pay to be paid）的规定，适用于人身伤亡责任之外的其他船东（或租家）对第三者的责任。英国普通法认为，在这种情况下，作为再保险分出人的船东互保协会，只有在其被保险人（会员）向第三者实际支付赔偿后，才可能发生损失，故再保险合同的诉讼时效的起算点只能在原被保险人实际赔偿第三者之后。[①]

此外，实务中还会出现再保险分出人提交账单的时间晚于原保险责任确定的时间，我国法律不容许当事人约定诉讼时效，时效期间只有 2 年，但好在除了海上保险业务外，《民法典》规定债权人提出索赔即可中断诉讼时效。

① 参见［英］科林・埃德尔曼等：《再保险法》，杨帆译，法律出版社 2019 年版，第 124 ~126 页。

第六章

再保险合同的管辖与法律适用

第一节　再保险合同的管辖

一、围绕管辖争议的三个法律焦点

我国保险法著作一般不讨论程序性法律问题，本书设本章主要是考虑到再保险合同可能的涉外性质和解决国际管辖权冲突的重要性。

围绕再保险合同管辖权主要有三个争议法律焦点：(1)合同当事人之间管辖协议(包括仲裁协议)的法律效力；(2)没有管辖协议情况下管辖权的确定；(3)对国际管辖权冲突的应对。

我国《民事诉讼法》和《仲裁法》针对前两个焦点问题作出了比较明确的规定。

(一)合同当事人之间管辖协议(包括仲裁协议)的法律效力

《民事诉讼法》第35条规定合同当事人可以在合同中和争议发生后书面协议选择我国法院作为管辖法院，只要该选择地点与本案争议有实际联系(包括被告住所地、原告住所地、合同履行地、合同签订地、标的物所在地等)，而且不违反该法对级别管辖和专属管辖(如海事、金融、不动产、港口纠纷、遗产继承)的规定。《民事诉讼法》没有区别合同中的管辖条款与争议发生后双方达成的管辖协议，而且任何有效的协议管辖都具有更高的法律效力，并不只是增加了一项管辖地。

《仲裁法》第5条明确规定当事人之间有仲裁协议的，法院不予受理。据此，仲裁协议是排他的。

对于涉外合同纠纷，根据《民事诉讼法》第288条的规定，当事人可以约定国内仲裁机构仲裁(包括临时仲裁)，也可以约定国外仲裁(包括临时仲裁)；有此种仲裁协议的，当事人不得向我国法院起诉。受案人民法院对涉外仲裁协议的否定，需要报最高人民法院审核，体现了我国对仲裁制度的重视。

在再保险合同的争议解决条款中最常见的是仲裁条款[①]。中国保险行业协会《比例合同范本》第 38 条和《非比例合同范本》第 35 条规定了相同的仲裁条款：相关争议应提交中国国际经济贸易仲裁委员会（CIETAC），按其现行规则仲裁，仲裁语言为中文，仲裁裁决是终局的，仲裁地点由双方在再保险合同摘要表中约定，但对三人仲裁庭的仲裁员的资格，除协议另有约定外，要求是从事再保险业务或再保险咨询业务 10 年以上的专业人员，如果在册仲裁员不够当事人指定，可以在名册外指定。

我国法院呈现积极支持仲裁的趋势。在四川代雅澜贸易有限公司与香港纽维电子有限公司等国际货物买卖合同纠纷案中，合同约定将争议提交并不存在的仲裁机构"HONG KONG ARBITRATION COMMISSION"仲裁，根据我国《仲裁法》，该仲裁条款因仲裁机构不存在而无效，但根据中国香港特区的法律规定，仲裁机构可以推定为"HONG KONG INTERNATIONAL ARBITRATION CENTRE"，北京市第四中级人民法院根据《涉外民事关系法律适用法》第 18 条的规定，判决在选择确认涉外仲裁协议效力适用的法律时，当事人没有选择适用的法律，适用仲裁机构所在地的法律与适用仲裁地的法律对仲裁协议的效力认定不同的，人民法院应当适用确认仲裁协议有效的法律，故该案仲裁条款有效。这一下级法院的判决改变了此前最高人民法院对有缺陷的涉外仲裁协议的态度，值得关注。

（二）没有管辖协议情况下管辖权的确定

在没有法院管辖协议或仲裁条款的情况下，《民事诉讼法》第 22 条规定了由被告住所地管辖的一般法律原则；对于保险合同纠纷，除了被告住所地外，《民事诉讼法》第 25 条还补充规定了由保险标的物所在地管辖。此外，根据《民事诉讼法》第 130 条，被告在该法规定的期限内没有提出管辖异议，并且对该案实体问题作出应诉答辩的，视为该被告接受我国法院的管辖。

对于涉外合同纠纷，对在我国境内没有住所地的被告，《民事诉讼法》第 272 条适当扩充了我国法院的司法管辖权基础：如果合同履行地、诉讼标的物所在地、被告财产扣押地、被告代表机构所在地之一在我国境内，我国法院对该案也

---

① 再保险合同作为典型的商事主体间签订的合同，多数约定了明确的仲裁条款，全球主流再保险市场（如英国、美国、德国、瑞士、日本等）也都认可仲裁条款为合同争议的管辖方式，少数案件会在法院审理。这些案件大多集中在英国和美国法院，这也是本书写作中主要参考英国案例和美国案例的原因。

有司法管辖权。

（三）对国际管辖权冲突的应对

对于国际管辖权冲突，我国司法实践也在探索适用“不方便法庭原则”（Forum non-convenience）。平行诉讼和对禁诉令的反制也开始在我国司法实践中适用。

国外再保险市场主要在欧盟成员国、英国和美国，故我们有必要了解这些国家对再保险合同争议的管辖权规定，如美国的长臂管辖、英国的送达即可管辖原则和禁诉令、欧盟对非成员国的管辖权规则等，以及如何应对国际管辖权冲突。详见本节第三部分的讨论。

二、争议处理条款的法律性质：法律效力、独立性与约束力

合同中的争议处理条款，包括仲裁条款、诉讼管辖条款或调解条款等。如果该条款有效，就应该优先适用。

（一）法律效力

对诉讼管辖协议的效力审查，我国法院适用诉讼地法（Lexi fori）。根据《民事诉讼法》，我国法院的级别管辖和专属管辖是法定的，当事人无权协议变更。除了海事法院体系之外，我国已建立一批金融法院，如上海金融法院、北京金融法院。再保险合同争议属于金融法院的专属管辖范围，但海上保险业务的再保险争议也属于海事法院的专属管辖范围，先受理起诉的法院有管辖权。

此外，协议管辖地必须与案件争议有实际联系，例如可以约定由被告住所地、原告住所地、合同履行地、合同签订地或标的物所在地等地的人民法院管辖。

对于我国当事人之间没有涉外因素的再保险合同争议，如果约定由我国境外（包括我国港澳台地区）的法院管辖或境外仲裁机构仲裁，我国法院通常不会确认其法律效力①。

关于仲裁条款的准据法，因为仲裁条款的独立性，故不当然与合同的准据法

---

① 可参考《最高人民法院关于北京朝来新生体育休闲有限公司申请承认大韩商事仲裁院作出的第12113－0011号、第12112－0012号仲裁裁决案件请示的复函》，“我国法律未授权当事人将不具有涉外因素的争议交由境外仲裁机构或者在我国境外临时仲裁，故本案当事人约定将争议提交大韩商事仲裁院仲裁的条款属无效协议”。

相同。《最高人民法院关于适用〈中华人民共和国仲裁法〉若干问题的解释》第16条规定："对涉外仲裁协议的效力审查，适用当事人约定的法律；当事人没有约定适用的法律但约定了仲裁地的，适用仲裁地法律；没有约定适用的法律也没有约定仲裁地或者仲裁地约定不明的，适用法院地法律。"

（二）独立性

《民法典》第507条规定："合同不生效、无效、被撤销或者终止的，不影响合同中有关解决争议方法的条款的效力。"此即对合同中争议解决条款独立性的明确规定。

此前，《仲裁法》第19条和《最高人民法院关于适用〈中华人民共和国仲裁法〉若干问题的解释》第10条，对合同中约定的及合同订立后双方当事人之间达成的有效仲裁条款的独立性，已有类似的明确规定。仲裁协议的准据法可以不同于合同的准据法。

同任何合同一样，再保险合同中的争议解决条款（法院管辖条款或仲裁条款）也是独立于合同的，即使合同无效、已解除或终止，合同中的争议解决条款也仍然有效，并约束合同当事人。

中国保险行业协会《比例合同范本》第38条和《非比例合同范本》第35条规定了相同的仲裁条款，都明确仲裁条款独立于再保险合同。

（三）第三者参加仲裁与诉讼程序的英国法案例

争议处理条款也受合同相对性原则（Privity to contract）的约束，只有在极少数例外情况下，第三方才可以依据合同中的争议处理条款参加诉讼或仲裁。

根据英国法，一方当事人，即便不是仲裁协议的签署方，仍有可能受到仲裁协议的约束。这一规定隐含于英国《1996年仲裁法》第82（2）条的规定之中，即"本部分法条中对于仲裁协议的一方的引述，包括根据协议一方或通过协议一方提出索赔的任何人。"

非仲裁协议签署方的第三方受仲裁协议约束的情况是有限的，主要包括以下几类：

1. 将合同权利或诉因转让（Assignment）或转移（Transfer）给第三方。如果合同权利或诉因最初受仲裁协议的约束，那么它也可能对第三方具有约束力（参见" The Jay Bola "［1997］EWCA Civ 1420 ）。

2. 代位求偿权（Subrogation）。代位的保险人可能受适用于代位权利或索赔的仲裁协议的约束[参见 Starlight Shipping Co. and another v. Tai Ping Insurance Co., Ltd, Hubei Branch and another (2007) EWHC 1893 (Comm)]。

3. 合同方更替(Novation)。被更替人(Novatee)可能会受到更替人(Novator)与其对应方之间的合同中包含的仲裁协议的约束[参见 Charles M. Willie (Shipping) Co., Ltd v. Ocean Laser Shipping Ltd (The Smaro) (1998) EWHC 1206 (Comm)]。

4. 法律规定。英国《1930 年第三方(针对保险公司的权利)法》和《1999 年合同(第三方权利)法》赋予第三方援引某些合同条款的权利。反之,第三方也可能会受到这些合同中包含的仲裁协议的约束[参见 Nisshin Shipping Co., Ltd v. Cleaves & Co., Ltd (2003) EWHC 2602 (Comm)]。

当适用英国法时,还有以下两点需要注意:

首先,当非仲裁协议签署方想要加入一个已经开始进行的仲裁程序时,会有形式上的要求。例如,如果被转让人(Assignee)希望加入某一正在进行的仲裁并以转让人(Assignor)的名义提起仲裁,则应在自转让之日起的合理时间内向其他当事人和仲裁庭发出书面通知。若未能做到这一点,则法院可能裁定仲裁协议不再有效[参见 NBP Development Ltd & ors v. Buildko and Sons Ltd (1992) 8 Const LJ 377]。

其次,"集团公司原则"(Group company doctrine)在英国法下并不适用,尽管它在大陆法系的司法管辖区,特别是在法国,已经确立[参见 Peterson Farms Inc. v. C. & M. Farming Ltd (2004) EWHC 121 (Comm)]。在"集团公司原则"下,与签约方在同一集团公司内的非签约公司在特定情况下也会受签约方签订的仲裁协议的约束。

第三方加入诉讼这一问题受英国《民事诉讼规则》(CPR)第 19.2 条和第 19.4 条的约束。简言之,在送达索赔申请表(claim form)后,现有当事人或希望成为当事人的第三方必须向法院提交申请,以寻求其允许移除、增加或替代某一诉讼当事人的裁定[参见 CPR 19.4(1) 和 19.4(2)]。

CPR 第 19.2 条规定了批准此类申请的情况,其范围相对较广泛。例如,CPR 第 19.2(2)(b)条规定:"如果[……]存在与诉讼中争议事项有关的,涉及新当事人和现有当事人的问题,法院可以命令将某人添加为新当事人,并且希望其被添加为新当事人方,以便法院能够解决该问题。"

英国法院享有很大的自由裁量权，并在公开的案件中对 CPR 第 19.2 条作出了宽泛解释。这使预测法院将对某一相关纠纷作出何种裁决变得困难。

Waller 法官在 Davies and others v. Department of Trade & Industry (2007) WLR 3232 案中试图解释法院采取宽泛解释的合理性，他指出“CPR 第 19.2 条似乎给予了法院非常宽泛的权力，使可能受到诉讼结果影响的当事人都能够加入诉讼程序中”①。

三、国际管辖权冲突

（一）欧盟管辖权规则

欧盟司法管辖权法律是《欧盟 2001 年第 44 号规则》，约束欧盟各成员国，对外由欧盟委员会统一发声。

与我国《民事诉讼法》的有关规定相比，欧盟管辖权规则的主要规定和法律原则是相同的，只是更细致，而且规定不适用于仲裁，并对保险合同等的管辖协议有限制规定。

根据《欧盟 2001 年第 44 号规则》第 8 条至第 13 条的规定，保险人作为原告时，只能在被告住所地法院起诉，但可以在同一案件中对被保险人、保险受益人提起的本诉中提起反诉。当被保险人、保险受益人作为原告时，也可以在原告住所地起诉保险人；对于不动产保险或者责任保险争议，被保险人、保险受益人还可以选择在侵权行为地起诉保险人。

保险争议的协议管辖只有在以下情形下才有效：

（1）管辖协议是在争议发生后才订立的；

（2）管辖协议不是排他的，允许被保险人、保险受益人在其他有管辖权的法院起诉；

（3）双方在同一欧盟成员国有住所，而且管辖权协议约定此成员国有管辖权。

由于《欧盟 2001 年第 44 号规则》不适用于仲裁，所以保险合同或再保险合

① Catherine Wang，LMAA Bulletin，April 2022；Clyde & Co.，London office，www.clydeco.com.

同中的仲裁条款的效力并不受上述规定的限制。[①]

(二)英国法院禁诉令

目前英国法院作出禁诉令的权力是基于英国《1981 年最高法院法》(The Supreme Court Act 1981)的规定,该法第 37 条第 1 项规定:

"高等法院可以命令方式(无论是中间的还是最后的)在所有法院认为这样做是公平和方便的案件中作出禁令或指定接收人。"[The High Court may by order (whether interlocutory or final) grant an injunction or appoint a receiver in all cases in which it appears to the court to be just and convenient to do so.]

英国《1996 年仲裁法》也明确规定英国法院为协助仲裁同样有作出禁诉令的权力,该法第 44 条"法院为协助仲裁可行使的权力"(Court powers exercisable in support of arbitral proceedings)规定:

"(1)除非当事人另有不同约定,为了仲裁目的法院在与仲裁有关事项具有同样的权力作出以下命令。包括……(e)作出中间禁令……"["(1) Unless otherwise agreed by the parties, the court has for the purposes of and in relation to arbitral proceedings the same power of making orders, Those matters are... (e) the granting of an interim injunction..."]

禁诉令直接针对已经或将要在英国以外的他国法院提起诉讼的权利人,禁止权利人在他国法院开始或继续诉讼。违反禁诉令将被视为藐视英国法庭,违反者将面临严重惩罚,包括被监禁或在英国的财产被扣押等,而且英国法院会拒绝承认和执行外国法院的判决。

国际商贸合约中涉及伦敦仲裁条款很普遍,英国法院对仲裁条款效力的解释也很宽松,禁诉令对维护英国伦敦国际商事仲裁中心的地位发挥了重要作用,伦敦国际商事仲裁为英国律师业和仲裁业带来巨大的经济收入。

2022 年 6 月 28 日,英格兰和威尔士高等法院就 UK P. & I. Club NV & Anor v. RepublicaBolivariana De Venezuela (2022) EWHC 1655 (Comm)案作出判决。该判决的要旨是:委内瑞拉通过在其国内诉讼程序中主张保赔保险合同下的条款,采纳了保险合同,包括其中在伦敦进行仲裁的条款;根据 1978 年英国

---

① 参见[英]克利夫·M. 施米托夫等:《施米托夫论出口贸易:国际贸易法律与实务》(第 11 版)(上册),中国人民大学出版社 2014 年版,第 428 ~439 页。

《主权豁免法》第9条的仲裁例外，委内瑞拉在英国法院不享有管辖豁免权；但鉴于委内瑞拉享有《主权豁免法》下的执行豁免权，本案原告英国联合王国船东互保协会无权就委内瑞拉在外国法院的诉讼程序请求英国法院发布永久禁诉令。简言之，英国法院不得对主权国家实施禁诉令。

虽然禁诉令表面上只针对外国私人，而非外国法院，但是实质上干涉了外国法院的司法管辖权，违背"司法礼让"的国际原则，是一种不合理的方式。欧盟法院已通过判例全面否定了英国脱欧前英国法院禁诉令在欧盟的效力（参见Allianz SpA & Generali Assicurazioni Generali SpA v. West Tankers Inc & Case C－185/07, The Front Comor－2009.2.10）。

欧盟法院判决的主要理由如下：

（1）关于一项争议是否在《布鲁塞尔公约》的适用范围内，应根据诉讼所要保护的实体权利的性质确定。因此，禁诉令法律程序并不在规则的适用范围内，但是，即使该规则适用之外的法院程序也可能会损害该规则的效力和目的（统一民商事管辖权冲突规则和方便判决的承认和执行），也就是说，这些法院程序妨碍其他欧盟成员国根据该规则赋予的权力行使管辖权。

（2）Allianz and Generali 提起的是侵权之诉，根据《布鲁塞尔公约》第5（3）条，意大利法院作为损害发生地法院对该民商事争议具有管辖权，与之相关的仲裁协议是否适用或者有效的附属/预审事项也在该规则的适用范围之内，应由第一个受理案件的意大利法院来审查决定是否让渡管辖权。

（3）英国禁诉令阻止和剥夺了意大利法院行使《布鲁塞尔公约》赋予的自主决定管辖权的权力，一国法院并没有决定早先受理案件的他国法院是否具有管辖权的优越地位。

（4）禁诉令损害了成员国之间应相互尊重法律制度和司法体系的司法互信，而相互信任正是制定《布鲁塞尔公约》统一管辖权制度的基础。

（5）禁诉令使一方当事人仅凭诉称的仲裁协议和向一国的申请就可阻止和剥夺认为仲裁协议不适用的另一方当事人根据《布鲁塞尔公约》第5（3）条的规定寻求法院救济的权利。

（6）禁诉令与《布鲁塞尔公约》不相容。根据《纽约公约》第2（3）条的规定，受理诉讼的法院有权决定仲裁协议是否适用及是否指令仲裁，诉称仲裁地的仲裁庭和仲裁地法院并没有决定仲裁协议是否适用的绝对权力，因此，禁诉令与

《布鲁塞尔公约》不相容这一结论也可得到《纽约公约》的支持。

在上述案例之前，欧盟法院通过两个判例 Case C－116/02 Gasser（2003）ECR I－14693 和 Case C－159/02 Turner（2004）ECR i－3565 明确了，即使合约有一条排他管辖权条款（Exclusive jurisdiction clause），还是应该由第一个取得该案件管辖权的欧盟一成员国法院（First seized court）决定是否中止诉讼，并让出管辖权给其他欧盟成员国法院，而第二个取得管辖权的法院必须中止诉讼程序的推进并等待第一个取得管辖权的法院的决定，即“第一个取得管辖权的法院决定管辖权”（First seized rule），以避免多个国家对同一实体争议先后作出不同判决。

但是，由于《布鲁塞尔公约》第1(2)d 条规定了“仲裁除外”，英国法院认为针对仲裁协议而作出的禁诉令并不违反《布鲁塞尔公约》。由于“仲裁除外”含义模糊，只能从制定该条款的背景和目的来作出合理解释。制定“仲裁除外”的背景是欧盟成员国都是《纽约公约》的成员国，为了不与《纽约公约》相抵触，才将“仲裁”排除在《布鲁塞尔公约》的适用范围之外，因而对“仲裁除外”这一限制性规定不能作出超出其制定意图的扩大化解释。

以英国为代表的英美法系国家认为，仲裁条款具有独立性，独立于主合同存在，因此与仲裁协议有关的所有争议，包括认定仲裁协议效力、法院指定仲裁员、协助仲裁等所有诉讼程序，都不在《布鲁塞尔公约》的适用范围内，而且只有仲裁庭和仲裁地法院才有权审查仲裁协议效力。以法国为代表的大陆法系国家则认为，如果实体争议在《布鲁塞尔公约》的适用范围内，那么“第一个取得管辖权的法院决定管辖权”规则适用，与实体争议有关的附带程序性问题，如仲裁条款是否存在及其范围，就应当由第一个取得案件实体管辖权的法院来决定。大陆法系的观点更符合统一国际私法的宗旨，欧盟法院采纳了大陆法系的观点。

实际上，虽然合同中约定仲裁地和仲裁适用法律，但是在很多情况下当事人到法院起诉并抗拒仲裁协议的存在和效力，因此也很难说当事人有通过仲裁解决争议的真实意图，因而仲裁庭和仲裁地法院并不具有审查仲裁条款的绝对权力。审查仲裁条款与审查其他法院管辖权一样，都应当由第一取得管辖权的法院来决定。《纽约公约》并没有规定只有仲裁庭和仲裁地法院有权审查仲裁协议，相反《纽约公约》第2.3 条规定，“如果当事人之间有书面仲裁协议，受理实体争议的法院必须应一方当事人申请命令当事人将争议提交仲裁，除非法院认定仲裁协议无效、失效或不能实行”。该条支持了受理实体争议的法院有权审查仲裁协议效力的观点。

英国法院禁诉令制度的主要目的是保护英国的国际仲裁服务业,保障由国际仲裁服务给英国带来的巨大经济收入,但经济利益并不能作为违反《布鲁塞尔公约》的合法理由。禁诉令损害了国与国之间的“司法互信”,妨碍国际民商事私法冲突规则的统一。允许禁诉令就意味着一方当事人仅凭一个仲裁条款和向另一国法院的申请就可逃避司法诉讼。一国法院本来就没有权利决定他国法院是否具有管辖权,一国法院对他国法院诉讼作出禁诉令,他国法院会根据对等原则也同样作出禁诉令,并且很可能会施加更加苛刻的惩罚,而且还可能导致不承认和执行作出禁诉令的国家的仲裁裁决这样的恶性循环。因此,作出禁诉令是一种非常不合理的做法。

英国禁诉令在欧盟不被承认也带来了新问题,使非欧盟国家在涉及欧盟国家的民商事争议的管辖问题上更加不确定,国际商贸当事人之间经常约定的英国法院或伦敦国际仲裁院的排他管辖协议(Exclusive jurisdiction clause)的作用明显降低;因为英国法院无权作出禁诉令禁止在其他欧盟法院继续诉讼,迫使依赖排他管辖协议的当事人只能信赖非协议管辖地的欧盟法院中止诉讼让渡管辖权,如果第一受理法院不中止诉讼,就可能被迫参加法院诉讼;如果第一受理法院中止诉讼,也可能存在已经经过仲裁时效的风险。另外,《布鲁塞尔公约》虽然阻止禁诉令,但是无法阻止信赖仲裁协议的当事人开始或继续仲裁,还是会出现矛盾的仲裁裁决和法院判决,在欧盟成员国之间的管辖权问题并没有得到完全解决。

但是,英国脱欧后,英国法院是否还会对已经在欧盟国家法院先行起诉的当事人签发禁诉令,以及欧盟法院的态度,还尚待更多案件观察。

(三)我国当事人对英国法院禁诉令的对策

我国从事外贸进出口和国际航运的企业经常在有关合同中约定适用英国法和伦敦仲裁,很多情况下国内企业在合同谈判上处于弱势,只是盲目地跟从国际习惯,或者是被迫接受外方的格式条款,实际上并不了解英国法和伦敦仲裁,根本不知晓通过英国伦敦仲裁机构解决争议的真实意图。这种情况的后果却给我国当事人造成很大的麻烦,即使案件事实对我国索赔人有利,我国索赔人通过国内法院财产保全取得了外方提供的担保,但由于惧怕英国法院的禁诉令威胁,也不得不被外方牵着鼻子走，被迫通过伦敦仲裁和英国法院上诉程序解决争议。众所周知，英国仲裁和诉讼的法律费用昂贵，程序复杂，在很多情况下最终结果是我方当事人被迫放弃索赔或接受不合理的和解条件，原本一个占有优势的案子也不能得到预期的满意结果。事实上，我国合同法和海商法吸收和借鉴其他国家的先进经验，符合国际惯例，通过我国法律和法院诉讼完全可以得到公正的审判，其他国家也没有合理理由怀疑我国不遵守《纽约公约》，或者在我国法院诉讼得不到公正审判。因此，我国法院拒绝承认国外法院禁诉令完全合法而且合理。

英国脱欧前，欧盟法作为英国法一部分，具有优先适用效力，虽然英国法院禁诉令在欧盟内是无效的，但是英国法院仍可以对欧盟以外的国家的法院诉讼颁发禁诉令。因此，我国当事人仍会面临英国法院禁诉令的威胁。针对禁诉令，我国当事人得以不存在有效仲裁协议为由，向英国高等法院商事法庭申请撤销禁诉令，商事法庭将根据合同的准据法来审查合同中是否存在仲裁协议。但是，由于英国法律对仲裁协议解释非常宽松，否定仲裁协议进而撤销禁诉令实际上非常困难。

对索赔人在我国法院开始的诉讼程序，若国外当事人以存在有效仲裁协议为由提出管辖权异议，则建议我国当事人积极推动我国法院及时对管辖权争议作出裁决，以尽早确定是否放弃法院管辖，以免耽误仲裁时效。

实践中，凡起诉到人民法院的涉外经济和海事、海商纠纷案件，一有被告以仲裁协议为由提出管辖权异议，即使最高人民法院已对同类型案件作出过多次明确批复此类仲裁协议无效，一审法院也必须依据 1995 年 8 月 28 日法发〔1995〕18 号《最高人民法院关于人民法院处理与涉外仲裁及外国仲裁事项有关问题的通知》第 1 条的规定报请辖区高级人民法院审查（实践中都是审判委员会讨论决定），高级人民法院在经过审判委员会研究同意一审法院意见后，还必须报请最高人民法院答复。高级人民法院收到最高人民法院答复后，还需审判委员会讨论一次，再答复给一审法院，一审法院才可以作出管辖权异议的一审裁定。被告还可以在收到一审裁定后在法定期间即 15 日内（外国被告 30 日）提起上诉，虽然二审法院一般肯定会依据最高人民法院的答复作出维持一审裁定的终审裁定。

上述“通知”规定的上报制度保障了涉外仲裁协议问题能够得到统一和正

确解决，但是逐渐暴露出以下弊端，建议尽快加以改进：

（1）没有明确法院审查期限，文书在途呈递时间长，一审法院→高级法院→最高法院→高级法院→一审法院。建议法律应明确审查期限，简化文书请求程序，尤其是在最高人民法院作出答复后，应尽快传递到一审法院。

（2）相同问题重复批复，如提单并入租约仲裁条款问题，最高人民法院已作出多个批复，审查标准已经非常明确，但是根据该“通知”要求，一审海事法院还必须逐级上报，走完程序，白白浪费了许多时间和诉讼资源。建议对于已作出答复的问题，应及时作出正式司法解释，避免重复上报。

（3）经过上报请示答复后的管辖权裁定仍允许管辖权异议申请人无条件上诉，继续争辩已经定局的仲裁协议效力问题，很不合理，导致无谓浪费时间和资源，拖延诉讼。建议对于最高人民法院已作批复的案件，不再允许异议人以同一理由再上诉，英国法院的“上诉核准”（Leave to appeal）制度值得借鉴。

（4）上报制度时间长，导致原告很容易丧失时效保护。一旦最高人民法院向高级人民法院作出确认仲裁协议效力的答复（一般最高人民法院不直接将答复告知原告），原告在收到一审法院驳回起诉或不予受理的裁定后，由于时间长，有可能经过仲裁时效，例如提单纠纷只有 1 年索赔时效，还可能约定更短的仲裁时效，而英国法律是允许的。一旦时效已过，即使在国内成功保全到外国被告的财产或已取得担保，也无济于事。①

（四）我国反禁诉令司法实践的发展

2020 年 8 月 28 日，最高人民法院在华为技术有限公司对康文森无线许可有限公司提出的保全申请一案中，作出了民事裁定，2020 年 9 月 11 日又作出复议裁定②，被中外媒体热议为中国法院作出的第一例禁诉令，随后欧盟向世界贸易组织提出磋商请求，美国、日本和加拿大三国申请作为当事人参加磋商。可见，在国际平行诉讼中，禁诉令对各国司法管辖权的影响之大。有评论者评述最高人民法院在上述裁定中，秉承了谦益与谨慎原则来公平处理国际管辖权冲突。

我国进口货物的货损追偿也存在货方要求在我国海事法院诉讼与承运人要求在英国伦敦海事仲裁员协会（LMAA）之间的严重管辖权冲突。2017 年，武汉

---

① 参见杨良宜：《论英国法院的止诉禁令》，载《中国海商法年刊》2009 年第 3 期。

② 最高人民法院民事裁定书，（2019）最高法知民终 732、733、734 号之一。

海事法院在某财产保险有限公司深圳分公司、克利伯租船公司船舶租用合同纠纷案[(2017)鄂72行保3号]中,就对英国法院的禁诉令进行了直接反制;其后最高人民法院公布的2022年典型海事案例某财产保险股份有限公司湖南省分公司与沃巴海运有限公司海上货物运输合同纠纷案[(2020)粤72民初675号],广州海事法院以我国海事法院作出的管辖裁定生效在先,向英国法院提出的禁诉令申请在后为由,根据《海事诉讼特别程序法》关于海事强制令的规定,责令承运人撤回在英国法院的禁诉令申请。有学者评述该判例对涉外海运纠纷存在平行诉讼的情况下如何解决禁诉令问题提供了一条新路径[①]。

① 中国法院报:《2022年全国海事审判典型案例》,载中国法院网2023年6月30日,https://www.chinacourt.org/article/detail/2023/06/id/7374664.shtml。

第二节　再保险合同的法律适用

中国保险行业协会《比例合同范本》第 37 条和《非比例合同范本》第 34 条同样规定再保险协议的准据法规定在摘要表中，并未统一规定应适用中华人民共和国法律。

我国《涉外民事关系法律适用法》是我国法院和仲裁机构审理法律冲突纠纷的法律依据。在主要法律原则方面，我国的法律规定与欧盟成员国遵循的《罗马公约》基本一致。

有涉外因素的再保险合同[①]应该明确规定该合同应适用的准据法（实体法），否则受理案件的法院或仲裁庭需要考察该案的多种具体情况和因素，法官或仲裁员推断当事人的意图（普通法案例中的所谓默示法律选择），或适用"最密切联系原则"来客观判定应该适用的准据法。这样无疑都存在很大的不确定性。

对于再保险合同的准据法而言，另一个特别的问题是再保险合同的准据法与原保险合同的准据法之间的关系，以及当二者明确不一致时，对再保险理赔的影响。这个问题将在本书第七章通过案例来进一步说明。

一、法律选择条款

根据我国《涉外民事关系法律适用法》，当事人依照法律规定可以明示选择涉外民事法律关系适用的法律，但不得违反我国法律对法律适用的强制性法律规定（如在我国设立的中外合资经营合同强制适用我国法律），并不得损害我国的社会公共利益。[②]

---

① 再保险合同的涉外因素，包括当事人的注册地、当事人的居所地、合同签订地、合同主要义务履行地、再保险合同标的所在地等有一项或几项不在我国境内（我国港澳台地区除外）。

② 《涉外民事关系法律适用法》第 3 条、第 4 条和第 5 条。

对非涉外民事法律关系,当事人无权选择适用的法律。

法律选择必须是明示的。我国司法实践与普通法不同,也不认可默示法律选择。明示可以是在合同中约定,也可以是在争议产生后达成一致,包括在法院或仲裁庭审理过程中达成一致。

明示需要明确指向某一国家或区域的实体法律;如果约定为两个或两个以上的国家或区域的法律,即所谓"浮动法律选择",应视为当事人没有明示选择。

在当事人没有有效选择合同适用的法律的情况下,适用最能体现该合同特征的一方当事人经常居所地法律或者其他与该合同有最密切联系的法律。①

对于涉外保险合同和再保险合同的法律适用,我国法律没有特殊规定。当事人应当明确选择。

我国法院或仲裁庭对涉外再保险合同的定性,适用我国法律。②

二、普通法下的默示法律选择

如果当事人没有明示选择合同适用的法律,在普通法司法实践中,在适用最密切联系原则来找到合同的准据法之前,法院或仲裁庭需要考察当事人是否已经默示选择了合同适用的法律。

就保险合同和再保险合同而言,如果当事人没有明确的、相反的意思表示,英国法院推断在伦敦市场签订的保险合同或签发的保单应受英国法的调整。其他有利于推断英国法适用的因素包括通过劳合社保险经纪人签订合同、合同中包括很多伦敦保险市场上的标准条款等。

另外,对于保险合同中的非英国仲裁条款、非英国法院管辖条款、"如同原保单"之类的并入条款,英国法院认为都不是不适用英国法的有力证据。③

三、最密切联系原则的适用

在当事人对合同应适用的法律没有选择或无法达成一致的情况下,法院或

---

① 《涉外民事关系法律适用法》第 2 条和第 6 条、第 41 条。

② 《涉外民事关系法律适用法》第 8 条。

③ 参见[英]科林·埃德尔曼等:《再保险法》,杨帆译,法律出版社 2019 年版,第 200~205 页。

仲裁庭要适用最密切联系原则来确定合同的准据法,我国法律与英国普通法及欧盟成员国遵循的《罗马公约》在原则上是相同的。

与合同的最密切联系地是能够体现该合同"特征履行"(Characteristics performance)的一方当事人的居所地。对再保险合同而言,再保险人履行损失赔偿义务一般应该是该合同的特征履行,故再保险合同一般应适用再保险履行损失赔偿义务的所在国的法律。其他还应考虑的因素包括再保险合同的订约方式、保险业务类型、标准条款的并入等。法院或仲裁庭的自由裁量权很大。[①]

---

① 参见[英]科林·埃德尔曼等:《再保险法》,杨帆译,法律出版社 2019 年版,第 205 ~207 页。

第七章

再保险合同的解释原则及常见争议

第一节　再保险合同的解释原则

《民法典》第 142 条、第 466 条、第 496 ~ 498 条,《保险法》第 17 条、第 19 条和第 30 条等规定,调整对合同的解释。

一、合同解释原则

《民法典》第 142 条规定了对所有合同条款的解释规则,第 498 条对如何解释格式条款规定了三个原则,第 510 条和第 511 条对如何补充合同的欠缺条款又作了具体规定,可见立法者充分了解合同解释问题在司法实践中的重要性。

根据《民法典》第 142 条的规定,合同条款的真实意思,要根据下列要素来确定:

第一,合同所使用的词句即文义解释;

第二,合同的有关条款即整体解释;

第三,行为的性质和合同的目的即目的解释;

第四,交易习惯即习惯解释;

第五,诚实信用原则即“帝王条款”。

适用解释规则,应符合解释规则的适用顺序。文义解释规则是在合同条款不存在含混不清的情况下的首要解释规则,必要时需要结合整体解释规则适用;整体解释规则,一般适用于在合同中数个条款相互冲突或当事人使用了多种语言进行同一意思表示的表达;但对于技术词汇、保险和再保险专业术语应采用其专业含义;而对于法律术语,最好在定义条款中明确界定。

目的解释规则、习惯解释规则和诚实信用原则是在合同没有约定或约定不明且无法达成补充协议情况下才适用的解释规则。目的解释,一般适用于有关的文本中所使用的文字的含义与当事人所明确表达的目的相违背,以及对于不同的解释结论,需要用目的解释方法来判断哪一个结论合理的情况;习惯解释,一般适用于当事人已初步证明该习惯存在的情况。“帝王条款”则是最后的解释方法，避免荒谬的结果。

对合同条款理解有争议的解释，是从案情到解释规则交互反复的适用过程。首先，应根据解释规则的需要具体分析案件事实，包括争议条款、相关条款、当事人主张和交易背景等；其次，按照解释方法适用顺序，对应适用情形，选择解释方法，依照具体解释方法的适用步骤，得出并检查解释结果；最后，以合法合理标准评价整个解释的过程与结果，比较并确定最优解释。[①]

二、格式合同的不利解释规则

与《合同法》相比，《民法典》扩大了“不利解释规则”（逆利益解释规则）的适用范围及其法律后果。但是，该规则只应适用于“真正”存在条款语义含糊的情况下。

《民法典》第498条规定了解释格式合同的三条规则。其一，应遵循“通常理解”的规则。这是一个总的解释规则，对非格式合同也同样适用。其二，对格式条款有两种以上通常解释的，应当作出不利于提供格式条款的一方的解释。此前，在2002年修订前的《保险法》第31条规定，“对于保险合同的条款，保险人与投保人、被保险人或者受益人有争议时，人民法院或者仲裁机关应当作有利于被保险人和受益人的解释”。这一规定过于笼统，缺乏合理的限制条件，导致使用上有无限扩大的倾向，反而影响了保险合同的正确解释。[②] 现行《保险法》第30条已修改为，“采用保险人提供的格式条款订立的保险合同，保险人与投保人、被保险人或者受益人对合同条款有争议的，应当按照通常理解予以解释。对合同条款有两种以上解释的，人民法院或者仲裁机构应当作出有利于被保险人和受益人的解释”。该规定与《民法典》第498条的规定一致。其三，该条款明确了追加条款的效力高于格式条款效力的解释原则。

再保险合同是平等主体之间的商业合同，不涉及个人消费者保护问题，也不涉及对合同理解的不对等问题；分出人也未必处于劣势的市场和法律地位，再保

---

① 参见最高人民法院司法案例研究院：《合同意思表示解释规则与适用》，载《审判研究》2022年7月7日。

② 参见李玉泉：《保险法》（第3版），法律出版社2019年版，第147页。

险经纪人还发挥重要作用,并通常代表再保险分出人;而且,再保险合同格式条款和操作指引为再保险合同各方所了解,方便双方了解再保险市场的习惯做法。因此,在再保险合同的解释方面,我们认为没有适用不利解释规则的正当性,应主要适用《民法典》第142条和第466条的规定。这也是再保险合同与原保险合同(直接保险合同)的区别之一。

三、再保险合同的特殊解释方法——以英国普通法为例

受限于我国再保险合同发展起步晚,积累的司法实践尚不足以形成特定的再保险合同解释方法。英国普通法,结合再保险合同的特殊性和通常做法,发展出一些有普遍意义的针对再保险合同解释方法,包括:(1)基于再保险合同的目的,对相同承保范围的推定;(2)约定不明时需要结合分保条解释保单;(3)并入条款的效力;(4)引入再保险合同的默示条款解释再保险合同。笔者在本节予以简要介绍以飨读者。

(一)基于再保险合同的目的,对相同承保范围的推定

与《民法典》第142条的规定一致,在对再保险合同保障范围的推定中,目的解释法在英国普通法中运用十分明显。

对于比例分保而言,尤其是比例临时再保险合同,除非合同另有约定,基本的现实情况以及合理期待是再保险合同与原保险合同之间存在背靠背的相同承保范围(Presumption of matching cover, back to back, co-adventure),在再保险分出人需要对原保险承担赔偿责任的情况下,一般推定再保险合同的承保范围与原保险合同相同。[①] 但应该特别注意,在 Lexington Insurance Co. v. Wasa International Co., Ltd[②] 一案中,英国上议院特别强调了再保险合同的独立性,对再保险合同的基本约定(该案中主要涉及再保险合同期间),应按再保险合同的准据法赋予其意义,没有任何合同解释规则和法律规定再保险人应当无视再保险合同相关条款的规定而有义务对保险人的所有赔偿都进行赔偿。因此,再保

① 最经典的判例如 Forsakrings Vesta v. Butcher [1989] 1 Lloyd's Rep. 331, Groupama v. Catatumbo [2000] 2 Lloyd's Rep. 350。

② MECZ A., BAILEY A. WASA v. Lexington: Buyer Beware. Journal of Business Law, 2010, p.1-8.

险人不应当跟随原保险合同判决中美国法院对保险人(也是再保险分出人)作出的完全脱离原保险责任期间的不利判决。

特别需要说明的是,英国法对于上述解释方法的使用有诸多限制:首先,仅适用于比例再保险,尤其是比例临时分保再保险;其次,仍然需要分析和解释原保险和再保险合同。如果再保险合同中有条款没有在原保险合同中出现,或者再保险合同的条款与原保险合同有明显不同,两个合同承保范围一致的推定当然不能成立。① 当然如果合同明确使用清晰的并入条款,或者充分再保险条款(Full reinsurance clause),则会使英国法院更容易认定再保险的承保范围与原保险一致②。

但对于非比例再保险,并不存在真正的背靠背关系,如果当事人想使原保险合同与再保险合同的保单条款得到同样的解释,就必须确保两个合同的条款是一致的。英国普通法认为,对非比例再保险合同,应独立解释,不适用承保范围一致推定。③

(二)结合分保条解释再保险合同

如本书第二章所述,分保条是再保险合同缔约中常见的文件,如果正式再保险合同与分保条一致,通常会结合在一起理解。但是,如果正式再保险合同与各方此前签署的分保条不一致,就可能产生再保险合同是否成立、合同条款的内容以什么为准等争议,要避免二者不一致。英国法院传统上认为,根据口头证据规则,如果在分保条之后再保险公司出具正式保单(再保险合同),则不允许借助分保条对于保险合同进行解释。该传统观点在近年来的新判例中不断突破,英国法院开始有条件通过分保条解释再保险保单。④

(三)对并入条款的解释

在再保险领域,如果没有完整的保单条款,或不是使用标准再保险条款,而

---

① 参见郑睿:《海上保险:法律与实务》,上海浦江教育出版社2021年版,第478页。

② 参见英国案例 Toomey v. Banco Vitalicio de Espana SA de Seguros y Reaseguros, [2004] Lloyd's Rep. IR 354。

③ Butler and Merkin, Reinsurance Law, Surrey: Kluwer Publishing, Sweeyt & Maxwell, 2019, B 2.1; Axa Re (UK) Ltd v. Field (1996) LRLR 160, H. L.

④ 参见英国案例 HIH Casualty & General Insurance Ltd v. New Hampshire Insurance Co. [2001]1 Lloyd's Rep. IR 224. Casualty and General Insurance Ltd v. New Hampshire Insurance Co. [2001] Lloyd's Rep. IR 596。

是通过并入条款来简化再保险合同文本，就会产生相关条款是否应当以及在何种程度上应当被并入再保险合同的争议。被并入的条款的效力，是另一个合同解释问题。

在英国法中，仲裁条款（Arbitration clause）、法院管辖条款（Jurisdiction clause）等辅助性条款需要在并入条款中特别提及，才能并入再保险合同中。[①] 准据法（Proper law, governing law, choice of law）条款是否被并入，仍存在不确定性，英国法院一方面强调按再保险市场惯例，在英国签发的再保险合同适用英国法；[②]另一方面强调要保证再保险合同与原保险合同界定风险保障范围的条款的法律效力相同，需要适用原保险合同的准据法，使再保险分出人的利益可以得到保障。

原保险合同条款是否并入再保险合同的英国权威案例是 HIH Casualty & General Insurance Ltd v. New Hampshire Insurance Co.，其确定的规则是，只有满足下列条件，才能认为某一特定条款被并入再保险合同中：

（1）被并入的合同条款与再保险合同密切相关（The term is germane to the reinsurance）；

（2）在可允许的调整范围内，被并入的条款在再保险合同中有意义（The term makes sense, subject to permissible "manipulation", in the context of reinsurance）；

（3）被并入的合同条款与再保险合同的明示条款相一致（The term is consistent with the express terms of the reinsurance）；

（4）被并入的合同条款在再保险合同中是适当的（The term is apposite for inclusion in the reinsurance）。

上述第一条通常解读为，一般性并入条款只能并入与保险标的密切相关的条款，与承保风险及其性质或范围等核心内容有关的条款才被视为与再保险合同具有密切相关性，辅助性条款不具有密切相关性。上述第二条指从字面上对并入条款进行简单调整后，被并入的条款依然言之有理。上述第三条指被并入

---

① 参见英国案例 AIG Group (UK) Ltd v. The Ethniki [2000] Lloyd's Rep. IR 343。

② 参见英国案例 Cantieri Navali Riuniti SpA v. NV Omne Justitia ("The StoltMarmaro") [1985] 2 Lloyd's Rep. 428, Citadel Insurance Co v. Atlantic Union Insurance Co. SA [1982] 2 Lloyd's Rep. 543。

条款与再保险合同明示条款不能冲突。上述第四条则强调并入条款应当是有意义的，符合商业目的和实际情况。[①]

（四）引入再保险合同的默示条款解释再保险合同

英美合同法理论中存在默示条款。在双方当事人没有明确约定又无法协商一致的情况下，同类交易中的惯常交易习惯、特定行业的交易惯例以及法律、行政法规等对相关领域的明确规定等，应当作为确定双方当事人之间权利义务关系的默示条款。

英国判例法也形成了关于再保险合同默示条款的认识，其中受到普遍认可的默示条款包括：

第一，再保险人记录检查条款。在 Phoenix General Insurance Co. of Greece v. Halvanon Insurance 一案中，法官认为当合同没有明确约定时，再保险人检查合同记录的权利是默示的。

第二，再保险分出人的审慎义务（尽职义务）条款。尤其是当再保险合同只有理赔跟随条款，没有理赔合作条款时，再保险分出人对再保险人提出的理赔跟随义务就要受到一个默示性附带条件的制约：保险人的理赔行为必须诚实、适当、尽职。[②]

第三，拥有合法管辖权的外国法院就分出人与被保险人作出的判决，对再保险人而言具有法律约束力。该默示条款的构成要件详见本书第四章第二节。

除了上述三个常见默示条款外，还有一些默示条款在判例中被讨论，如再保险分出人是否应当自留风险的默示条款，再保险人是否应当拥有合理理由才能对抗分出人与被保险人达成和解的权利条款，再保险人是否应当分担抗辩、调查和和解成本条款。不同判例对此的认识并不尽相同，我们在此不再赘述。

除了上述判例法下形成的默示条款外，近年来英国《2016 年企业法》（Enterprises Act 2016）和《2015 年保险法》（Insurance Act 2015）也规定了一些默示条款，其中和再保险合同关系密切的有，再保险人应当在合理时间赔付分出人提出的索赔条款，[③]再保险人的抗辩主张应当与分出人违约行为有关系条款。[④]

---

① 参见［英］科林·埃德尔曼等：《再保险法》，杨帆译，法律出版社 2019 年版，第 75 ~77 页。

② 参见［英］科林·埃德尔曼等：《再保险法》，杨帆译，法律出版社 2019 年版，第 87 页。

③ 参见英国《2015 年保险法》第 13 节（A），英国《2016 年企业法》。

④ 参见英国《2015 年保险法》第 11 节。

第二节 常见再保险合同争议

一、我国再保险案例简评

目前,中国裁判文书网可查到的我国再保险案例主要集中在临时分保合同领域,而且合同多以隐名共保协议的方式出现。争议的焦点集中在隐名共保的法律性质及约束力、再保险合同是否成立、原保险合同的仲裁条款是否有效并入再保险合同、再保险合同的诉讼管辖地、分出人是否按协议约定分出业务并支付保险费、分出人在损失核定方面是否尽职、首席保险人(主承保人)或分出人是否违反协议约定的共同保险人(再保险人)的损失通知权和参与查勘定损权条款等。

从各网站找到的案例中,我们选择了最高人民法院、各省高级人民法院、北京金融法院和上海金融法院等法院的八个有代表性的案例进行分析。从中我们观察到,我国法院关于再保险合同争议的司法实践已经逐渐丰富而且深入。我们将持续予以关注。

案例一:A保险公司(再保险分出人)与B保险公司(再保险人)再保险合同纠纷案

争议焦点:共同保险还是再保险,要约与承诺,再保险合同是否成立,再保险经纪人的法律地位,再保险经纪人是否为必要共同诉讼当事人。

本案基本案情:本案案情比较复杂,原保险有共保(包括A保险公司和C保险公司),共保人自行安排临时分保,涉及多个保险经纪人和再保险经纪人。原保单承保的是被保险人G公司等多家公司的财产一切险保险业务,S保险经纪有限公司是原保险的保险经纪人,A保险公司承保了原保单总保险金额30%的份额,原保单的共同保险人之间没有与本案相关的争议。

A 保险公司将分保意向询价函发给 Z 保险经纪公司，Z 保险经纪公司联系 B 保险公司作为再保险人，B 保险公司通过 Z 保险经纪公司书面函复 A 保险公司，其可接受的再保份额为 30%（不明确是原保险总保险金额的 30%，还是 A 保险公司承保份额的 30%），费率为 0.35%。

此后，A 保险公司通过 Z 保险经纪公司向 B 保险公司发送投保确认函，其中载明：A 保险公司承保份额为总保险金额的 30%，可分出份额为总保额的 20%，再保险费为 353995 元（含 Z 保险经纪公司佣金和营业税，共占再保险费的 30%）。

A 保险公司将再保险费支付给 Z 保险经纪公司，Z 保险经纪公司分三次共向 B 保险公司支付再保险临分业务保险费 350726.82 元。A 保险公司客户服务系统语音答复的被保险人为 G 公司等，不是 A 保险公司。

B 保险公司拒接摊赔的主要诉讼观点包括：（1）A 保险公司的投保确认函，不同于此前 B 保险公司确认的分保意向询价函，构成新的要约，B 保险公司没有回复，即没有承诺，故 B 保险公司与 A 保险公司之间没有成立再保险合同关系；（2）B 保险公司与 A 保险公司之间的法律关系即使成立，也是共保合同，而非再保险合同，A 保险公司未通知 B 保险公司参与损失查勘和定损，违反了共保合同；（3）即使是再保险合同法律关系，B 保险公司也只接受了 A 保险公司承保部分（原保险总保额的 30%）的 20%，而非原保险总保额的 20%；（4）其与 A 保险公司之间的联络及保险费支付都是通过 Z 保险经纪公司进行的，故 A 保险公司未将 Z 保险经纪公司作为共同被告构成程序违法。

最高人民法院申诉裁定意见：维持某省高级人民法院二审民事判决书，驳回 B 保险公司的申诉，并针对 B 保险公司的诉讼观点，从事实认定和法律适用两个方面，进行了详尽的认定和分析，说理充分，有很强的指导价值。兹简要概述如下：

1. A 保险公司的投保确认函不同于其此前的分保意向询价函，构成新的要约，B 保险公司接受保险费、将保险信息录入本公司相关系统等行为，表明 B 保险公司对新要约的承诺，依据《合同法》（已失效），双方之间再保险合同法律关系成立；根据当时有效的《再保险业务管理规定》（已失效）第 11 条第 1 款的规定，直接保险公司办理合约分保或者临时分保的，“以比例再保险方式分出财产险直接保险业务时，每一危险单位分给同一家再保险接受人的比例，不得超过再保险分出人承保直接保险合同部分的保险金额或者责任限额的80%”，A保险公司将其承保的30%直接保险业务，分出20%，符合《再保险业务管理规定》。

2. A保险公司的新要约已经澄清与B保险公司之间是再保险合同法律关系，不是共同保险合同法律关系，故A保险公司未通知B保险公司参与损失查勘和定损，并不违反再保险合同约定和法律规定；根据《财产保险公司再保险管理规范》第三章第一节第6条规定，“赔款摊回适用‘共命运’原则，即在分出公司根据保险条款尽职厘定损失的前提下，分出公司的理赔决定自动适用于再保险接受人”，除非再保险合同有不同的约定，再保险接受人的赔偿责任，不以其直接参与查勘和定损为前提。

3. A保险公司的新要约已经澄清分保比例为原保险总保险金额的20%，并按此比例支付再保险保费。

4. Z保险经纪公司是B保险公司的再保险代理人，与本案再保险合同不属于同一法律关系；而根据《民事诉讼法》第132条的规定，必须进行共同诉讼的当事人，是指必要的共同诉讼当事人，须具有共同诉讼标的、共同权利义务，必须合并审理。原审法院未通知Z保险经纪公司参加本案诉讼，并无不当。

简评：本案例是笔者检索到的最高人民法院审理的再保险合同纠纷第一案，最高人民法院对每一个争议焦点都进行了深入分析，并详细阐述了裁决理由。虽然《合同法》已被《民法典》吸收，原保监会并入了原银保监会，原银保监会又并入金融监管总局，《再保险业务管理规定》已经修订，但就本案有关的争议焦点而言，我国法律法规的实质性规定并未改变，故本案仍有很强的指导意义。

关于再保险的“共命运原则”，本案提示其源自《财产保险公司再保险管理规范》第三章第一节第6条规定，即在分出公司根据保险条款尽职厘定损失的前提下，分出公司的理赔决定自动适用于再保险人。该原则主要保护再保险分出人，意在减少摊赔争议，提高再保险理赔效率；同时也保护再保险人，因为它在现行法律规定之外，除了明确规定“分出公司的理赔决定自动适用于再保险接受人”的理赔跟随义务，同时明确规定了“分出公司根据保险条款尽职厘定损失”的尽职义务（或称“审慎义务”），如此构成“共命运原则”的完整意义。在再保险法律和指导案例欠缺的当下，《财产保险公司再保险管理规范》（2012）是很重要的法律规范参考。

本案例还涉及保险经纪人在再保险安排方面的法律地位、再保险人承诺的承保份额等。

案例二:C保险公司(再保险人)与D保险公司(再保险分出人)再保险合同纠纷案

争议焦点:要约与承诺,新要约,保险行业交易习惯,再保险合同是否成立。

本案基本案情:本案因诉讼金额巨大和涉及临时分保实务的规范性问题,曾引起业界高度关注。

2013年7月25日,D保险公司向C保险公司发出其承保的H项目的临时分保要约邮件;2013年8月1日,C保险公司邮件函复D保险公司,提出两项接受分保的新条件,即条件2"收到贵司的确认以前没有已知的或已报案的损失发生"和条件3"最优的条件"(关于保险标的及保费),并规定D保险公司接受其新条件的期限为30天,截至2013年8月30日;2013年8月22日,C保险公司向D保险公司发出邮件,要求D保险公司确认此前双方业务往来的财务核对表,并在2013年第3季度末完成支付,其中包括H项目的分入保费(再保险费),是按2013年7月25日D保险公司的分保要约内容计算;2013年8月23日,D保险公司函复C保险公司,就H项目的答复是"没有应收期,还没有给贵司账单"。2013年9月4日15时许,H项目原保险合同被保险人位于某省某市某区出口加工区内工厂发生火灾事故。当日16时55分,D保险公司邮件联系C保险公司,要求C保险公司签回再保险正式分保条。2013年9月6日,C保险公司邮件回复D保险公司,表示将以最快速度签字盖章。

C保险公司主张其于2013年8月1日给D保险公司的邮件提出了两项新条件,构成新的要约,D保险公司未在新要约规定的有效期届满(2013年8月30日)前予以确认,即D保险公司对其新要约没有承诺,双方没有订立再保险合同。

本案历经一审、二审和审判监督程序,根据裁判文书网公开的审判监督民事裁定书,我们看到案件系再保险合同纠纷,争议焦点是C保险公司与D保险公司之间的再保险合同是否成立。判断再保险合同是否成立,应当依据《保险法》《合同法》(已失效)的相关规定,并参照保险监督管理机构的行业管理规定及当事人之间的交易习惯进行综合认定。案件中,法院认为虽然C保险公司在2013

年8月1日给D保险公司的邮件提出了两项新条件，根据《合同法》（已失效）第30条的规定，构成新的要约，但C保险公司2013年8月22日给D保险公司的邮件，表明C保险公司又接受了2013年7月25日D保险公司向C保险公司发出的临时分保要约，而D保险公司并未在C保险公司提出的新要约届满前对新要约作出承诺，故判决再保险合同在2013年8月1日成立。

简评：事实方面，本案中C保险公司和D保险公司在管理再保险分保业务上涉及双方多个部门，双方沟通也历经多轮，沟通内容涉及再保险合同的要约、承诺、反要约、合同履行等方面，最终对于再保险合同成立产生重大分歧。这种争议也侧面说明了再保险缔约流程标准化的重要性，中国保险行业协会牵头订立的再保险合约分保和比例分保业务操作指引的意义也正在于此。

基于相同的事实，一审判决书和二审法院判决书对合同成立与合同履行的法律适用，既有相同的认定（新要约、反要约的构成），也有相反的认定（同一公司不同职能部门向对方公司发出不同的信息的法律后果），再次凸显了再保险业务流程规范管理的重要性。

本案中二审法院根据《保险法》第13条的规定，当事人的意思表示一致即可成立再保险合同，即以要约、承诺的完成为标志，不以保险单（分保条）或保险凭证的交付为要件。保险合同成立后，保险人应当及时向投保人签发保险单（分保条）或保险凭证，但保险单（分保条）或保险凭证的签发，仅为保险人的法定义务，而非合同的成立要件。本案中，D保险公司在再保险合同成立后未及时签发分保条属于不当履约行为。在保险合同成立且生效的情况下，即使保险事故发生在保险单（分保条）或保险凭证签发之前，亦不影响保险合同的拘束力。

案例三：E保险公司（再保险人）与F保险公司（再保险分出人）再保险合同纠纷案

争议焦点：再保险合同中并入原保险条款（按照原保单：as original）的并入范围，并入条款中的管辖权条款（jurisdiction clause）是否包括仲裁条款，对英文合同的法律适用和解释。

本案基本案情：2009年5月1日，F保险公司作为保险人与S公司作为被保险人签订编号为09SH×××（SHA）的《内陆货物运输保险开口保单》（水运和陆运),其中第10条约定,如果保险人和被保险人之间产生任何争议,双方应通过协商解决争议。如果无法通过协商解决,任何一方或双方可以根据仲裁规则向中国海事仲裁委员会(CMAC)上海分会申请仲裁。

编号为PB××××××××××的保单载明,被保险人S公司,保单有效期为2015年5月1日0时至2015年5月31日24时,编号为09SH×××(SHA)的开口保单下的申报、运输工具、启运地点、目的地、保险标的以及其他特别条款和条件均ASPERSTATEDINO/P,如果本公司与被保险人之间发生任何争议,双方应通过谈判解决,如果无法通过谈判解决,双方都可以向中国海事仲裁委员会上海分会申请根据其仲裁规则进行仲裁。

2015年8月13日,申请人E保险公司作为再保险人与被申请人F保险公司作为再保险被保险人签订编号为SH××××××××的《RESINSURANCESLIP》,约定保险利益、保险期限、保险金额、保险费、管辖等参见原保单,原保单编号PB××××××××××。

原保险单PB××××××××××项下部分车辆仓储于甲市保税区IIIT4－1、乙港环球滚装码头及丙市某区某路某仓库。乙港爆炸事故后,被申请人要求申请人分摊2015年8月12日乙港爆炸事故中某仓库的车辆损失,申请人根据再保险合同约定拒绝。

F保险公司于2019年7月17日向中国海事仲裁委员会上海分会提交仲裁申请,就上述编号为09SH×××(SHA)的开口保单及编号为SH××××××××的《RESINSURANCESLIP》所引起的争议申请仲裁,要求E保险公司对仓库损失承担责任。

E保险公司主张,由于E保险公司在与被申请人签订再保险合同时未约定仲裁条款,而F保险公司引用的仲裁条款为F保险公司与其被保险人S公司之间开口保单项下的仲裁条款,该仲裁条款对E保险公司没有约束力。而且,与E保险公司签署再保险合同的为F保险公司某分公司,本案双方之间亦无再保险合同关系。E保险公司请求:裁定确认E保险公司与F保险公司于2015年8月13日签订的编号为SH××××××××的《RESINSURANCESLIP》中无仲裁条款。

F保险公司称,E保险公司与F保险公司签署的再保险申请书中明确约定管辖地按照原保险单确定,而F保险公司与被保险人S公司签署的原保险单中明确约定了仲裁条款,本案再保险申请书签发前F保险公司向E保险公司提供了原保险单,E保险公司也愿意接受仲裁条款的约束,因此,原保险单中的仲裁条款对申请人具有约束力。由于F保险公司非独立法人,故以F保险公司名义提起仲裁。综上,请求法院驳回E保险公司的请求。

某金融法院裁定意见:无论再保险合同中约定的原保单是指编号为PB××××××××的保单还是编号为09SH×××(SHA)的《内陆货物运输保险开口保单》,其中均约定了仲裁条款,而且请求仲裁的意思表示、仲裁事项及确定仲裁委员会的约定明确,依法有效。再保险合同将"管辖",即"Jurisdiction"与保险利益、保险期限等事项单独列出,明确约定按照原保险单确定。本案双方均为外资保险公司,涉案合同也均以英语起草并签署,在双方就"Jurisdiction"的含义产生争议的情况下,应按照该词语通常的含义予以界定。在英语中,"Jurisdiction"并非特指司法管辖,也可在指代诉讼、仲裁等纠纷解决方式的层面上适用。本案原保单并没有关于司法管辖的约定,从双方于再保险合同中专门约定管辖的目的看,参照原保单亦应指仲裁条款的约定。E保险公司与F保险公司在再保险合同中关于仲裁条款并入的约定意思表示明确,对于双方均具有法律约束力。综上,某金融法院于2020年1月22日裁定驳回申请人E保险公司的申请。

简评:该案入选2020年某金融法院曾发布的八个涉外、涉港澳台金融纠纷典型案例之一,围绕仲裁协议效力,中国法院对再保险合同中的"并入条款"进行司法解释。某金融法院的裁判意见与英国普通法案例基本一致,展示对仲裁条款效力的支持态度,将再保险合同中的管辖条款解释为包括仲裁条款,而且结合原保险合同中只有仲裁条款的事实,说理十分充分。

案例四:G保险公司(首席保险人)与H保险公司(隐名共同保险人)再保险合同纠纷案

争议焦点:共保还是再保险,违反隐名共保协议规定的首席保险人的损失通知义务的法律后果。

本案基本案情:共保协议约定对损失超过100万元的事故,主承保人G保险公司需要书面通知其他共同保险人,其他共同保险人有权在接到通知后2小时内决定是否参与现场查勘。涉案的两次保险事故损失都超过100万元,主承保人G保险公司未及时通知H保险公司(隐名共同保险人之一),H保险公司也未参与现场查勘,而且G保险公司自行查勘后,参照此前类似事故估损,没有委托公估来定损。对这两次事故造成的损失,H保险公司拒绝摊赔,虽然损失已经发生,而且另一隐名共同保险人已经摊赔。

某省高级人民法院申诉裁定意见:G保险公司作为主承保人(首席保险人)没有遵守共保协议的约定书面通知H保险公司,使H保险公司丧失参与现场查勘和定损的机会,G保险公司违约,应承担违约责任,但本案损失实际已经发生,某市中级人民法院重审判决H保险公司酌情赔付G保险公司约定共保份额的40%并无不当。

简评:本案双方当事人签订了隐名共保协议,但法院似乎都是按再保险合同纠纷审理,当事人也没有异议。某市中级人民法院的二审判决书指出,共保协议是各方真实意思表示,不违反法律的强制性规定,对各方有约束力。和多数共保纠纷一样,案件不涉及原被保险人的诉权和利益;在各共同保险人之间,共保协议的约定非常重要。

本案中其他共保人对损失的知情权和参与查勘及定损权,相当于再保险合同中理赔合作条款或者理赔控制条款。而且,无论共保协议或再保险合同如何约定,首席保险人(主承保人或主理赔人)或者分出人都应该尽到对理赔的尽职义务。否则,法院可自由裁量减少其他共保人或再保险接受人的摊赔金额。

案例五:I保险公司(首席保险人)与J保险公司(隐名共同保险人)再保险合同纠纷案

争议焦点:共保还是再保险,分出人的尽职义务。

本案基本案情:2017年5月,I保险公司承保了某手机公司手机屏破碎等责任保险,后与J保险公司签订"共保协议",约定各承保50%份额。I保险公司在赔付被保险人后,要求J保险公司分摊50%的保险赔偿,J保险公司对I保险公司的理赔金额的真实性提出异议。

某金融法院的二审判决:在法律适用方面认定该案系再保险合同纠纷,虽然违反《再保险业务管理规定》,但不构成合同无效,而且基于再保险的共命运原则,I保险公司没有按照诚实信用原则和尽职原则的要求进行理赔,导致案涉保险业务满期赔付率、出险率、赔偿金额等方面出现异常，应酌情自行承担实际保险赔偿金额的 10%，不得要求 J 保险公司分摊；在事实认定方面，结合二审新证据，认定 I 保险公司的实际保险赔偿金额远高于实收保险费的 90%。

简评：本案中，双方对 50% 的分摊比例没有争议，主要争议集中在 I 保险公司赔偿被保险人索赔损失的真实性和合理性，凸显了我国保险实务中严峻的保险索赔问题，也暴露了隐名共保约定不清导致的理赔争议。

某金融法院的终审判决书将隐名共保的法律性质确定为再保险无疑是正确的，因为被保险人对共保不知情，而且不能直接向隐名的共保人索赔。该金融法院将其作为典型案例，着眼于厘清了隐名共保的法律性质，并可以根据再保险的“共命运原则”来审查原保单保险人的理赔合理性。

但是，就理赔的合理性而言，在真正的共保的情况下，对首席保险人或首席理赔人的要求是一样的：共保才是真正的“共命运”。对于再保险合同，我国法律并未明确规定再保险应适用“共命运原则”，如本书第四章所述，“共命运原则”或其类似条款应在再保险合同约定中予以明确，法院直接适用共命运原则的法律依据值得商榷。另外，我们看到法院认为分出人承担一定比例责任的依据是诚信原则及其衍生的分出人尽职处理赔案的义务。再保险合同中共命运条款、理赔跟随条款或其他类似条款，不能免除原保险人按诚实信用原则和尽职原则的要求核定被保险人的损失索赔的义务。

在（2020）最高法民申 6025 号案中，最高人民法院民事审判第四庭的裁定，也认定隐名共保的法律性质属于再保险合同，但影响该案判决结果的争议焦点并非保险合同是共保还是再保险，而仍然是首席保险人是否应该赔偿被保险人。在该案中，因为事故发生在公海和国外，很多被保险人提供的关键索赔证据是在境外形成的，首席保险人在理赔时不可能（也不应该）要求被保险人对其进行公证认证。在首席保险人赔偿被保险人后，部分隐名共同保险人认为损失发生原因属于保险除外责任。在诉讼过程中，法院认为首席保险人提供的保险理赔证据在境外形成，没有进行公证认证，故不认可其证据效力，导致首席保险人败诉，不符合保险理赔实务。在现行证据规则下，尽管此类诉讼风险可能会减小，但还是建议首席保险人或再保险分出人在共保协议或再保险合同中明确约定，境外形成的保险理赔证据不需要办理公证认证，以应对我国法院对境外形成的证据的要求，或建议在共保协议或再保险合同中约定仲裁条款，由仲裁庭判断境外形成证据的形式是否符合要求。

当共保协议或再保险合同不再是君子之间的协议,对起草合同的严谨性就提出了更高的要求。再保险合同中的共命运条款、理赔跟随条款、跟随首席保险人条款等都不能免除各方当事人遵循诚实信用原则的义务,也不能免除原保险人或首席保险人或首席理赔人“尽职”审核被保险人的索赔(损失)的义务。

案例六:K保险公司(首席保险人)与L保险公司(隐名共同保险人)再保险合同纠纷案

争议焦点:共保、预约保险还是再保险,共保协议的履行方式是否被实际履行行为改变,共保协议或再保险合同是否成立。

本案基本案情:2017年5月23日,K保险公司与L保险公司签订了共保协议,约定首席保险人K保险公司对其承保的每一笔某轨道交通5号线某标段施工人员意外伤害团队保险业务,在收到每一笔保险业务的保险费后5日内,分别向50%份额共同保险人L保险公司支付50%保险费,L保险公司分别向K保险公司开具50%保额保险单;对于小于60万元人民币的小额索赔,首席保险人可自行理赔。2017年12月14日,L保险公司通知K保险公司停止共保合作,K保险公司同意。在此之前,K保险公司共承保了7笔团队(7家施工单位)保险业务,其中6笔业务已经向L保险公司支付保险费,L保险公司也向K保险公司签发保险单。K保险公司承保的第7笔团队保险业务,施工单位(原被保险人)为某华建设工程有限公司,保险期间为2017年12月1日至2018年12月31日,在此期间共发生两起索赔金额小于60万元人民币的人身伤害保险索赔,K保险公司赔付后要求L保险公司分摊,L保险公司主张双方之间的共保协议属于预约保险,对第7笔保险业务,因为K保险公司未支付保险费,L保险公司也未出具保险单,共同保险合同不成立。

某市二审法院改判意见:确认一审法院查明的事实。案涉《施工人员意外伤害保险共保协议》属合法有效的本约合同,但该合同本身并不必然使L保险公司就保险期间内每一笔保险事故承担相应的保险责任,不能替代双方约定的由L保险公司按共保比例部分向K保险公司开具保险单的履行内容。双方公司需根据《施工人员意外伤害保险共保协议》约定,支付保险费及开具保险单,实际履行后，方能产生保险责任的分摊。

首先，案涉《施工人员意外伤害保险共保协议》并非预约合同。本案中，案涉《施工人员意外伤害保险共保协议》约定今后每一笔实际团队保险业务，都要分别支付保险费及开具保险单，并无将来订立协议的意思，故案涉共保协议并非预约合同。

其次，案涉《施工人员意外伤害保险共保协议》具备本约合同的基本特征。本案中，案涉的共保协议中约定了共保项目、共保比例、共保方式等权利义务，但对具体保险对象的投保人、保险标的、保险金额等需要首席保险人与投保人签订团队人身意外险保险单后方能固定，即必须由 K 保险公司告知 L 保险公司与第三人签订团队意外险的具体承保情况，并由 L 保险公司单方面向 K 保险公司开具保险单，以上缺失的内容需要通过共保协议的履行予以填补，属于共保协议的实际履行问题，并非当事人间还要就共同保险签订本约合同。

最后，开具保险单系共保协议的实际履行，实际履行后才能产生保险责任的分摊问题。在涉争议保险事故上，K 保险公司并未按照合同约定履行告知义务，L 保险公司也未出具相应保险单，不需要就本案保险事故分摊责任。

某高级人民法院申诉裁定意见：根据《保险法》第 28 条的规定，保险人将其承担的保险业务，以分保形式部分转移给其他保险人的，为再保险。本案系再保险合同纠纷，故二审法院适用《保险法》对本案进行判决，符合法律规定；K 保险公司主张保险人之间的争议只能适用《合同法》（已失效），不能适用《保险法》，于法无据。就本案系争的第 7 笔保险业务而言，K 保险公司并未支付保险费，L 保险公司也没有签发保险单，而且由于此前 6 笔业务都实际发生保险费的支付和保险单的签发，故不存在共保协议的实际履行行为改变共保协议的情况，二审法院根据共保协议，判决双方之间没有就这笔保险业务达成合意，并无不当。

简评：某高级人民法院在本案中亦明确判定隐名共保的法律性质为再保险，而且明确应适用《保险法》。保险人之间的争议集中在再保险合同是否成立方面。在共保协议下，分出人有如实及时申报每一笔保险业务的义务，这也是诚实信用原则的要求。本案中，分出人 K 保险公司向 L 保险公司支付了共保协议下前期所有业务的保险费，L 保险公司应无权拒赔本案损失，但 K 保险公司未按合同要求履行告知义务，L 保险公司也未出具相应保单，导致二审和再审败诉。

本案三级法院都判定本案共保协议是再保险合同，不是预约合同，而且中级人民法院的判决理由非常充分,但并不构成L保险公司可以拒赔的正当理由。分出人K保险公司虽由于没有及时向L保险公司履行告知义务,但并未违反诚实信用原则,应容许其补救。但是,本案中,K保险公司没有在合理时间内对其违约行为进行补救,导致二审法院推定其在双方终止共保协议后,已经决定不分出此笔在终止共保前已经承保的业务。

案例七:N保险公司(首席保险人)与M保险公司(隐名共同保险人)再保险合同纠纷案

争议焦点:共保还是再保险,合同管辖权异议,再保险合同的履行标的,(再保险索赔)是否属于给付货币。

本案基本案情:2013年1月30日,N保险公司与M保险公司签订《共保协议书》,约定双方为某进出口银行企业贷款履约保证保险业务和某银行中小企业贷款履约保证保险业务等的合同保险人。N保险公司为首席承保人、出单人,M保险公司为共保项目的份额接受人,共保比例为N保险公司75%,M保险公司25%。《共保协议书》签订后,双方即开始开展中小企业贷款履约保证保险业务。在保险合同履行过程中,部分保险合同发生理赔。其中,某甲银行贷款客户发生理赔5笔,M保险公司应摊回14694824.6元;某乙银行贷款客户发生理赔5笔,M保险公司应摊回18565945.57元。N保险公司在支付赔偿款及理赔费用后,将理赔报告及赔偿计算书等文件发给M保险公司,要求M保险公司按共保比例支付赔偿款及理赔费用,但M保险公司拒绝支付。N保险公司诉至某市某区人民法院,请求判令M保险公司向N保险公司支付分摊赔款、理赔费用及违约金共计34832132.74元等。

M保险公司在法定答辩期内向一审法院提出了管辖权异议,认为本案为直接保险合同纠纷,应由被告住所地法院即某市中级人民法院审理。

一审某市某区人民法院裁定意见:依照《保险法》第10条第1款规定,“保险合同是投保人与保险人约定保险权利义务关系的协议”,本案纠纷主体非保险人与投保人,故将本案确定为保险合同纠纷无法律依据。依照《最高人民法院关于适用〈中华人民共和国民事诉讼法〉的解释》第18条第2款规定,“合同对履行地点没有约定或者约定不明确,争议标的为给付货币的,接收货币一方所在地为合同履行地”,因N保险公司所在地为一审法院辖区,故一审法院有管辖权。M保险公司提出一审法院无管辖权,应移送相关法院审理的理由,于法无据,一审法院不予确认。综上,一审法院裁定:驳回M保险公司的管辖权异议。

M保险公司不服一审裁定向某中级人民法院提起上诉,其上诉理由为:涉案合同属于保险合同,被告住所地法院有管辖权。涉案合同有保险标的,但不存在保险标的物,关于保险标的物所在地法院有管辖权的法律规范不适用于本案。即使涉案合同不属于保险合同,案件争议也并非给付货币,N保险公司所在辖区并非合同履行地,一审法院没有管辖权。《最高人民法院关于适用〈中华人民共和国民事诉讼法〉的解释》第18条规定,只有在审理贷款合同、民间借贷等纯粹的货币给付的合同时,才能将接受货币一方所在地解释为合同履行地。共保协议属于再保险合同的一种,属于特殊的保险合同而非普通民商事合同,应归属保险法调整。双方之间就是再保险分出人与分入人的关系,本质上也是投保人与保险人的关系。据此,M保险公司上诉请求:撤销一审裁定并将本案移送至某市中级人民法院审理。

某中级人民法院裁定意见:N保险公司依据《共保协议书》等证据,以M保险公司未按共保比例支付赔偿款及理赔费用为由提起本案诉讼,要求判令M保险公司向N保险公司支付分摊赔款、理赔费用及违约金共计34832132.74元等,故本案属于因合同纠纷提起的诉讼。一审法院关于依照《保险法》第10条的规定,本案纠纷主体非保险人与投保人,故将本案确定为保险合同纠纷无法律依据的认定,并无不当,本院予以支持。

《民事诉讼法》第24条规定:“因合同纠纷提起的诉讼,由被告住所地或者合同履行地人民法院管辖。”《最高人民法院关于适用〈中华人民共和国民事诉讼法〉的解释》第18条第2款规定:“合同对履行地点没有约定或者约定不明确,争议标的为给付货币的,接收货币一方所在地为合同履行地……”本案双方当事人未对合同履行地进行约定。《共保协议书》中约定M保险公司的合同履行义务为按共保比例给付N保险公司分摊赔款、理赔费用,N保险公司的诉讼请求亦为要求M保险公司给付分摊赔款、理赔费用及违约金等。据此,根据合同履行义务的内容以及当事人的诉讼请求,可以认定本案的争议标的为给付货币,接收货币一方N保险公司所在地为合同履行地。鉴于N保险公司住所地位于北京市东城区,某市某区人民法院依法对本案有管辖权。N保险公司选择向北京市东城区人民法院提起诉讼,符合《民事诉讼法》第36条关于"两个以上人民法院都有管辖权的诉讼,原告可以向其中一个人民法院起诉;原告向两个以上有管辖权的人民法院起诉的,由最先立案的人民法院管辖"的规定,法院应予支持。M保险公司关于《最高人民法院关于适用〈中华人民共和国民事诉讼法〉的解释》第18条规定,只有在审理贷款合同、民间借贷等纯粹的货币给付的合同时,才能将接受货币一方所在地解释为合同履行地的上诉主张,没有法律依据,法院不予支持。据此,M保险公司关于撤销一审裁定并将本案移送某市中级人民法院审理的上诉理由均不成立,其上诉请求应予驳回。

简评:将隐名共保的法律性质界定为再保险合同,虽然在实体上对双方的权利义务一般没有实质性影响,但对确定法院的管辖权可能有决定性影响。本案中两审法院从隐名共保不是投保人与保险人之间的直接保险合同出发,认定再保险摊回索赔属于货币给付,故在合同履行地不明的情况下,《最高人民法院关于适用〈中华人民共和国民事诉讼法〉的解释》第18条第2款规定:"合同对履行地点没有约定或者约定不明确,争议标的为给付货币的,接收货币一方所在地为合同履行地……"分出人有权在分出人所在地法院起诉再保险接受人。

案例八:R保险公司某分公司、R保险公司某支公司(首席保险人)与T保险公司(隐名共同保险人)再保险合同纠纷案

争议焦点:政策性农业保险经营资质对保险合同效力的影响,共保还是再保险,共保合同期间,隐名共保人无政策性农业保险经营资格导致共保业务保费涉及的各级财政补贴资金被政府要求退回是否属于共同保险合同或再保险合同的合同义务范围。

本案基本案情:2017年3月7日,中国保险监督管理委员会印发《关于R保险公司在某市开展农业保险创新试点的复函》(保监函〔2017〕24号),主要内容为:经研究,我会支持你公司在某市开展"保证保险+农业保险"等模式创新试点。

2017年4月18日,某市农村工作委员会、某市财政局、某市金融局、中国保险监督管理委员会某市监管局印发《关于R保险公司某市分公司在我市开展政

策性农业农村保险工作的通知》（某农委〔2017〕37 号），主要内容为：支持 R 保险公司从 2017 年起在我市开展政策性农业农村保险相关工作。

后 R 保险公司在某市开展政策性农业农村保险相关工作。2017 年 5 月，作为甲方的 R 保险公司某支公司与作为乙方的 T 保险公司签订《共保协议书》，约定经甲、乙双方共同协商，一致就某市某地区政策性农业保险项目，达成共保协议，以资各方共同遵守。共保项目为某市某地区政策性农业保险项目。被保险人为某市某地区投保政策性农业保险的农民、新型农业经营主体、种植大户以及其他符合政策要求的被保险人。保险期限为本保险项目自 2017 年 5 月 1 日 0 时起至 2018 年 4 月 30 日 24 时签单的政策性农业保险共保业务。甲方为本保险项目的首席承保人，乙方为本保险项目的共同保险人。在本保险项目中，共保各方共保比例分别为甲方 50%、乙方 50%。共保双方充分理解并同意根据保险单、批单按各自共保比例承担保险责任并享有相应的权益。双方一致同意分别按各自的共保比例自行办理再保险、缴纳营业税。

2017 年 8 月 29 日，某市财政局、某市农村工作委员会、某市金融工作局、财政部驻某市财政监察专员办事处、中国保险监督管理委员会某监管局联合印发《某市农业农村保险保费补贴管理办法的通知》（×财规〔2017〕8 号），该文件第 30 条规定："目前在我市具备经营政策性农业农村保险的经办机构为 A 保险公司某市公司、B 保险公司某市分公司、C 保险公司某市分公司和 R 保险公司某市分公司。"

2018 年 7 月 24 日，某市财政局、某市农村工作委员会联合印发《关于 R 保险公司某分公司政策性农业保险共保问题的通知》（×财农〔2018〕113 号），主要内容为：经财政部驻某专员办核查，R 保险公司某分公司 2017 年开展农业保险过程中，与 T 保险公司在某区存在政策性农业保险共保问题。按照某市财政局、某市农村工作委员会、某市金融工作局、某保监局、财政部驻某专员办五部门联合印发《某市农业农村保险保费补贴管理办法》（×财规〔2017〕8 号）有关规定，T 保险公司在某市并无政策性农业保险经营资格，共保业务保费涉及的各级财政补贴资金均应退回。请 R 保险公司于 2018 年 7 月 30 日前将所涉及的财政补贴资金 710736 元退回某区财政局。此次共保业务涉及农户所负担保费均已交纳，保险合同已生效，R 保险公司作为保险服务提供方要继续履行合同义务，为客户提供优质高效服务，不得以自身共保问题为由拒绝履行合同义务。

2018年9月28日，某市某区财政局印发《关于R保险公司退回政策性农业农村保险保费各级财政补贴资金的通知》（××财〔2018〕70号），通知R保险公司某支公司严格按照市财政局和市农委通知要求，务必于2018年9月30日前将所涉及的财政补贴资金710736元交回某区财政部门。2018年10月23日，R保险公司某分公司向R保险公司市某区财政局退还710736元。

R保险公司某分公司及其某支公司向一审法院起诉请求：1.判令T保险公司支付R保险公司某分公司及其某支公司710736元；2.诉讼费用由R保险公司承担。

一审某区人民法院判决意见：《保险法》第28条第1款规定，"保险人将其承担的保险业务，以分保形式部分转移给其他保险人的，为再保险"。第29条规定，"再保险接受人不得向原保险的投保人要求支付保险费。原保险的被保险人或者受益人不得向再保险接受人提出赔偿或者给付保险金的请求。再保险分出人不得以再保险接受人未履行再保险责任为由，拒绝履行或者迟延履行其原保险责任"。R保险公司某支公司与T保险公司签订的《共保协议书》符合再保险的特征，本案应属再保险合同纠纷。

《共保协议书》系双方真实意思表示，不违反法律、行政法规的强制性规定，合法有效。双方均应恪守合同约定履行各自义务，R保险公司某分公司、某支公司要求T保险公司给付710736元无事实及法律依据，故对其该诉请请求，一审法院不予支持。综上，依照《合同法》第6条、《最高人民法院关于适用〈中华人民共和国民事诉讼法〉的解释》第90条之规定，判决：驳回R保险公司某分公司及其某支公司的全部诉讼请求。

二审某中级人民法院判决意见：虽然案涉双方对《共保协议书》的合同性质存在争议，但本案争议的实质为R保险公司某分公司、某支公司要求T保险公司支付710736元是否有事实及法律依据。《共保协议书》系双方真实意思表示，不违反法律、行政法规的强制性规定，合法有效。双方均应恪守合同约定履行各自义务。案涉《共保协议书》就保险期限约定："本保险项目包含甲乙双方自2017年5月1日0时起至2018年4月30日24时签单的政策性农业保险共保业务。"现保险期限已过，T保险公司在收取相关保费的同时，亦已依《共保协议书》约定履行了相应理赔义务，R保险公司某分公司、某支公司现认可仅少部分款项未予理赔，但并非本案争议事项。本案所争议款项，实为在案涉《共保协议书》保险期限届满后，应某市财政局、某市农村工作委员会《关于R保险公司某分公司政策性农业保险共保问题的通知》与某市某区财政局印发《关于R保险公司退回政策性农业农村保险保费各级财政补贴资金的通知》要求责令R保险公司分公司、某支公司退还部分财政补贴的款项，该款项非《共保协议书》约定的T保险公司应履行的义务，故R保险公司某分公司、某支公司主张T保险公司某分公司支付710736元，依据不足，法院不予支持。

综上所述，R保险公司某分公司、某支公司的上诉请求不能成立，应予驳回；一审判决认定事实清楚，适用法律正确，应予维持。依照《民事诉讼法》第一百六十九条第一款、第一百七十条第一款第一项规定，判决驳回上诉，维持原判。

简评：二审某中级人民法院阐明，本案所争议款项，实为在案涉《共保协议书》保险期限届满后，应某市财政局、某市农村工作委员会《关于R保险公司某分公司政策性农业保险共保问题的通知》与某市某区财政局印发《关于R保险公司退回政策性农业农村保险保费各级财政补贴资金的通知》要求责令R保险公司某分公司、某支公司退还部分财政补贴的款项，该款项非《共保协议书》约定的T保险公司应履行的义务，故R保险公司某分公司、某支公司主张T保险公司支付710736元，依据不足，法院不予支持。

本案涉及农业保险，属于政策性保险，涉及保险经营资质问题。没有农业保险经营资质的保险人通过隐名共保（实为再保）参与农业保险，在隐名共保合同（再保险合同）范围内的合同权利义务，仍可能得到法院认可。

二、重要英国再保险案例简介

案例一：General Accident Fire and Life Assurance Corporation v. Tanter（"The Zephyr"）（1984）1 Lloyd's Rep 58；（1985）2 Lloyd's Rep 529，CA

争议焦点：超额认购（Signing down）未成功情况下已签署的承保条承诺再保险合同是否成立，未完成其通知的超额认购的经纪人对再保险接受人是否承担补偿责任，如果有补偿责任该责任是违约责任还是侵权责任。

案例简介：本案中，保险经纪人同时向多个保险人和再保险人分别办理

“Zephyr”轮的船舶保险和再保险,船舶保险条件是一切险(all risks),但再保险条件是全损险(total loss only)。经纪人通知(indicate)保险人和部分再保险人,他按照他的习惯做法,将寻求超额认购。在办理保险和再保险认购过程中,部分保险人和再保险人分别签署了原保险承保条和再保险承保条,在都没有完成预计的超额认购时,“Zephyr”轮遭遇大风浪弃船,构成推定全损。分出人按全损足额赔付原被保险人,虽然按经纪人的预计,该分出人最终只需要承保40%的原保险份额。

分出人要求已经签署再保险承保条的3家再保险接受人按其实际认购份额比例摊赔,但实际认购不到13%,各再保险接受人的最终承保份额是其认购份额的约88.48%,不是约33%。再保险接受人主张:经纪人本应在本案船舶全损事故发生前完成经纪人事先通知的超额认购,由于经纪人是再保险分出人的代理人,再保险分出人应对经纪人的行为负责,故再保险接受人应按其预计的再保险承保份额,即1/3最终承保份额承担责任。

英国高等法院一审判决,再保险接受人应按其签署的份额占总认购份额的比例向分出人摊赔船舶全损。从承保条被签署时起,即构成承诺,再保险合同成立,再保险接受人应按其签署的份额承担保险责任,除非承保条被修改或调整。再保险接受人未对此部分判决上诉。

简评:关于未完成其通知的超额认购的经纪人对再保险接受人是否承担补偿责任,英国高等法院一审判决,经纪人与再保险接受人之间不存在附带合同(collateral contract),经纪人没有违约责任,但负有注意义务(duty of care),故应承担侵权责任。经纪人提出上诉,但只有经纪人没有向其发出超额认购通知的3家再保险接受人之一应诉。英国上诉法院判决,经纪人对其没有通知超额认购的再保险接受人没有赔偿责任,并且附带指出,经纪人的超额认购通知构成经纪人与(再)保险接受人之间的附带合同,经纪人应承担违约责任。但其后英国上议院的权威案例仍认为,事先表示将自愿承担超额认购等的义务或责任的经纪人对(再)保险接受人负有注意义务,而非合同义务,参见Herderson v. Merrett Syndicates Ltd (1995) 2A. C. 145。

案例二:Gan Insurance Co. , Ltd v. Taiping Insurance Co. , Ltd (No. 2&3) (2001) Lloyd's Rep IR 667, CA; revs'g(2001) Lloyd's Rep IR 291,(2001)EWCA Civ 1047

争议焦点:逆利益解释原则(不利解释规则,Contra froferentem)在再保险合同中的适用。

案例简介:对合同条款中模糊不清之处,法院可以适用逆利益解释原则,即不利于该待解释的合同条款的起草方来解释。在再保险实务中,再保险合同条款常常由经纪人起草,经纪人通常代表再保险分出人,但也有再保险接受人起草再保险合同条款供双方协商修改的情形。

英国上诉法院在该案中认为,对市场上的公开的再保险合同标准条款,不应适用逆利益解释原则。

此外,英国上诉法院还认为,在没有理赔跟随条款,只有理赔合作条款或理赔控制条款的情况下,再保险接受人没有不得不合理地拒绝同意再保险分出人的理赔的默示义务,但仍应遵循诚实信用原则,对再保险人有利。

简评:需要介绍,再保险合同作为商业合同的一种,也遵循对商业合同的解释原则。在英国普通法中,英国最高法院的两则近期案例,在解释合同方面的重要转变是,更强调合同的确定性,所以更倚重合同文本本身(literalism),而较少考虑合同成立的背景(contextualism:commercial common sense, the surrounding circumstances,matrix of facts):Arnold v. Britton (2015) UKSC36; Wood v. Capita Insurance Services Ltd (2017)UKSC24。因此,在参考此前的重要再保险解释权威案例时,包括:Youell v. Bland Welch (the "Superhulls") case (1992) 2 Lloyd's Rep. 127 和 Teal Assurance Co. , Ltd v. W. R. Berkley Insurance (Europe) Ltd (2013)UKSC57,必须十分谨慎。①

---

① See O'Neill & Woloniecki, *The Law of Reinsurance in England and Bermuda*, 5th ed. ,Sweet & Maxwell,2019, para. 4 -058.

案例三：Foskringsaktieselskepat Vesta v. Butcher（1989）AC 852,895 B/C（HL.）

争议焦点：并入原保险条款(Incorporation)，准据法，保证(warranty)。

案例简介：对挪威一个海上养殖场的临时分保协议采用劳合社 J1 格式，其中约定，"being a reinsurance of and warranted same gross rate and terms and conditions and to follow the settlement of the insurer"，但没有约定再保险合同的准据法。分出人也向劳合社再保险人提供了原保险合同，其中约定适用挪威法。

挪威峡湾的一场大风导致本案保险标的养殖场中的数千条养殖鱼逃逸到外海，被保险人在夜间没有安排人值守，违反了原保单约定的 24 小时看护保证。证据显示，即使 24 小时都有人值守，也基本不能减少养殖鱼的损失。根据挪威法，只有在违反保证与损失之间存在因果关系的情况下，保险合同才无效，故原保险人需要对养殖损失承担保险赔偿责任。根据当时的英国《1906 年海上保险法》，被保险人违反保险保证的，保险人就有权拒赔，不考虑违反保证与损失之间有无因果关系。

英国上诉法院法官一致维持了英国高等法院的判决，英国上议院维持了英国上诉法院的判决，即三级法院判决一致：再保险合同没有约定再保险合同的准据法，本案再保险合同的准据法应该是英国法，而非原保单的准据法挪威法；但是，再保险合同与保险合同是"背靠背"关系，再保险合同中并入的保证条款的效力应该与原保单中的保证条款的效力相同，除非再保险合同中有明确相反的约定。

简评：该判例中的并入条款是没有限定的"背靠背"条款，而且有理赔跟随条款。该权威判例面对两难困境，选择对再保险分出人的合理商业期待的考虑超过了对冲突法(国际私法)原则的考虑，体现了英国普通法对"背靠背"再保险合同下再保险分出人利益的保护。在此案例中，再保险合同的法律性质被解释为责任保险：补偿(indemnify)原保险人。遵从此判决的其他重要英国上诉法院案例包括 Groupama Navigation v. Catatumbo（2001）Lloyd's Rep. I. R. 141。

案例四:WASA v. Lexington (2009) UKHL40(HL.)

争议焦点:临分比例再保险合同的准据法是英国法还是原保险合同准据法美国法,"理赔跟随条款"(follow the settlements)与再保险合同的独立性,再保险合同的法律性质,对"背靠背"及遵从原保险不利判决义务的背离。

案例简介:美国环境保护署命令ALCOA公司清理其多处工厂在1942年到1986年共45年发生的污染,该公司在LEXINGTON保险公司投保了自1977年7月1日到1980年7月1日共3年的环境责任险。华盛顿州最高法院依据宾夕法尼亚州法律判决LEXINGTON保险公司应对ALCOA公司45年来发生的所有污染承担连带责任。再保险合同中有"FOLLOW THE SETTLEMENTS"条款。再保险合同的准据法是英国法。LEXINGTON保险公司赔偿原被保险人ALCOA公司后,要求再保险人摊赔。

英国上议院判决,再保险合同的保险标的与原保险合同的标的相同,再保险是原保险的保险,是独立的合同,不是"背靠背"合同,不能忽视再保险合同的准据法(英国法)对再保险合同的基本条款(再保险期间,本案为3年)的法律效力,再保险人根据英国法只负责其再保险期间分出人应承担的责任。理赔跟随条款只要求再保险人跟随能够公平(fairly)反映原保险合同下责任的理赔。

简评:本案判决是对"背靠背"及"遵从原保险不利判决义务"的背离,也重新解释了再保险合同的法律性质,被认为是迄今英国最重要的再保险权威案例(leading case, authority)。本案例也表示英国法在这方面存在很大的不确定性。

案例五:Caudle v. Sharp(1995) LRLR 433

争议焦点:事故(Event)的认定。

案例简介:1982年劳合社承保代理人代表劳合社辛迪加317和661等,承保了32笔与石棉相关的责任保险业务,遭受巨额长尾累积保险损失。劳合社承保代理投保了错误与遗漏保险(errors and omissions cover)。辛迪加起诉劳合社承保代理人疏忽,错误与遗漏保单的保险人赔偿了辛迪加后,向其多个再保险接受人索赔,再保险接受人主张劳合社承保代理人在每一笔合同下的疏忽是一个单独的"事故"(Event),故总共应扣除32个自留额,再保险分出人主张劳合社承保代理人的疏忽是一个连续的行为，只构成一次事故。再保险合同的自留额条款表述为："each and every loss and/occurrence... or series of losses and/or occurrences... arising out of one event."

仲裁庭认可再保险分出人的观点。英国上诉法院不同意仲裁庭的观点，提出构成一个事故的检验标准是：

(1)包含一个共同因素(common factor)；

(2)满足因果链(causation)的基本要求；

(3)就该条款的目的而言与损失之间不是太遥远。

在 Axa Re v. Field 案中，争议焦点是"初始原因"(或称起因 one origination cause)是否等同于"事故"(event)。英国上议院认为"原因"(cause)的含义更广，可能是一种连续的状况(continuing state of affairs)，或者什么也没有发生(the absence of something happening)。

案例六：Kuwait Airways Corporation (KAC) v. Kuwait Insurance Co. SAK (KIC) (1996) 1 Lloyd's Rep 664

争议焦点：事故发生(Occurrence)与事故(Event)的认定。

案例简介：1990 年 8 月 2 日伊拉克开始入侵科威特，占领科威特机场，其后到 9 月 20 日，分多次扣押和移走科威特航空公司共 15 架飞机和一些备件。KAC 主张每一架飞机的损失构成一次单独的损失，并在无偏见基础上接受了 KIC 3 亿美元的保险赔款。

英国高等法院在考虑了这些损失发生的原因(cause)、地点(location)、时间(time)、攻击人的意图(intention)等因素后，判决在再保险合同中，15 架飞机的损失是一次"事故发生"造成的。发生不同于损失。事故发生也不同于危险。事故发生的含义与事故的含义没有显著差别。该案之后一直上诉到上议院，但不涉及高等法院对"one occurrence"的认定。在其后的 Scott v. The Copenhagen Reinsurance Co. (UK) Ltd(2002) Lloyd's Rep. I. R. 775 中，争议该事故是否是"a series of losses arising from one event"，英国高等法院和上诉法院认为事故发生的含义与事故的含义没有显著差别。

但是,在 Man v. Lexington 案中,1998 年 5 月印度尼西亚暴徒数日内捣毁不同地方的多个仓库,英国高等法院判决这些损失不是一次“事故发生”造成的。

案例七:Insurance Company of Africa v. Scor (UK) Insurance Co., Ltd (1985) 1 Lloyd's Rep 312, CA;(1983) 1 Lloyd's Rep 541

争议焦点:理赔跟随条款与理赔合作条款的关系,原被保险人欺诈对再保险理赔的影响。

案例简介:非洲保险公司(ICA)承保了利比里亚首都的一处仓库的火灾保险,98.6% 分保给 SCOR 和其他伦敦市场的再保险人,SCOR 是首席再保险人,再保险合同中既有理赔跟随条款,也有理赔合作条款。1982 年 2 月 7 日,该仓库发生火灾,ICA 指派当地当时唯一有资质的英国检验人 Mr. Koval 去查勘,报告无异常,ICA 的母公司北美保险公司指派的另一检验人也认可,ICA 准备赔偿原被保险人。再保险人接到匿名信,称火灾事故是人为纵火和诈骗,原被保险人对 ICA 的理赔代理人和检验人行贿。再保险人自行安排调查,ICA 不予配合。原被保险人在利比里亚起诉 ICA, ICA 败诉,除被判决赔偿火灾损失外,还要赔偿原被保险人惩罚性赔偿及法律费用。ICA 在英国起诉 SCOR 和其他再保险人索赔全部损失,包括惩罚性赔偿及法律费用。

英国一审高等法院和二审上诉法院都判再保险人败诉,但都不支持 ICA 诉讼请求中的惩罚性赔偿和分出人在利比里亚法院抗辩的法律费用。值得注意的是,上诉法院与高等法院的判决理由不同。上诉法院认可高等法院查明的事实,再保险人未能证明原被保险人存在欺诈,也未证明再保险分出人在原保险理赔上违反诚实和尽职义务。再保险人申请让写匿名信的人出庭作证以证明原被保险人存在欺诈,没有得到上诉法院批准。

上诉法院的判决理由是,根据理赔跟随条款,在再保险分出人已经证明损失属于再保险合同承保的风险(within the scope of the reinsurance agreement),而且其在损失理赔时已经尽到诚实和尽职义务的情况下(bona fide and business-like settlements),再保险人必须赔偿分出人;即使再保险人可以证明原被保险人欺诈,在约定了理赔跟随条款的情况下,再保险人也有义务赔偿再保险分出人,然后可以行使代位求偿权向原被保险人追偿;如果再保险合同中既有理赔跟随条款,又有理赔合作条款,二者就直接发生冲突,理赔跟随条款的效力对理赔合作条款的效力形成制约。本案中,上诉法院有法官认为保险人的赔偿方案并没有得到再保险人的同意,但该赔偿方案是由法院判决确定,不属于理赔合作条款的调整范围,因此不需要获得再保险人的同意。在这起案件中,Stephenson 法官认为保险人拒绝配合的是针对其雇员和代理人的过分调查,情有可原,不能视作违反索赔合作条款①。

案例八:Pine Top Insurance Co., Ltd v. Unione Italia Anglo-Saxon Re (1987) 1 Lloyd's Rep 476

争议焦点:超赔合约并入条款与仲裁条款的关系。

案例简介: Home and Overseas 保险公司将其假日旅游保单以超赔形式分保给 Unione Italiana,再保险承保条中的"General Conditions"规定"All terms, clausesand conditions as original"。Unione Italiana 又转分保给 Pine Top 等,转分保承保条中也有一个与再保险承保条相同的并入条款。所有的原保单都有仲裁条款,再保险合同有自己的不同的仲裁条款。Unione Italiana 根据再保险合同的仲裁条款对拒赔的 Pine Top 提起仲裁,Pine Top 抗辩该仲裁条款没有并入转分保合同中,对其没有约束力。

英国高等法院判决设置并入条款"All terms, clausesand conditions as original"的目的是让再保险承保风险与原保单承保风险(包括保险期间、地理范围、风险性质等)一致,不能有效并入原保单中的仲裁条款或管辖权条款。仲裁条款或管辖权条款必须用特别明确的措辞才能被有效并入。仲裁条款是"自洽

---

① 郑睿:《海上保险:法律与实务》,上海浦江教育出版社 2021 年版,第 482 页。需要注意的是,本案的理赔跟随条款"Being a Reinsurance of and warranted the same ... terms and conditions as and to follow the settlement of the ICA ..."该措辞粗糙简陋,后续国际再保险行业根据本案法官所认定的理赔跟随条款要件,起草了更规范和明确的理赔跟随条款。同样地,本案的理赔合作条款"It is a condition precedent to liability under this Insurance that all claims be notified immediately to the Underwriters subscribing to this Policy and the Reassured hereby undertake in arriving at the settlement of any claim, that they will cooperate with the Reassured Underwriters and that no settlement should be made without the approval of the underwriters subscribing to this Policy"同样在后续实务发展中得到了修改和补充。

的”(self-contained)。

在英国1996年仲裁法生效后,上述判例仍得到遵循:American International v. Abbott Laboratories(2004) 1Lloyd's Rep. I. r. 815。

案例九:Charter Re v. Fagan (1997) AC313, HL.; Teal Assurance Co., Ltd v. WRBerkley Insurance (Europe) Ltd (2013) UKSC57, the Supreme Court

争议焦点:再保险合同诉讼时效起算。

案例简介:英国法院判决再保险合同争议的诉讼时效,从诉因(cause of action)发生时起计算,即再保险分出人通过和解协议、仲裁裁决或判决确定原保单责任之日。再保险分出人有权提出再保险索赔的最早时间不是原保险事故发生之日,不是再保险分出人发出账单之日,也不是再保险分出人实际赔偿原被保险人之日,即使再保险合同已经约定再保险人的赔偿以再保险分出人“实际赔偿”(actually paid)为条件。

但是,在船东互保协会保险条款中有以“会员先付”作为互保协会赔偿会员的前提条件,其措辞“shall in fact have paid”被英国法院判决足够清楚有效:The Fanti(1991) 2 A. C. 1。可见,在时效起算问题上,英国法院对再保险合同的解释与对直接责任保险的解释有区别。

根据英国法,当事人之间可以约定修改时效期间(6年)和时效起算时间。一方认可支付责任或者已经部分支付,可以中断时效。此外,当事人之间还可以通过达成“封存协议”(Standstill Agreement)来中断时效。

案例十:Axis Corporate Capital UK II Ltd & Ors v. ABSA Group Ltd & Ors (2021) EWHC 861 (Comm)

争议焦点:多层超额分保各层管辖权条款不一致,是否为专属管辖权条款,平行诉讼,禁诉令。

案例简介:南非再保险分出人与再保险人签订了四层的结构性分保协议,

“第一层”(Primary layer)分保约定的管辖权条款为“Each party agrees to submit to a worldwide jurisdiction...”另外三层超额及累积自留分保约定的管辖权条款为“Each party agrees to submit to the jurisdiction of England and Wales...”而且该约定前的法律适用条款约定了适用英格兰及威尔士法律。再保险分出人在南非起诉再保险人,再保险人在英国法院对所有各层再保险争议申请禁诉令。再保险人的申请理由是再保险合同约定的英国管辖权条款是专属管辖条款,而且南非法院的司法效率太低,英国法院是合适的管辖法院。

英国商业法院一审判决认为:“第一层”(Primary layer)约定的管辖权条款不明确,不属于英国专属管辖权条款,而且在考虑了关于禁诉令的权威案例 Deutsche Bank AG v. Highland Crusader (2009) EWCA Civ 725 后,判决南非法院的诉讼对再保险人而言并不构成“巨大障碍”(High hurdle),故不同意对第一层再保险争议签发禁诉令;其他三层的管辖权条款,结合其英国法准据法条款,可以解释为当事人的本意是约定英国法院专属管辖条款,再保险分出人不得违约,故根据相关先例 Catlin Syndicate v. Amec Foster Wheeler (2020) EWHC 2530 (Comm),判决同意再保险人的禁诉令请求,尽管第一层再保险合同争议在南非法院审理,也未能避免对同一案件的平行诉讼。[1]

[1] Reinsurance, Insight, *Case Update: Jurisdiction Clauses in Reinsurance Contracts*, 29 April 2021, Clyde & Co. LLP, www.clydeco.com.

附录

1. 再保险业务管理规定

（中国银行保险监督管理委员会2021年第8号令，
自2021年12月1日起施行）

第一章 总 则

第一条 为规范和发展再保险市场，加强对再保险业务的管理，实现保险业健康协调可持续发展，依据《中华人民共和国保险法》（以下简称《保险法》）、《中华人民共和国外资保险公司管理条例》以及有关法律、行政法规，制定本规定。

第二条 本规定所称再保险，是指保险人将其承担的保险业务，部分转移给其他保险人的经营行为。

本规定所称直接保险，也称原保险，是相对再保险而言的保险，由投保人与保险人直接订立保险合同的保险业务。

本规定所称转分保，是指再保险接受人将其分入的保险业务，转移给其他保险人的经营行为。

本规定所称合约分保，是指保险人与其他保险人预先订立合同，约定将一定时期内其承担的保险业务，部分向其他保险人办理再保险，再保险接受人需按照约定分保条件承担再保险责任的经营行为。

本规定所称临时分保，是指保险人临时与其他保险人约定，将其承担的保险业务，部分向其他保险人逐保单办理再保险，再保险接受人需逐保单约定分保条件并承担再保险责任的经营行为。

本规定所称比例再保险，是指以保险金额为基础确定再保险分出人自留额和再保险接受人分保额的再保险方式。

本规定所称非比例再保险，是指以赔款金额为基础确定再保险分出人自负责任和再保险接受人分保责任的再保险方式。

第三条 本规定所称再保险分出人，是指将其承担的保险业务，部分转移给其他保险人的保险人;本规定所称再保险接受人,是指承接其他保险人转移的保险业务的保险人。

本规定所称分出业务,是指再保险分出人转移出的保险业务;本规定所称分入业务,是指再保险接受人接受分入的保险业务。

本规定所称直接保险公司,也称原保险公司,是相对再保险人而言,是指直接与投保人订立保险合同的保险人。

本规定所称保险联合体,是指为了处理单个保险人无法承担的特殊风险或者巨额保险业务,或者按照国际惯例,由两个或两个以上保险人联合组成、按照其章程约定共同经营保险业务的组织。

本规定所称保险经纪人,是指接受再保险分出人委托,基于再保险分出人利益,为再保险分出人与再保险接受人办理再保险业务提供中介服务,并按约定收取佣金的保险经纪机构。

第四条　在中华人民共和国境内(不含港澳台)设立的保险人、保险联合体以及保险经纪人或其他保险机构办理再保险业务,应当遵守本规定。

第五条　保险人、保险联合体和保险经纪人办理再保险业务,应当遵循审慎和最大诚信原则。

第六条　再保险分出人、再保险接受人和保险经纪人,对在办理再保险业务中知悉的商业秘密或其他应当保密的信息,负有保密义务。

第七条　中国银行保险监督管理委员会(以下简称银保监会)鼓励保险人、保险联合体和保险经纪人积极为农业保险,地震、台风、洪水、突发公共卫生事件等巨灾保险和国家重点项目提供保险及再保险服务。

第八条　银保监会依法对再保险业务实施监督和管理。

第二章　业务经营

第九条　保险人应当制定再保险战略,明确再保险在公司风险和资本管理战略中的作用。再保险战略应包括再保险安排的目的、自留政策、分保政策、风险管控机制等内容。

再保险战略的制定、实施、评估和调整由公司高级管理层负责,董事会或其授权的专业委员会应对再保险战略的制定和调整进行审批,并对实施情况进行监督。

外国再保险公司分公司,其再保险战略的制定、实施、评估和调整应经其分公司高级管理层同意。

第十条 保险集团应当统筹制定集团的再保险战略,明确再保险战略与集团风险管理和资本管理战略的关系。集团再保险战略应包括集团的风险累积和净自留管理、信用风险管控、集团内保险公司的再保险授权管理、集团内分保战略等内容。

保险集团再保险战略的制定、实施、评估和调整由集团高级管理层负责,董事会或其授权的专业委员会应对再保险战略的制定和调整进行审批,并对实施情况进行监督。

第十一条 再保险业务分为寿险再保险和非寿险再保险。保险人对寿险再保险和非寿险再保险应当单独列账、分别核算。

第十二条 保险人应当依照《保险法》规定,确定当年总自留保险费和每一危险单位自留责任;超过的部分,应当办理再保险。

保险人对危险单位的划分应当符合银保监会的相关规定。

第十三条 保险人应当根据实际情况,科学、合理安排巨灾再保险。

第十四条 保险人应当按照银保监会的规定办理再保险,并审慎选择再保险接受人和保险经纪人,选择再保险接受人和保险经纪人应当符合银保监会的有关规定。

第十五条 再保险分出人应当及时将影响再保险定价和分保条件的重要信息向再保险接受人书面告知;再保险合同成立后,再保险分出人应当及时向再保险接受人提供重大赔案信息、赔款准备金等对再保险接受人的偿付能力计算、准备金计提及预期赔付有重大影响的信息。

第十六条 再保险分出人和再保险接受人应加强再保险合同管理,及时完成再保险合同文本或再保险合同简要文本的签订。

第十七条 再保险分出人应按约定及时支付再保险保费,再保险接受人应按约定及时支付赔款。

第十八条 保险人应当建立再保险业务档案管理制度,妥善保管再保险业务合同文本、账单、赔案资料及相关往来文件资料,及时进行电子化处理并存储到相关电子档案管理系统。

第十九条 保险人应建立再保险业务集中度管理制度,对分出业务集中于同一家再保险接受人和与其关联的再保险接受人的情况进行监测和管控,防范信用风险。

除航空航天保险、核保险、石油保险、信用保险外，直接保险公司以比例再保险方式分出财产险直接保险业务时，每一危险单位分给同一家再保险接受人的总比例，不得超过再保险分出人承保直接保险合同保险金额或者责任限额的80%。

第二十条　保险人应当正确识别自身临时分保需求，建立科学合理的临时分保管理制度。保险人承保的业务超过其承保能力和风险承担能力的，应当在承保前完成临时分保安排。

第二十一条　保险人开展境外分出业务的，应当建立境外分出业务监测制度，每半年对分保至境外的再保险业务的信用风险和流动性风险进行分析，及时提出应对措施，保证再保险交易安全。分析报告应当经公司总经理审核确认，妥善保管。

第二十二条　保险人应当建立再保险业务流动性风险管理制度，加强对再保险应收款项的管理，制定重大赔付案件流动性风险处置预案，确保发生重大赔付时及早识别和应对潜在的流动性风险。

第二十三条　保险人在与关联企业进行再保险交易时，应当遵循市场化原则确定再保险价格与条件，不得利用再保险转移利润，逃避税收。保险人应当按有关规定披露再保险关联交易信息。

第二十四条　保险人和保险经纪人可以利用金融工具开发设计新型风险转移产品。保险人应当按照有关规定向银保监会报告。

第二十五条　中国境内的专业再保险接受人，应当配备在中国境内有住所的专职再保险核保人和再保险核赔人。

第二十六条　直接保险公司开展再保险分入业务的，应当满足以下条件：

（一）由总公司统一办理，除银保监会另有规定外，分支机构不得办理再保险分入业务；

（二）设立独立的再保险部门，配备必要的专业人员，上一年分保费收入超过1亿元的，应配置不少于3名独立于直接保险业务的专职人员，上一年分保费收入超过3亿元的，前述专职人员不得少于5名；

（三）建立完整的分入业务管理制度和独立的分入业务信息系统模块，并与财务系统自动对接，实现分入业务与直保业务的独立管理；

（四）制定合理、详细的年度分入业务发展计划。

第三章　再保险经纪业务

第二十七条　保险经纪人从事再保险经纪业务，应恪尽职责，不得损害保险人的信誉和合法权益。

第二十八条　保险经纪人可以根据业务需要引进或者设计再保险合同。

第二十九条　保险经纪人应当按照再保险合同的约定，及时送达账单、结算再保险款项以及履行其他义务，不得挪用或者截留再保险费、摊回赔款、摊回手续费以及摊回费用。

第三十条　保险经纪人应当将再保险接受人的有关信息及时、准确地书面告知再保险分出人。

应再保险接受人的要求，保险经纪人应当按照与再保险分出人的约定，将其知道的再保险分出人的自留责任以及直接保险的有关情况，及时、准确地书面告知再保险接受人。

第三十一条　应再保险分出人或者再保险接受人的要求，保险经纪人应当按照合同约定配合进行赔案的理赔工作。

第四章　监 督 管 理

第三十二条　保险人办理再保险业务，应当按照精算的原理、方法，评估各项准备金，并按照银保监会有关规定准确、足额提取和结转各项准备金。

对于同一笔寿险业务，在有关精算规定责任准备金下，再保险接受人与再保险分出人在评估准备金时，应采用一致的评估方法与假设。

第三十三条　保险人偿付能力报告中涉及再保险业务的内容，应当符合银保监会发布的保险公司偿付能力监管规则的要求。

第三十四条　外国再保险公司分公司的偿付能力应当符合银保监会发布的保险公司偿付能力监管规则等有关制度的要求。外国再保险公司分公司自留保费以其总公司直接授权的额度为限。

第三十五条　保险人应当严格按照本规定对合约分保和临时分保业务进行分类和经营，不得以临时分保名义变相经营合约分保业务。

预约分保等非逐保单约定分保条件的再保险业务属于合约分保业务，应当按合约分保的要求进行管理。

第三十六条　保险公司应按规定向银保监会或其派出机构提交下列材料：

（一）于每年 4 月 30 日前，提交上一会计年度再保险经营管理情况；

1. 再保险业务经营情况。

包括分保费收入、分出保费、手续费以及摊回、赔款以及摊回等情况。

直接保险公司还应报送重大保险赔案及其再保险安排、摊回赔款等情况。重大保险赔案是指在一次保险事故中,财产损失赔偿在5000万元以上,或者人身伤亡赔付在3000万元以上的理赔案件。

2. 经总精算师签署的、有关再保险业务的各类准备金提取办法和金额。

3. 除航空航天保险、核保险、石油保险、信用保险外,财产保险公司以比例再保险方式将每一危险单位分给同一家再保险接受人的业务,超过再保险分出人承保直接保险合同部分的保险金额或者责任限额50%的交易情况,以及管理该业务信用风险的相关措施。

4. 巨灾风险安排情况,包括巨灾风险累积、巨灾风险自留额及其确定方式、巨灾风险的再保险分出安排等情况。

5. 再保险保费、赔款的应收、应付情况,包括余额、账龄结构、原因分析等,特别是应收应付账龄超过180天的情况。

(二)于每年6月30日前,提交本会计年度再保险安排有关情况:

1. 财产保险公司的危险单位划分方法及每一危险单位的最大净自留额。

2. 直接保险公司的再保险安排情况,主要包括再保合约的增减、合约分保首席接受人或最大份额接受人的变化等情况。

3. 外国再保险公司分公司的总公司注册地保险监管机构根据当地法律出具的有关其总公司偿付能力状况的意见书或者经营状况意见书,以及总公司对其授权的承保权限和自留保费额度。

第三十七条　保险联合体应当在每年4月30日以前,向银保监会报告上一年度的财务报告、业务分析报告以及与境外再保险交易情况。

第五章　法律责任

第三十八条　保险公司、保险经纪人违反本规定办理再保险业务的,由银保监会及其派出机构责令改正,处以五万元以上三十万元以下罚款;情节严重的,可以限制业务范围、责令停止接受新业务或者吊销业务许可证。

对违反本规定办理再保险业务的行为负有直接责任的主管人员和其他直接责任人员给予警告,并处一万元以上十万元以下的罚款;情节严重的,撤销任职资格。

第三十九条　办理再保险业务违反法律、行政法规的规定，情节严重的，银保监会可以禁止有关责任人员一定期限直至终身进入保险业。

第六章　附　　则

第四十条　政策性保险公司办理再保险业务参照适用本规定。不能适用本规定的，政策性保险公司应当在 3 个月内向银保监会报告有关情况。

第四十一条　鼓励保险公司利用金融基础设施提供的数字化服务，推动再保险业务向线上化、智能化转型发展，提高经营水平和服务质效。

第四十二条　本规定由银保监会负责解释。

第四十三条　本规定自 2021 年 12 月 1 日起施行。《再保险业务管理规定》（中国保险监督管理委员会令 2010 年第 8 号）同时废止。

2. 财产保险公司再保险管理规范

（保监发〔2012〕7号）

第一章　总　　则

一、为规范财产再保险市场，促进财产保险公司提高再保险业务管理水平，加强风险管理和内部控制，实现财产再保险业的健康协调可持续发展，依据《中华人民共和国保险法》、《再保险业务管理规定》（中国保险监督管理委员会令2010年第8号）以及有关法律、行政法规，制定本规范。

二、本规范适用主体为经中国保险监督管理委员会（以下简称“中国保监会”）批准设立，并依法登记注册的财产保险公司。对于本规范有明确规定适用再保险交易双方和再保险经纪人的内容，也适用于再保险公司和再保险经纪人。

三、本规范所称直接保险、再保险、合约分保、临时分保、比例再保险、非比例再保险、再保险分出人、再保险接受人、分出业务、分入业务、再保险经纪人等概念与《中华人民共和国保险法》及《再保险业务管理规定》的有关规定相一致。

第二章　再保险战略管理

一、再保险是财产保险公司风险管控的重要手段，是公司经营战略中的重要组成部分，在转移风险、稳定经营、提升技术和扩大承保能力等方面发挥着不可替代的作用。财产保险公司应从公司发展战略层面确定再保险在公司经营中的地位，正确发挥再保险在风险管理、资本融通和技术传导方面的作用，本着“最大诚信原则”开展再保险业务，合理分散风险，优化业务结构，实现公司的稳健经营和可持续发展。

二、财产保险公司应根据自身业务发展规划和风险管控的需要，科学合理地设定再保险管理的总体目标，包括确定再保险安排的总体架构和制定公司再保险计划。

三、财产保险公司原则上应设立独立的再保险业务管理部门，遵循再保险业务的运行规律和管理模式，确保其风险管控作用的有效发挥。

四、财产保险公司应确定再保险安排和再保险管控的重点环节，合理安排公司内部再保险管理的分工，明确设定再保险管理流程和权限，定岗定责。

五、财产保险公司当年自留保费，不得超过其实有资本金加公积金总和的四倍。

财产保险公司对每一危险单位，即对一次保险事故可能造成的最大损失范围所承担的责任，不得超过其实有资本金加公积金总和的百分之十；超过的部分，应当办理再保险。

六、财产保险公司应在综合考虑重大损失承受意愿、财务实力、业务组合平衡性的基础上，确定各产品线的每一危险单位自留额和针对巨灾事故的每次事故责任累积限额。

七、财产保险公司应重视并加强风险累积责任与巨灾风险的管理，建立风险累积责任和巨灾风险的识别管理原则和方法，重点考虑地区、行业、险种等因素，制定完备的管理制度。

八、财产保险公司应按照中国保监会的要求，建立再保险接受人的选择原则，包括对资信的审核以及资信风险分散度的评估原则。特别应加强对跨境再保险交易中存在的风险点进行分析和研究，采取有效措施，防止金融风险通过再保险业务进行跨境传递。

财产保险公司在与关联企业进行再保险交易时，应遵循市场化原则确定再保险价格与条件，不得利用再保险转移利润，逃避税收。

九、财产保险公司应建立再保险信息的内部报告或通报以及外部披露机制。财产保险公司应建立重大保险赔案及时报送机制。

十、财产保险公司应加强IT系统建设，保持再保险业务IT系统的独立性，将再保险监管政策和公司管理要求内化到IT系统设置，杜绝人为干预。再保险IT系统应与业务和财务的IT系统实现无缝对接。

第三章　再保险运营管理

第一节　运营管理中的基本事项

一、人员设置

财产保险公司应配备专职管理人员和业务人员管理再保险业务。

二、安全机制

财产保险公司应建立包括再保险接受人选择原则、分保额度管理和应急预案在内的业务安全机制。

财产保险公司应在满足监管要求的基础上选择合格的再保险接受人,并从再保险接受人的信用评级、偿付能力、资本金、历史履约情况以及再保险接受人所在国家或地区的政治、法律风险等方面,审慎选择再保险接受人。同时,财产保险公司还应对再保险人接受份额进行额度管理,控制再保险信用风险集中度,提高再保险业务安全性。在符合监管规定的基础上,财产保险公司可采用差异化原则对不同类型业务进行额度管理。

财产保险公司应建立再保险接受人信用风险突发应急预案,以应对再保险接受人资信出现问题或偿付能力突然恶化等紧急情况下的风险保障缺口问题,最大限度保证再保险业务的安全。在合约分保中,可引入合约终止/中止条款,对再保险接受人出现信用风险时合约再保险责任的处置事项做出明确的规定。

三、日常事务管理

财产保险公司应建立再保险业务日常事务管理制度,确保日常事务的有序、有效和及时开展。

再保险业务日常事务主要包括正式合同文本、批单或附约的编制、签发和签回确认;分保账单的编制、签发和签回确认;分保余额结算;应收应付款管理;赔案管理;报表报送;业务统计分析;档案管理等。

四、IT 系统的开发与完善

IT 系统是开展再保险业务的重要保障,财产保险公司应开发适合自身业务特点的再保险业务 IT 系统,包括合约和临时分保系统、分出和分入系统等,并根据实际运行情况进行动态完善。

再保险业务 IT 系统应实现对公司自留额的实时管理,应将不同险种的最大自留额嵌入到核保系统中并及时维护更新。对超过自留额的标的,核保系统应能够自动转到再保险系统。分保安排确认后,方可完成核保出单。

再保险业务 IT 系统应具有数据的分析管理功能,自动形成周期性的数据报表和上报监管机关数据,实现对历史数据的分析管理。保险公司应利用 IT 系统功能对公司再保险安排情况和再保险合约进行事前测算和事后评估,定期形成再保险安排评估报告,指导下一年的再保险安排。

再保险业务 IT 系统应具有权限管理功能,明确将经办和复核、核保和再保岗位分开,确保再保险职能和操作权限在 IT 系统中体现。

再保险业务 IT 系统应能够将核保、理赔、批改等环节的变化及时反映在再保险系统中,应具有数据修订痕迹记录功能,对已确定数据的修改进行全面记录跟踪。

五、应收账款管理

财产保险公司应建立应收账款管理机制加强对应收账款的管理,定期与再保险接受人和分出人核实再保险业务的应收款项,严控应收账款的规模和期限,避免应收账款形成坏账损失,导致公司资金成本和管理成本的增加,甚至引起公司偿付能力的下降。

财产保险公司应建立规范、有效的催收制度解决长期应收账款问题。

六、赔案管理

再保险双方应严格按照分保条件约定进行赔案管理,任何一方均不能以任何理由拒绝履行或拖延履行发送出险通知、提供赔案资料和摊回赔款等责任。赔款摊回适用“共命运”原则,即在分出公司根据保险条款尽职厘定损失的前提下,分出公司的理赔决定自动适用于再保险接受人。再保险接受人的赔偿责任限于原保单以及再保险合同约定的保险责任范围,分出公司自身的坏账、倒闭等财务风险,以及未经再保险公司同意的通融赔付(分出公司明知无实际赔偿责任的自愿赔付)等除外。

在比例再保险中,分出公司应严格按照再保险双方确认的分保比例计算再保险摊回赔款金额,除为纠正分保时的错误和遗漏外,不应在摊回赔款时再次调整包括分保比例在内的分保方案;在非比例再保险中,若事故或巨灾持续时间超过合约中对一次事故或巨灾的约定时间,分出公司在计算摊回赔款金额时,应根据合约条款选择合适的事故或巨灾时间段,对选定时间段外发生的保险损失,不应进入再保险合约进行摊回。

在临时分保业务中,如果合同中有特别约定(例如,理赔控制条款(Claims Control Clause)、理赔合作条款(Claims Cooperation Clause)等),则无论赔案损失大小,分出公司均应在知道赔案发生后根据再保险合同的约定立即通知再保险接受人,及时告知理赔工作进展情况、提供赔案相关资料,并按照再保险合同的约定配合再保险接受人开展现场查勘等工作。分出公司应在理赔进程中就理赔方案与再保险接受人进行积极沟通并达成一致,避免再保险双方因理赔意见不一致导致结案后赔款摊回困难。

对存在追偿可能性的保险事故，分出公司应积极向责任方进行追偿，及时把追偿情况告知再保险接受人。追偿成功后，分出公司应把属于再保险接受人的追偿款及时返还再保险接受人。

七、档案管理

财产保险公司应按照全面性和规范性原则建立档案管理制度，对合约文本、账单、赔案资料、往来传真、邮件等资料进行记录和管理。

全面性是指应保存与业务相关的全部资料，业务各环节中涉及的资料均应保留清晰完整的记录，资料尽量以纸质或电子文档形式保存。电子邮件往来、电子介质文件应实行集中管理，安全保存，并有备份。

规范性是指档案管理制度应科学合理，做到归档规范、查询快捷。

八、数据管理

财产保险公司应重视和加强再保险业务的数据管理，特别是保费、已决赔款、未决赔款、巨灾损失、修改或变动等数据。

数据管理遵循"准确性、真实性和完整性"的原则。按照"准确性"原则，财产保险公司应建立多级复核制度和对应的责任制度，保证每一数据的准确性；按照"真实性"原则，财产保险公司应确保再保险数据的真实有效，不能擅自篡改再保险的业务和财务数据；按照"完整性"原则，财产保险公司应对每一个数据形成的原始信息进行详细记录。对于具有复杂计算过程或公式的数据，对计算过程或公式也应记录。

财产保险公司应重视和加强再保险业务数据的挖掘和分析工作，利用分析结果对业务中存在问题进行管理优化。

财产保险公司应按照有关规定及时向监管机关报送有关业务的数据；按照再保险合同的约定，向再保险接受人提供完整、真实、有效的业务和财务数据或业务和财务报表。

九、内部信息沟通机制

财产保险公司应建立顺畅高效的内部信息沟通机制。承保部门根据合约或临时分保安排或运行的需要，向再保险部门提供原保险的风险信息及分保需求；再保险部门进行信息分析后，制订恰当可行的再保险方案，确保风险的顺利转移。

十、保密

再保险双方及再保险经纪人对业务中获取的非公共信息负有保密义务，未经对方允许,不得向其它方披露。

十一、精算应用

财产保险公司应重视精算在再保险风险管控中的重要作用,明确精算职责,向精算人员提供必要的再保险相关信息及资料,充分发挥精算技术在准备金评估、产品定价、风险累积管控、重大保险风险测试和再保险方案评估中的作用。

第二节 合约分保业务的运营管理

一、再保险合约的组建

财产保险公司应在综合考虑公司业务构成、风险状况、累积责任、资本金、净资产、市场战略等因素的基础上,组建再保险合约。

财产保险公司应高度重视再保险合约中合约条款的制定,应在再保险合约正式生效前与再保险接受人就主要合约条款进行协商并达成协议。财产保险公司应将再保险合约业务信息录入公司业务和财务系统,录入时间不应迟于合约业务确认后的十个工作日。除非财产保险公司与再保险接受人书面同意延期,双方应在再保险合约正式生效后的三个月内完成正式再保险合约的书面签署。

合约的最终条件应本着自愿原则由再保险双方洽商确定,但合约条件不得违背再保险双方所在国家或地区的法律法规和监管规定。

在比例合约的组建过程中,应重点考虑:分保范围、合约类型、合约期限、承保能力、事故限额(再保险双方根据实际情况决定是否引入该条款)、再保险手续费、账务条款、除外责任、错误与遗漏、合约报表、合约的修改与终止、未满期保费和未到期责任的处理、区域范围、司法管辖和仲裁等内容。

在非比例合约的组建过程中,应重点考虑:分保范围、合约期限、起赔点、以保额或责任限额为基础的最大自留额、最高保障责任限额、责任限额分层情况、费率、责任恢复次数、合约的类型(例如,险位超赔、事故超赔、赔付率超赔等)、事故超赔中每次事故的定义、除外责任、区域范围、司法管辖和仲裁等内容。

二、合约分保安排

财产保险公司在自身的再保险合约条件确定后,应选择合格的再保险接受人积极安排分保。在安排比例再保险合约时,财产保险公司应有效避免分保不完全导致应分保合约责任被动自留情况的发生。分保不完全指再保险接受人确认接受份额之和小于合约最大应分保份额。

分保不完全时,财产保险公司的合约自动承保能力应为合约最大承保能力乘以分保完成比例,合约中未分出部分的承保能力不应视为财产保险公司有效的合约承保能力。

三、账单及结算管理

财产保险公司应按照再保险合约的约定进行账单编制(包括日常账单、保费调整账单、重置保费账单、浮动手续费调整账单和纯益手续费账单等)、签发、确认归档、余额结算等,账单中的会计科目应符合会计和财务制度的规定。操作过程中,再保险双方均应按照再保险合约的约定做到及时、准确,严格履行再保险合约对余额结算的相关规定,避免发生无正当理由的长账龄应收、应付款项。

经纪人应及时、准确履行结算和支付义务,不得无故拖延支付。

账单及结算管理涉及公司间的资金流动,财产保险公司应建立严格、规范的授权体系。

四、未决赔款管理

财产保险公司应及时、准确地统计再保险合约业务的未决赔款数据,并把有关数据按照再保险合约约定的方式提供给再保险接受人。

财产保险公司应提高未决赔款数据的准确性和真实性,不应人为操控未决赔款数据来改变或暂时掩盖合约业绩的真实情况。

五、合约使用指引

财产保险公司根据再保险合约的确定条件,制定与合约相匹配的《合约使用指引》或《承保指引》,指导承保等相关部门合理、有效地使用再保险合约。

比例再保险合约《承保指引》主要内容应包括:合约保障的险种、除外责任、自留额、险种的自动承保能力、特殊申报、出险通知规定和风险等级划分原则等。对续转的再保险合约,需对当年合约条件发生变化的地方作出说明,避免承保部门出现经验性错误。

非比例再保险合约《承保指引》的主要内容包括:保障险种范围、起赔点和责任限额、最大自留额、除外责任、出险后摊回赔款注意事项和流程等。

财产保险公司应结合《承保指引》对承保人员进行再保险业务知识和合约应用的培训,引导承保人员正确理解再保险功能和再保险在公司风险管控中的重要作用,避免在业务管理中出现承保和再保脱节的现象,强化承保人员诚信意识,确保最大诚信原则在保险公司再保险经营中的充分体现,促进公司再保险业务的健康发展。

六、合约使用监督

财产保险公司应把再保险纳入公司合规经营范畴，建立再保险合约使用情况监督检查机制，避免违规使用或错误使用再保险合约。

监督检查应重点考虑：拟安排分保的业务是否属于合约除外、自留额使用是否正确、合约承保能力选用是否正确、分保比例是否正确、危险单位划分是否正确和风险等级划分是否正确、是否按合约约定及时向再保险接受人报送报表、报表信息是否真实准确、赔案资料是否真实完备、摊回赔款金额是否正确等。

七、调整保费和重置保费

采用调整保费的非比例再保险合约，财产保险公司应按照合约的约定和公司业务的实际情况，及时调整合约保费，向再保险接受人编送调整保费账单并安排余额结算。

设有责任恢复的非比例再保险合约，发生赔付后，财产保险公司应按照合约约定及时恢复合约责任限额；若存在重置保费条款，还应及时编送重置保费账单并安排余额结算。

八、合约结清

财产保险公司应在合约中明确结清方式并根据合约约定及时结清合约。

在自然结清方式下，财产保险公司应在所有未到期责任结束后及时结清合约，或与再保接受人协商一致提前结清合约。

在协议结清方式下，再保险双方应制定公平、合理的结清方案，特别是保费、未决赔款的结清比例应符合业务的实际情况。

九、危险单位划分

财产保险公司以危险单位为基础使用再保险合约时，对中国保监会已颁布《财产保险危险单位划分方法指引》的保险标的和险种，应按照有关《财产保险危险单位划分方法指引》划分危险单位；对未颁布《财产保险危险单位划分方法指引》的保险标的和险种，财产保险公司应结合标的风险状况和行业通行做法，科学、合理地划分危险单位，不得因人因事随意变更划分危险单位的原则和方法。同时，划分结果应与公司每年向中国保监会备案的划分方案保持一致。

财产保险公司不应出于再保险安排或赔款摊回的需要，不顾保险标的的风险状况和划分原则随意划分危险单位或改动原有危险单位划分方案。

十、风险等级划分

财产保险公司应建立保险业务风险等级划分标准,根据保险业务风险状况,确定风险等级。对于使用差异化自留额的比例再保险合约,财产保险公司应严格按照公司确定的风险等级划分方法或再保险双方共同商定的方法来划分标的的风险等级。财产保险公司不应随意划分、变动标的的风险等级。

十一、风险累积责任

财产保险公司应重视、加强对累积责任、保额与限额、标的地址的识别,特别是巨灾风险的暴露情况。可以采用包括再保险在内的适合自身业务特点的工具来管理和转移风险累积责任,把自留累积责任控制在公司可承担的范围内。

十二、合约责任履行

合约分保业务中,再保险双方和经纪人应严格按照合约的约定履行各自的权利和义务,如保费支付、赔款摊回、账单签发确认、报表报送、技术支持等。任何一方不应以任何原因为由,拒绝履行或拖延履行自身的责任和义务,除非此种行为得到相关各方认可。

十三、错误与遗漏

对于合约分保业务中发生的非故意的错误与遗漏,再保险合约双方在任何情况下都不应作为推卸履行合约责任的理由,合约责任如同这些错误与遗漏未曾发生。但是,这些错误与遗漏一经发现,应立即予以更正。

同时,为确保错误与遗漏条款的合理运用,再保险双方可考虑对运用错误和遗漏条款的情况、允许纠正的时限进行约定。

十四、重大保险风险

财产保险公司安排的再保险业务应符合中国保监会关于重大保险风险转移的相关规定,对再保险业务进行重大保险风险测试。

第三节 临时分保业务的运营管理

一、临时分保需求识别

财产保险公司应正确识别自身临时分保需求,合理正确安排临时分保。

财产保险公司需办理临时分保的情况主要有六种:(一)比例再保险合约提供的自动承保能力不足、需要额外承保能力的业务,主要为高保额大型商业风险业务;(二)在比例再保险合约保障范围内,但由于保险标的的保额过低未能进入溢额合约,成为财产保险公司全部自留的业务,主要为高风险的小保额业务;

（三）比例再保险合约不提供自动承保能力的业务，主要为高风险类业务或新产品类业务或规模较小的业务；（四）保险公司只购买了非比例再保险合约，且此非比例再保险合约对某些险种未提供合约再保险支持；（五）以限制分出公司风险暴露和转移风险为目的的业务，主要是保险公司整体风险控制要求下的临时分保安排；（六）为引进保险技术和协助制定承保方案而安排的临时分保。

二、分保安排

财产保险公司可直接安排临时分保，也可通过再保险经纪人安排。

安排临时分保业务时，应当遵照“合约优先”的原则，即凡存在分保需求且符合合约保障条件（通常指比例合约）的业务，均应优先办理合约分保，亦即超过分出公司自留额与合约提供的最大承保限额之间的部分应全部进入合约，但再保险合约中约定分出公司可优先安排临时分保的情况除外。

临时分保业务的安排应在保单或暂保单生效前完成。如因特殊情况，临时分保安排过程无法在保单或暂保单生效前完成，财产保险公司应确保在该项目保单或暂保单生效之时，净自留保额不超过公司确定的、能承担的该类别风险最大自留额或公司对该类风险能够承担的最大法定自留额。

临时分保安排是否完成，以再保险接受人对分保业务的书面或电子邮件确认为准；通过经纪人安排的临时分保业务，财产保险公司应要求经纪人提供再保险接受人对于该笔业务的书面或电子邮件确认。财产保险公司应确保通过经纪人安排的分保条件与公司自身确定的分保条件一致，一经发现经纪人有擅自改动分保费率或分保费等分保条件的不合理行为，应及时制止，必要时中止或终止与有上述行为的再保险经纪人的业务往来。如临时分保业务发生批单修改，财产保险公司应在原再保险接受人确认同意批单修改后方可进行。否则，财产保险公司应自留批改部分的保险责任或进行新的再保险安排。

三、正式分保合同和账单编送

临时分保完成或原始保单生效后，临时分保业务人员应根据最终的保险条件和分保条件，在20个工作日内或按照分保条件约定的时间（以再保险接受人份额确认日期或保单生效日期晚者开始计算），向再保险接受人签发正式分保合同（内容应包括再保险合同简要文本（slip）、规范再保险双方权利义务的条款等）和账单，并要求再保险接受人收到后签回一份副本。也可经再保险双方约定，由再保险接受人提供正式签署并符合约定内容的临时分保再保险单证。

对于通过经纪人安排的分保，若再保接受人的正式分保合同和账单由经纪人编送，财产保险公司应对分保合同和账单中的有关条款及数据进行核实，以确保经纪人安排的分保条件与财产保险公司确定的分保条件保持一致。

应临时分保再保险接受人的要求，分出公司或再保险经纪人应当向再保险接受人提供原始保单副本或复印件。

账单中会计科目的编制应符合会计和财务制度的规定。

四、结算管理

财产保险公司应及时、准确地做好临时分保业务的结算管理，按照分保合同的约定及时逐笔结算。在再保险双方及经纪人（如有）协商一致的情况下，可进行多笔业务间的轧差结算，但任何一方不应以轧差为由拖延临时分保业务余额的结算工作。

五、业务取消

对于确需取消的临时分保业务，分出公司应及时通知再保险接受人，并根据再保险合同约定完成取消业务操作的相关事宜。应再保险接受人要求，分出公司应向再保险接受人提供取消业务的有关资料。对于业务取消前，再保险接受人已经承担风险责任的业务，再保险双方应就这部分业务切实履行保费支付、赔款摊回等分保责任。

对保险期限已经结束的有效保单的临时分保业务，分出公司不得取消分保。

第四节　分入业务的运营管理

一、开展原则

分入业务是财产保险公司了解市场、获取业务的渠道之一，财产保险公司应在风险可控的基础上审慎开展分入业务。

二、确定承保能力

财产保险公司应在综合考虑自身的资本金、财务状况、风险偏好、业务发展规划和市场环境等因素后制定各产品线每一危险单位最大净自留额或最大承保比例。分入业务应在考虑转分保因素后确定的最大净自留额或最大承保比例范围内开展。

三、风险评估

财产保险公司应本着审慎的原则，对分入业务的风险进行识别、评估和控制，建立包括核保核赔、分级授权制度在内的业务风险管控体系。在评估临时分保分入业务风险时，应重点考虑直接保险标的的风险状况、承保条件、历史赔付记录和分出公司的分保原因等。

在评估合约分入业务风险时，财产保险公司应根据合约分入业务的特点建立合约分入业务风险评估体系和核保、授权体系。风险评估的重点包括：分出公司的基本情况、业务发展战略、偿付能力及结算情况等；合约条件的重点是合约预估保费、平衡性、业务范围、分保手续费、合约承保能力、自留额、共保业务及分入业务的合约使用情况、除外责任、特别约定、历史业绩等。

对于来自中国境外的分入业务，还应关注分入业务所在国的政治、法律等风险因素。

四、风险分散

财产保险公司应重视分入业务的风险分散，参照直接保险业务风险分散的方法和手段，制定分入业务风险分散的方法和手段。例如，采用比例转分或购买超赔等方式把分入业务的自留责任控制在公司可承受的范围内。

五、责任累积管理

保险公司应高度重视分入业务导致的责任累积，建立有效的责任累积识别和管控的机制和方法。责任累积类型有分入业务与直接保险业务间的责任累积和分入业务间的责任累积两种。造成责任累积的主要原因有：(一)分入业务与保险公司参与共保的直接业务形成责任累积；(二)临时分保分入业务与合约分入业务间形成责任累积；(三)多渠道临时分保分入业务间形成责任累积；(四)作为再保险接受人与多家保险公司建立分保合约，多个分出公司均参与的共保业务形成责任累积。其中，分入合约中分出人共保业务和分入业务的合约使用情况是导致合约责任累积的主要原因。财产保险公司应特别关注分入合约中共保业务及分入业务使用再保险合约的情况，谨慎评估由此可能形成的单一危险单位、单一区域、巨灾风险等责任累积。

六、业务数据分析

业务数据分析是分入业务管控的重要手段和内容之一。保险公司应建立合约分入业务数据分析处理方法，准确评估合约的风险、价格，掌握合约发展趋势。数据内容主要包括保额分段数据、损失分段数据、最大自留额数据、最大损失数据、责任累积数据、巨灾累积和损失数据、合约 T 型发展(倒三角流量发展)数据等。

七、预估管理

分入业务预估数据具有事先性、不完全确定性、变动性的特点，财产保险公司应采用精算技术，结合业务发展实际，建立科学、合理、有效的业务数据预估和管理方法，提高预估数据准确性并确保预估工作的有效开展。

八、赔案管理

财产保险公司应参照直接保险业务赔案管理的原则，结合再保险分入业务赔案的特点，建立分入业务赔案管理制度和方法，重点是分入业务中的出险通知、现金赔款、合约业务赔款非逐笔性、“共命运”原则等与直接保险业务存在差异的地方，对赔款摊回比例、摊回金额、事故时间段的选择等关键指标进行审慎核对，确保摊回赔款的正确性。分入公司应在收到赔案相关材料的三个工作日内，将赔案信息录入业务和财务系统。

九、未决赔款管理

财产保险公司应建立分入业务特别是合约分入业务未决赔款的管理方法，加强与分出公司的沟通，确保未决赔款的准确性和真实性，对未决赔款突然增大或减小、已决赔款与未决赔款同时大幅增加等异常情况应给予特别关注，及时向分出公司了解异常变化的原因。

十、浮动手续费调整、纯益手续费和调整保费

对采用浮动手续费或有纯益手续费或需要调整合约保费的分入合约，财产保险公司应根据合约约定及时与分出公司沟通，完成调整、确认和结算等有关操作。

十一、正式分保合同

分入业务确认后，财产保险公司应与分出公司共同及时完成正式分保合同（内容包括再保险合同简要文本、合约文本、明确再保险当事双方权利义务的再保险条款等）的签署工作。除非财产保险公司与分出公司书面同意延期，财产保险公司应在分入业务正式生效后的三个月内签署正式分保合同。

财产保险公司应将分入业务信息录入公司业务和财务系统，录入时间应不迟于分入业务确认后的十个工作日。

十二、账单及结算管理

财产保险公司应按照分入业务合同的约定及时、准确地进行账单催收、确认、签回、归档和余额结算工作。

十三、合约结清

参照本章第二节《合约分保业务的运营管理》中合约结清的相关内容进行。

第四章 再保险资信管理

财产保险公司应从再保险接受人客观上的偿付能力和主观上的偿付意愿两个方面建立再保险资信管理体系。

财产保险公司再保险资信管理对象包括再保险接受人和再保险经纪人。财产保险公司应对再保险接受人和再保险经纪人的资信进行专业化管理与监控，有效控制因再保险人的信用风险而可能给分出公司造成的损失。

财产保险公司应建立再保险接受人和经纪人信息库，进行动态更新、跟踪和管理。

财产保险公司应加强再保险接受人的风险偏好管理，建立再保险接受人风险偏好数据库，对不同类型业务寻求有效的再保险接受人，提高分保效率。

第一节 再保险接受人资信管理

再保险资信管理的核心是对再保险接受人进行信用分析和信用等级评估。通过对再保险接受人相关财务及非财务信息进行收集、整理、分析，评估再保险接受人的履约能力。

再保险接受人资信管理的主要内容包括：再保险接受人信息的收集和资信调查，确保信息的全面、准确和及时；资信档案的建立和管理；资信评估，通过第三方评级机构评级和财产保险公司自身独立评估结果来考量；建立再保险接受人分级名单，在符合监管部门对选择再保险接受人基本要求的基础上，财产保险公司可根据资信评估的结果建立自己的再保险接受人名单，并根据实际监控的情况不定期更新。

财产保险公司通过自身积累的信息或第三方获取的信息对再保险接受人主观偿付意愿进行评估，通常是采用对结算记录进行分析的方法。对于客观上具有偿付能力而主观上不具有偿付意愿的再保险接受人，应适时终止业务往来。

根据有关规定，财产保险公司的再保险业务中，应收分保准备金和应收分保账款的资产认可与再保险接受人的偿付能力密切相关。财产保险公司应充分考虑再保险安排的有效性（包括对再保险合约条款的审核），对再保险接受人的资信状况进行细致评估，避免因再保险接受人的资信问题对自己的偿付能力产生负面影响。

第二节 再保险经纪人资信管理

再保险经纪人资信管理的重点是防范其对再保险资金的非法挪用和逾期占用。财产保险公司可考虑采用第三方信托账户等方式防范上述风险,同时应对相关结算记录进行密切的跟踪和分析,及时中止或终止与存在资信问题的再保险经纪人的业务往来。

为降低再保险经纪人的资信风险,可以考虑在再保险合约中引入"再保险中介条款",将再保险经纪人的资信风险转移给再保险接受人承担。该条款最终采用与否,由再保险双方协商确定。

第五章 再保险业务评估

财产保险公司应建立再保险业务评估指标体系,定期对再保险业务进行全面评估,提高再保险安排的科学性、合理性和再保险管理的规范性,切实发挥再保险在公司风险管理和内部控制中的作用。

财产保险公司可参考附件一《财产保险公司再保险业务基本评估指标》,建立适合自身业务特点的评估指标体系,同时每年至少进行一次评估。

财产保险公司应将当年的再保险业务评估指标体系和上一年度的再保险业务评估结果于每年 4 月 30 日前报告中国保监会。

第六章 再保险业务经营与管理的合规审计

财产保险公司应定期对再保险业务的经营情况和管理情况进行审计,及时发现问题,并提出解决方案和步骤。

审计形式包括内部审计和外部审计,每个业务年度至少各审计一次。

基本审计内容可参考附件《再保险业务审计》。

第七章 附 则

本《规范》由中国保监会负责解释。

本《规范》自 2012 年 7 月 1 日起实施。

附件:1. 财产保险公司再保险业务基本评估指标

2. 再保险业务审计

附件1：

财产保险公司再保险业务基本评估指标

一、合约条件与业务需求的匹配度

1. 险种的净自留额是否符合公司需求；
2. 险种的合约自动承保能力是否满足公司业务发展的需要；
3. 有合约分保需求的险种是否都已得到合约保障；
4. 非比例合约起赔点和责任限额是否满足风险分散的需要；
5. 非比例合约的保障风险和险种范围是否满足公司的需要。

二、临时分保的及时性

1. 单笔业务分保周期＝分保结束的时间－提出临时分保需求并提供相关风险信息的时间
2. 平均业务分保周期＝单笔业务分保周期之和／临时分保业务数量
3. 原保险保单生效前分保完成率＝原保险保单生效前完成分保的临时分保数量／原保险保单生效前提出临时分保需求的业务数量×100%

三、分保的充分性

1. 单一合约分保完成率＝实际分保份额/应分保份额×100%
2. 合约分保完成率＝完成应分保份额的合约业务数量/应分保的合约业务数量×100%
3. 单一临时分保完成率＝实际分保份额/应分保份额×100%
4. 临时分保完成率＝完成应分保份额的临时分保业务数量/应分保的临时分保业务数量×100%

四、财务指标的合理性

1. 比例合约分保费用是否与分出业务的业绩和风险水平相匹配；
2. 非比例合约的费率是否与合约业绩和风险水平相匹配；
3. 合约业务账单周期（通常为季度）、账单提供时间、结算时间是否合理；
4. 临时分保费用是否与分出业务的赔付业绩和风险水平相匹配，对分保费用大幅高于或低于业务获取成本的情况给予特别重视并及时评估；
5. 临时分保业务的账单提供时间、结算时间是否合理。

五、结算的及时性

结算及时性包括应付款项结算及时性和应收款项结算及时性,可用下述指标评估:

1. 应付款项及时结算笔数比重 = 及时完成结算的应付款项笔数/应付款项总笔数 × 100%;

2. 应付款项及时结算金额比重 = 及时完成结算的应付款项金额/应付款项总金额 × 100%;

3. 结算周期超过 60 天的应付款项笔数比重 = 结算周期超过 60 天的应付款项笔数/应付款项总笔数 × 100%;

4. 结算周期超过 60 天的应付款项金额比重 = 结算周期超过 60 天的应付款项金额/应付款项总金额 × 100%;

5. 应收款项及时结算笔数比重 = 及时完成结算的应收款项笔数/应收款项总笔数 × 100%;

6. 应收款项及时结算金额比重 = 及时完成结算的应收款项金额/应收款项总金额 × 100%;

7. 结算周期超过 60 天的应收款项笔数比重 = 结算周期超过 60 天的应收款项笔数/应收款项总笔数 × 100%;

8. 结算周期超过 60 天的应收款项金额比重 = 结算周期超过 60 天的应收款项金额/应收款项总金额 × 100%;

及时完成结算是指账单余额在再保险合同约定结算时间内完成的结算。

六、渠道的合理性及可靠性

渠道的合理性是指财产保险公司在再保险安排渠道上应保持合理的多样性,包括直接分保和通过经纪人分保等各类渠道。

渠道的可靠性是指在有分保需求时,特别是在合约条件发生重大变化、合约出现亏损或需要安排临时分保的情况下,财产保险公司通过直接渠道或经纪人渠道获得再保险接受人支持的可靠性。

七、再保险接受人的合理性

1. 再保险接受人的资质:包括信用评级、资本金、偿付能力、合规经营等情况,应当满足监管规定和财产保险公司的自身要求;

2. 再保险接受人接受成分的分布:单一再保险接受人的接受成分不宜过高,

以降低风险的集中度，特别要防范金融风险的跨境传递，提高再保险的安全性。

八、业务处理的准确性

再保险业务的准确性包括数据准确性和执行准确性两方面，可采用准确率进行评估。

数据准确性指保费、分保比例、赔款（含未决赔款）、分保费用、重大赔案、业务报表等业务及财务数据的准确性。

执行准确性是指比例合约的使用过程中是否存在错误使用的情况，如合约使用错误、账单寄送错误，归档错误，正式分保合同编送错误等。在再保险业务管理层级较多、分支机构具有再保险权限的公司中尤其要给予高度重视。

九、合规性

财产保险公司应按照法律法规、监管要求和公司内部管理制度建立业务合规性指标，及时评估业务开展情况的合规性。由于再保险业务经营管理方面的问题而受到的各种行政处罚情况，应作为合规性评估中的重要内容。

附件 2：

再保险业务审计

再保险业务审计涉及外部审计和内部审计，具体内容主要包括以下六个方面：

一、制度建设及职责分工审计

1. 管理规定审计

（1）是否在再保险管理部门的管理职权范围内制订了专门的业务管理规范、操作指南、业务流程图等；

（2）各项业务管理规定是否健全、明确、合理、有效；

（3）对分公司落实总公司规定及执行情况有无监督检查措施；

（4）公司制定的再保险业务指引等是否得到有效执行。

2. 职责分工审计

（1）人员职责分工是否明确、合理，有无内部组织结构图等；

（2）人员分工有无复核等监督制约措施；

(3)未有明文规定的事项,有无沟通请示等临时处理措施。

二、业务经营与管理审计

1.时效性审计

(1)是否严格要求分公司按照业务规定期限上报保单、批单等承保业务数据及资料;

(2)是否严格要求分公司按照业务规定期限上报相关业务赔案资料及数据;

(3)是否严格要求分公司按照业务规定期限更新上报相关未决赔款数据;

(4)是否严格按照业务管理规定期限及时安排分保,包括对外申报或通知、催促提醒对方确认以及对分公司的信息反馈时间等;

(5)是否及时通知再保险接受人有关承保、赔案等信息并定期更新相关数据;

(6)对再保险接受人的问询(来函来电)是否及时处理并予以答复。

2.业务管理审计

(1)有无采取措施核查分公司上报数据信息与原始信息数据是否一致,包括承保条件、批改情况以及赔款等信息资料;

(2)分保安排时采集的基础数据与承保条件是否与分公司上报情况一致;

(3)有无未经批准的超自留额业务未办理分保,检查超自留业务是否符合有关业务规定及是否按照程序进行审批。

3.单证审计

(1)是否按照业务要求审查分公司上报的业务资料齐备与否,业务数据与书面单证是否对应一致;

(2)分保安排过程中,有无相关再保险接受人确认分保比例、条件等书面材料;

(3)是否按照业务管理规定及时编制处理相关账单及数据;

(4)是否按照再保险合同约定向再保险接受人提供相关业务单证资料,以便资金账务顺利结算;

(5)再保险管理部门内部审批、流转文档是否合规、齐备。

4.再保险关联交易审计

(1)需要报批的关联交易是否得到了监管机构的批准;

(2)与非关联业务相比较,是否存在非常规化操作的地方;
(3)财务结算是否及时准确;
(4)业务风险是否得到了有效的外部转移;
(5)规模是否在公司可接受的范围内。

5. 再保险经纪业务审计

(1)经纪人的选用是否符合公司规定的选用标准;
(2)经纪人提供的分保渠道是否有效、可靠,是否符合监管要求;
(3)经纪人结算是否及时,是否存在资金占用或挪用行为;
(4)经纪人提供的服务是否存在重大错误或遗漏;
(5)经纪人是否存在擅自修改分保条件的行为;
(6)除业务本身外,经纪人是否提供更多增值服务。

6. 再保险系统安全性审计

(1)再保险 IT 系统是否建立了完善的授权管理体系;
(2)再保险信息的导入导出是否建立了完善的跟踪制度和痕迹保留功能;
(3)是否建立了再保险信息的披露机制;
(4)再保险业务中是否以合同条款的形式明确了再保险双方的保密义务。

7. 再保险资信审计

(1)是否建立了资信管理制度;
(2)再保险接受人和经纪人的选用是否符合公司的管理规定;
(3)资信管理制度是否得到有效执行、效果如何。

三、业务授权及其监督管理审计

1. 业务授权审计

(1)对下级公司有无特定业务授权、转授权以及有无授权业务操作规范;
(2)对下级公司有无临时性业务授权及操作规范。

2. 授权监管审计

(1)对下级公司授权是否适度、明确,有无定期评估制度及相关处理措施;
(2)是否掌握授权业务相关信息,以及是否实现对下级公司授权业务进行即时或定期监控。

四、IT 技术应用及数据管理审计

1. IT 系统建设审计

(1)是否全部业务均已通过再保险业务系统进行处理;

(2)再保险业务系统功能可否满足工作基本需求。

2. 数据管理审计

(1)对于未实现自动处理的业务,如何实现对手工数据、手工账单的汇总统计等,有无制度规范予以明确;

(2)有无业务数据统计制度以及统计数据是否准确、及时。

五、账务处理及结算审计

1. 内部往来审计

(1)内部账单及数据签收与结转是否规范、及时;

(2)内部账单流转中是否进行了账单审核及复核。

2. 外部往来审计

(1)外部资金结算是否准确、及时;

(2)对长期应收款是否建立催收管理制度;

(3)对可能出现的呆坏帐以及业务提前结清等有无相应处理制度及措施;

(4)与外部结算联系是否畅通以及是否定期与外部核实对帐;

(5)外部账单及数据签收与结转是否规范及时。

六、档案管理审计

1. 业务档案审计

(1)再保险合同、有关单证有无签章、各项文书资料(包括双方往来的函件、传真、电子邮件等)是否齐备;

(2)业务卷宗是否按照要求归档并按期保存。

2. 数据保管审计

(1)业务数据有无备份;

(2)业务数据是否按照规定长期保存。

3. 关于加强财产保险共保业务管理的通知

（保监发〔2006〕31号）

各财产保险公司、再保险公司，各保监局：

目前，财产保险公司在经营共保业务时，存在着一些不规范的行为，使大量风险留在分支机构层面，总公司不能准确掌握整体风险累积情况，无法合理安排再保险，影响了公司经营的稳定性；同时，也加大了再保险公司的累积风险，妨碍了再保险市场的健康发展。为进一步规范共保行为，防范和化解因不规范共保行为造成的风险累积，促进财产保险市场又快又好地发展，现就有关事项通知如下：

一、规范的共保业务应符合以下要求：

（一）被保险人同意由多个保险人进行共保；

（二）共保人共同签发保单，或由主承保人签发保单，同时附共保协议；

（三）主承保人向其他共保人收取的手续费应与分保手续费平均水平有显著区别。

二、各公司应加大对共保业务的管理力度，及时发现不规范的共保行为并加以纠正。

（一）提高对不规范共保行为危害性的认识，防范风险累积；

（二）完善共保业务管理制度，加强对共保业务操作流程的管理和监控，从事前、事中、事后三个环节上进行规范；

（三）严格控制承保权限，对核保人员的承保权限建立一套完善的管理体系；

（四）完善信息系统，加强对共保业务信息的统计，细化共保业务保单信息的统计要素，强化信息查询和统计功能；

（五）准确、及时地向再保险人提供共保业务的有关信息。

三、各保监局应密切关注大型商业风险的共保，对不规范共保行为采取适当措施予以干预，并及时向保监会反映不规范共保行为新的表现形式。

二〇〇六年三月二十四日

4. 财产再保险合约分保业务操作指引

（中国保险行业协会 2018 年发布）

1 范　　围

本标准规定了财产再保险合约分保业务中合约组建或续转前的准备、磋商、承保、确认、日常管理、账务及结算、赔案处理、批改和结清等业务环节的操作要求。

本标准适用于财产再保险合约分保业务的开展、管理和监督。

2 规范性引用文件

下列文件对于本文件的应用是必不可少的。凡是注日期的引用文件，仅注日期的版本适用于本文件。凡是不注日期的引用文件，其最新版本（包括所有的修改单）适用于本文件。

JR/T0032—2015 保险术语

3 术语和定义

下列术语和定义适用于本文件。

3.1

合约分保 treatyreinsurance

合约再保险

协议分保

分出公司和分入公司订立合约后，分出公司必须将合同订明的业务范围内的业务按合同规定的条件分与分入公司，而分入公司也必须接受，合同双方均不得对业务进行选择的再保险安排方式。

3.2

再保险分出人 reinsured

分出公司 ceding company；cedent

在再保险交易中分出业务的公司或其他组织。

3.3

再保险接受人 reinsurance acceptor

再保险人 reinsurer

分入公司

分保接受人

在再保险交易中接受业务的公司或其他组织。

3.4

再保险经纪人 reinsurance broker

再保险经纪公司

与分出公司签订委托合同,基于分出公司的利益,为分出公司与分入公司安排再保险业务提供中介服务,并按约定收取费用的中介机构。

4 业务类型

财产再保险合约分保业务主要包括:

a)比例合约:一般是指以保险金额为基础确定再保险分出人自留额和再保险接受人分保额的合约业务。

b)非比例合约:一般是指以赔款金额为基础确定再保险分出人自负责任和再保险接受人分保责任的合约业务。

5 业务环节

财产再保险合约分保业务环节主要包括:

a)再保险合约组建或续转前的准备;

b)再保险合约的磋商;

c)再保险合约的承保;

d)再保险合约的确认;

e)再保险合约的日常管理;

f)再保险合约账务及结算;

g)再保险合约赔案处理;

h)再保险合约的批改和结清。

6 业务操作要求

6.1 再保险合约组建或续转前的准备

6.1.1 再保险合约组建前的准备

6.1.1.1 概述

再保险分出人根据公司自身业务发展和风险管理的需要,结合再保险市场的实际情况,针对某个、某类或某些险种组建再保险合约。

组建再保险合约时,再保险分出人的准备工作主要包括:

a)针对不同业务类型的重点关注内容,初步拟订自身的分保需求。

b)针对合约准备相关的公司情况介绍、业务发展计划、核保原则、风控措施、承保理赔数据等信息,以便提供给接受人进行风险评估和承保。

6.1.1.2 不同业务类型的重点关注内容

针对不同业务类型,再保险分出人应重点考虑的内容主要包括:

a)比例合约

1)合约框架

合约框架应重点考虑的内容包括但不限于:

——合约类型。

示例:成数、溢额、成数溢额。

——保障范围。

——除外责任。

——合约期限。

——自留额。

——分出比例。

——合约限额。

——事故限额。

2)合约主要条件和条款

合约主要条件和条款应重点考虑的内容包括但不限于:

——再保险手续费。

——账务条款。

——错误与遗漏。

——合约报表。

——合约的修改与终止。
——未满期保费和未到期责任的处理。
注：一般用于一次性结清制合约。
——区域范围。
——争议处理条款。
——再保险接受人的查核权。
——货币兑换条款。
b)非比例合约
1)合约框架
合约框架应重点考虑的内容主要包括但不限于：
——合约类型。
示例：险位超赔、事故超赔、赔付率超赔、伞状超赔。
——保障范围。
——除外责任。
——合约期限。
——以保额或责任限额为基础的最大自留额。
——净自留保费。
——起赔点。
——最高保障责任限额。
——责任限额分层情况。
——责任恢复次数及保费。
——相关的其他再保险安排。
2)合约主要条件和条款
合约主要条件和条款应重点考虑的内容包括但不限于：
——超赔保费调整费率。
——最低预付保费。
——保费分期及付款时间。
——事故超赔中每次事故的定义。
——区域范围。
——争议处理条款。

——再保险接受人的查核权。

——货币兑换条款。

6.1.2 再保险合约续转前的准备

对于已存续合约,再保险分出人在合约期限结束前3个月内,根据自身业务发展的需要,结合再保险市场实际情况以及合约运行情况,考虑是否需要对下一年度合约续转条件进行修改,并初步拟定合约续转需求。

续转再保险合约时,再保险分出人应准备相关合约运行历史数据和承保信息,以便提供给再保险接受人进行风险评估和承保。

6.2 再保险合约的磋商

6.2.1 针对不同业务类型的磋商要求

再保险分出人初步拟订合约分保需求或续转需求后,宜与意向再保险接受人接洽,进一步磋商合约条件。

针对不同业务类型,再保险分出人的业务操作应满足以下要求:

a)比例合约续转时,应直接与合约意向首席再保险人进行磋商,双方就合约条件确认达成一致后,再保险分出人在市场上直接或通过再保险经纪人向意向再保险接受人发送分保要约邀请并开始排分;

b)非比例合约续转时,应直接或通过再保险经纪人在市场上向意向再保险接受人进行询价,再保险分出人根据收到的报价情况,综合考虑再保险接受人资信等各种因素,最终确定首席再保险人及分保条件,然后在市场上直接或通过再保险经纪人向意向再保险接受人发送分保要约邀请并开始排分。

6.2.2 资信要求

再保险接受人、再保险经纪人的资信管理,应符合中国保险行业监管机构要求。

再保险分出人选择再保险接受人或再保险经纪人时,应在中国保险行业监管机构建立的再保险登记系统生成的有效清单中选择,不得与有效清单之外的再保险接受人或再保险经纪人开展合约业务。

再保险分出人选择再保险接受人,还应综合考虑对偿付能力的影响、长期稳定的合作关系、再保险接受人在国内的机构铺设及为国内客户服务的条件和能力等多方面因素。

6.3 再保险合约的承保

接到合约分保要约邀请后,再保险接受人应根据再保险分出人提供的承保信息和数据,结合模型分析和专业判断,评估业务风险,做出承保决策,并向再保险分出人反馈承保条件及意向承保份额的要约。

再保险接受人应建立合约分入业务风险评估体系和核保、授权体系。

再保险接受人在评估合约业务风险时,重点评估内容主要包括:

a)分出公司的基本情况,包括但不限于:

1)业务发展战略;

2)偿付能力;

3)结算情况。

b) 比例合约条件,包括但不限于:

1)合约预估保费;

2)平衡性;

3)业务范围;

4)分保手续费;

5)合约承保能力;

6)自留额;

7)共保业务及分入业务使用合约情况;

8)除外责任;

9)特别约定;

10)历史业绩。

c)非比例合约条件,包括但不限于:

1)保障范围;

2)除外责任;

3)最大自留额;

4)起赔点;

5)各层责任限额;

6)责任恢复条件;

7)净自留保费;

8)超赔保费调整费率;

9)历史损失纪录。

再保险接受人为财产保险公司时,应遵循“总部集中管理原则”:

a)合约分入业务的核保、核赔、会计处理、财务结算应由财产保险公司总公司职能部门统一办理;

b)配备相应的核保、核赔、财务人员负责管理合约交易的全流程。

6.4 再保险合约的确认

再保险分出人与再保险接受人就分保条件达成一致,并收到再保险接受人意向承保份额的反馈后,根据合约总体排分情况,书面确认再保险接受人的最终承保份额。一般情况下,至此分保合同正式成立。

实际业务操作中,宜在合约起期之前完成合约的排分和确认。

在安排比例再保险合约时,财产保险公司应避免分保不完全导致应分保合约责任被动自留情况的发生。分保不完全时,财产保险公司的合约自动承保能力应为合约最大承保能力乘以分保完成比例,合约中未分出部分的承保能力不应视为财产保险公司有效的合约承保能力,宜通过其他分保安排进行有效补充。

注:分保不完全指再保险接受人确认接受份额之和小于合约最大应分保份额。

6.5 再保险合约的日常管理

再保险合约签订后,再保险分出人和再保险接受人双方均应按照合约的约定履行各自的权利与义务。

再保险合约的日常管理应符合以下要求:

a) 日常管理制度的建立

再保险分出人和再保险接受人应建立再保险合约日常管理制度,确保日常事务的有序、有效和及时开展。

再保险合约日常管理内容主要包括但不限于:

1)合约正式文本、批单或附约的编制、签发和签回确认;

2)分保账单的编制、签发和签回确认;

3)分保余额结算;

4)应收应付款管理;

5)特别申报的发送与确认;

6)赔案及现金赔款管理;

7)报表报送;

8)业务统计分析;

9)档案管理。

b)系统的录入

再保险分出人应将再保险合约信息录入公司业务和其他相关系统,并在合约业务确认后的10个工作日内完成录入。

c)合约的书面签署

再保险分出人与再保险接受人应在再保险合约正式生效后的3个月内完成正式再保险合约的书面签署。

注:再保险分出人与再保险接受人书面同意延期除外。

d)业务资料的保存

再保险分出人和再保险接受人应保存与业务相关的全部资料。

业务资料的保存应符合以下要求:

1)业务各环节中涉及的资料均应保留清晰完整的记录;

2)资料宜以纸质或电子文档形式保存;

3)电子邮件往来、电子介质文件应实行集中管理,安全保存,并有备份。

e)特别申报的管理

再保险分出人发送特别申报或再保险接受人确认特别申报,均应严格按照合约的约定,避免随意性。

6.6 再保险合约账务及结算

6.6.1 再保险合约账务

再保险分出人、再保险接受人和再保险经纪人应及时、准确地完成分保账单的编制、签发和签回确认。

注:账单中会计科目的编制应符合相关会计和财务制度的规定。

6.6.2 再保险合约结算

再保险分出人、再保险接受人、再保险经纪人应在合约约定的时间内完成应付分保账款的结算,定期对应收分保账款进行催收管理。

交易各方在协商一致的情况下,可以对多笔分保业务账单进行合并或轧差结算,但任何一方不应以轧差为由,拖延分保账款的结算工作。

6.7 再保险合约赔案处理

再保险合约项下发生超过或可能超过合约约定的出险通知金额的损失时,再保险分出人应及时通知再保险接受人,并及时更新理赔进展。

再保险分出人支付部分赔款或结案后，按照合约约定向再保险接受人摊回现金赔款，再保险分出人应提供相关支持材料。支持材料包括但不限于：

a）出险通知；

b）直保保单；

c）再保险分出人或第三方理算人编写的理算报告（如有）；

d）赔款计算书；

e）直接理赔费用相关发票；

f）再保险分出人付款或被保险人收款凭证。

再保险接受人收到再保险分出人的现金赔款申请后，再保险接受人在赔案资料齐备并审核无异议后，应按照合约约定及时确认赔案、签回现金赔款账单并安排结付。

注：该赔款为通融赔付或合约中另有约定的情况除外。

对存在追偿可能性的保险事故，再保险分出人应积极向责任方进行追偿，并及时将追偿情况告知再保险接受人。追偿成功后，再保险分出人应将属于再保险接受人的追偿款按照合约约定及时返还再保险接受人。

6.8 再保险合约的批改和结清

6.8.1 再保险合约的批改

再保险合约签订后，需要对合约条件进行修改时，再保险分出人应根据合约约定取得再保险接受人的书面同意。

再保险分出人提出对再保险合约的批改应符合以下要求：

a）当合约约定仅需取得首席再保险人的同意时，再保险分出人可只向首席再保险人提出书面申请，得到首席再保险人的书面确认后批改正式生效。再保险分出人应将批改内容尽快书面告知其他再保险接受人。

b）当合约未约定仅需取得首席再保险人的同意时，再保险分出人应向所有再保险接受人提出书面申请，得到所有再保险接受人的书面确认后批改正式生效。再保险分出人与再保险接受人应在批改正式生效后尽快完成正式合约批单的书面签署。

6.8.2 再保险合约的结清

再保险分出人与再保险接受人应在合约中明确约定合约的结清方式，并根据合约约定及时结清合约。

再保险合约的结清应符合以下要求：

a)自然结清方式下，再保险分出人应在所有未到期责任结束后及时结清合约，也可与再保险接受人协商一致提前结清合约。

b)协议结清方式下，再保险双方应协商一致，制定公平、合理的结清方案，特别是保费、未决赔款的结清比例应符合业务的实际情况。

5. 财产再保险临时分保业务操作指引

（中国保险行业协会2018年发布）

1　范　　围

本标准规定了财产再保险临时分保业务中再保险分出人的排分，再保险接受人的分入临分业务的磋商、确认与取消，临分合同和账单编送，赔案处理，账务结算与归档等方面的操作要求。

本标准适用于财产再保险临时分保业务的开展、管理和监督，采用预约分保方式安排的临分业务，根据临分合同的具体约定，也可参照执行。

2　规范性引用文件

下列文件对于本文件的应用是必不可少的。凡是注日期的引用文件，仅注日期的版本适用于本文件。凡是不注日期的引用文件，其最新版本（包括所有的修改单）适用于本文件。

JR/T0032—2015 保险术语

3　术语和定义

JR/T0032—2015 界定的以及下列术语和定义适用于本文件。为了便于使用，以下重复列出了 JR/T0032—2015 中的一些术语和定义。

3.1

临时分保 facultative reinsurance

临分

临时再保险

保险人临时与其他保险人约定，将其承担的保险业务，部分向其他保险人办理再保险的经营行为。

3.2

再保险分出人 reinsured

分出公司 ceding company；cedent

将其承担的保险业务,部分转移给其他保险人的保险人。

3.3

再保险接受人 reinsurance acceptor

再保险人 reinsurer

分入公司

分保接受人

承接其他保险人转移的保险业务的保险人。

3.4

再保险经纪人 reinsurance broker

再保险经纪公司

接受再保险分出人委托,基于再保险分出人利益,为再保险分出人与再保险接受人办理再保险业务提供中介服务,并按约定收取佣金的保险经纪机构。

3.5

特约临分 contributing facultative

应直接保险客户(被保险人或直接保险经纪人)明确要求再保险分出人必须向其指定的再保险接受人办理分保的临分安排或再保险接受人交由分出人出单并要求回分给再保险接受人的临分安排以及根据相关合约约定进行的指定临分分保。

3.6

合约分保 treaty reinsurance

保险人与其他保险人预先订立合同,约定将一定时期内其承担的保险业务,部分向其他保险人办理再保险的经营行为。

3.7

比例再保险 proportional reinsurance

以保险金额为基础确定再保险分出人自留额和再保险接受人分保额的再保险方式。

3.8

非比例再保险 non-proportional reinsurance

以赔款金额为基础确定再保险分出人自负责任和再保险接受人分保责任的再保险方式。

4 总　　则

再保险分出人、再保险接受人和再保险经纪人办理临分业务，应当遵循审慎合规和最大诚信原则，对在办理临分业务中知悉的商业秘密，应当负有保密义务。

5 再保险分出人的排分

5.1 一般要求

再保险分出人安排临分业务应遵循以下原则：

a）先分保，后出单

即在保单或暂保单起期前完成临分安排。

注：如因特殊情况，临时分保安排过程无法在保单或暂保单生效前完成，再保险分出人应确保在该项目保单或暂保单生效之时，净自留保额不超过公司确定的、能承担的该类别风险最大自留额或公司对该类风险能够承担的最大法定自留额。

b）合约优先

存在分保需求且符合比例合约等保障条件的业务，原则上均应优先办理合约分保，以下情况除外：

1）事先已确认的特约临分；

2）再保险合约中约定再保险分出人可优先安排的临时分保。

5.2 要约与要约邀请

再保险分出人或再保险经纪人一般应在业务起期前根据业务复杂程度，宜提前5个工作日向意向再保险接受人发送要约或要约邀请。要约内容主要包括但不限于：

——临分承保条件；

——分出公司手续费率（基于不含增值税的保费）；

——经纪人手续费率（基于不含增值税的保费）（如有）；

——临分分出份额；

——要约有效期（要约邀请可不设）；

——承保风险资料。

对于通过经纪人排分的业务，经纪人应在临分排分时分别列示分出公司手续费率和经纪人手续费率。

对于需要再保险接受人报价的业务，再保险分出人或再保险经纪人应当在要约邀请时明确再保险接受人可以做出报价的期间。

5.3 授　　权

再保险分出人的分公司在发出临分要约前应获得总公司的相应授权。

5.4 资信管理

对再保险接受人、再保险经纪人的资信管理，应符合中国保险行业监管机构的要求。

再保险分出人选择再保险接受人或再保险经纪人时，应在中国再保险登记系统生成的有效清单中选择，不应与有效清单之外的再保险接受人或再保险经纪人开展临分业务。

6 再保险接受人的分入

6.1 一般要求

再保险接受人为财产保险公司时，应遵循“总部集中管理原则”，即临分分入业务的核保、核赔、会计处理、财务结算应由财产保险公司总公司职能部门统一办理，并配备相应的核保、核赔、财务人员负责管理临分交易的全流程。

6.2 核　　保

接到临分要约后，对于拟承保业务，再保险接受人的核保人员应首先确认同笔业务有无其他渠道的承保或要约记录，谨慎评估由此可能形成的责任累积，注意核保政策的统一。

注：其他渠道包括直保、临分分入、合约分入等方式。

6.3 反　　馈

再保险接受人在收到临分要约后，应在要约有限期内提出实质性反馈。对于拒绝的业务，应及时反馈婉拒信息。对于拟承保业务或采用差异化条件承保或报价业务，再保险接受人在向再保险分出人或再保险经纪人反馈时，宜附加合同成立前提条件。同时，再保险接受人在业务系统或业务登记台帐表中做好已报价待反馈、已接受、已拒绝等业务处理标识。

7 临分业务的磋商、确认与取消

7.1 业务条件

根据合同确定性原则，交易各方应在临分合同正式成立及原保险起期前，检查临分成立的所有主要业务条件，要求主要业务条件明确、清楚且无模糊的表述。主要业务条件包括但不限于：

——基本风险信息；

——承保责任范围；

——责任免除；

——费率条件；

——免赔额；

——责任限额；

——风险区域范围；

——再保险期限；

——临分分出份额；

——再保险手续费（基于不含增值税的保费为基础计算）；

——再保险经纪费（如有，基于不含增值税的保费为基础计算）；

——法律适用和争议解决。

7.2 中介业务

通过再保险经纪人安排的临分业务，再保险接受人及再保险分出人可要求再保险经纪人提供该笔业务相对方的书面确认，比如电子邮件确认或分保条，并核对再保险经纪人所提供的分保条件与自身制定或确认的分保条件是否一致。一经发现再保险经纪人有擅自改动分保费率或分保费等分保条件的不合理行为，应及时制止，必要时中止或终止与有上述行为的再保险经纪人的业务往来。

通过再保险经纪人安排的临分业务，再保险经纪人应确保分保条件符合再保险分出人的要求，对于分保条件与再保险分出人制定或确认的分保条件或直保条件不一致的情况，再保险经纪人应提前说明。

7.3 临分合同订立的操作

合同的订立采取要约、承诺方式；合同自成立起生效，但双方可以约定附条件或附期限生效：

a）再保险分出人直接或通过再保险经纪人向特定再保险接受人发送要约，要约中已明确包含所有的业务条件，再保险接受人对所有条件确认接受的，视为再保险接受人作出承诺，临分合同成立；

b）若再保险接受人在确认时，对要约中的业务条件有实质性变更，如附加了意向承保份额、附带了合同成立前提条件，视为再保险接受人对再保险分出人发出反要约，再保险分出人的原要约失效；若再保险分出人直接或通过再保险经纪人对该项变更或附加条件做出接受的最终确认，视为再保险分出人作出承诺，临分合同成立；

c）在双方约定临分合同附条件或期限生效的情形下，临分合同成立时间可先于原保单生效时间，但双方应约定临分合同的生效时间不得早于原保单生效时间；

d）临分合同的订立方式应采用书面形式，书面形式指合同书、信件和数据电文（包括电子数据交换和电子邮件）等可以有形地表现所载内容的形式。

7.4 临分业务标识

临分合同成立后，交易各方应及时在业务系统或业务登记台帐表中做好临分合同成立的标识，并据此作为发送或催收正式临分合同及账单的依据。

7.5 业务批改

若临分业务发生批改，再保险分出人宜在批单生效前5个工作日将相关情况报送再保险接受人，业务磋商同上述流程。对于超赔层的非比例业务的批改，各方应根据临分合同约定或另行协商处理。再保险分出人应在获得再保险接受人确认后方可进行业务批改，否则，再保险分出人应额外承担再保险接受人未确认期间的保险风险并不得超过相关法律及监管规定对于自留额的约定。

7.6 业务取消

对于由于原保单取消造成的或根据临分合同约定确需取消的临分业务，主张取消一方应及时通知对方，并根据临分合同约定完成取消业务操作的相关事宜。主张取消方应提供取消业务的有关资料。对于业务取消前，再保险接受人已经承担风险责任的业务，再保险各方应就这部分业务切实履行保费支付、赔款摊回等分保责任。

对保险期限已经结束的保单的临分业务，再保险分出人不得取消分保。

8 临分合同和账单编送

8.1 直接排分业务

如果情况紧急，无法在合同成立前正式签订合同，可以在临分合同成立或原始保单生效后（以日期较晚者为准），再保险分出人应根据最终的保险条件和分保条件，宜在20个工作日内或按照分保条件约定的期限内，向再保险接受人签发纸质或电子版的临分合同正式文本和账单，并要求再保险接受人收到后签回一份纸质或电子版副本。正式临分合同应由各方授权代表签字盖章。

再保险接受人在收到临分合同正式文本和账单后,核对无误后宜在20个工作日内签回。

对于非比例再保险或经双方特别约定的临分业务,也可由再保险接受人签发纸质或电子版的临分合同正式文本和账单给到再保险分出人,具体操作可参照上述流程。

应再保险接受人的要求,再保险分出人应向再保险接受人提供原始保单副本或复印件。

注:正式临分合同内容应包括临分合同简要文本(slip)、规范再保险各方权利义务的条款。

8.2 中介排分业务

对于通过再保险经纪人安排的临分,若再保险接受人的临分合同正式文本和账单由再保险经纪人编送,再保险分出人应对临分合同正式文本和账单中的分保条件及数据进行核实,以确保再保险经纪人安排的分保条件与再保险分出人确定的分保条件保持一致。

通过再保险经纪人排分的临分业务,再保险经纪人宜在20个工作日内,向再保险分出人提供再保险人授权代表签字盖章的分保条。

再保险经纪人应确保再保险分出人收到签回的临分合同和账单中有再保险接受人盖章签字的原件或电子版。

应再保险接受人的要求,再保险分出人应通过再保险经纪人向再保险接受人提供原始保单副本或复印件。

账单中会计科目的编制应符合会计和财务制度的规定。

9 赔案处理

9.1 业务流程及材料要求

临分业务出险后,再保险分出人或通过再保险经纪人应及时通知再保险接受人,并及时通报理赔进展。在再保险分出人结案或支付全部或部分赔款后,再保险分出人或通过再保险经纪人及时通知再保险接受人并提供相关支持材料,要求再保险接受人分摊赔款。

理赔材料应包括但不限于:

——出险通知。

——分出人或第三方理算人编写的理算证明材料(对于重大赔案应提供理算报告)。

——公司赔款计算书。

——外部理赔费用发票。

示例:公估费发票、理算费发票等。

——再保险分出人付款或被保险人收款凭证。

9.2 赔案摊回

对符合临分合同约定条件的赔案,再保险接受人应遵循与再保险分出人“共命运”的原则,通融赔付或临分合同中另有约定的除外。在收到赔案资料并审核无疑义后,一般应在5个工作日内确认赔案,并宜在收到赔案账单后20个工作日签回账单。

如临分合同关于赔案摊回另有以下约定,按实际约定执行:

——损失通知时限;

——理赔权限;

——理算人选定;

——赔款摊回时限;

——小额或特殊赔案处理原则;

——理赔合作或控制条款。

再保险分出人的理赔部等相关部门应配合遵守临分合同的有关约定,避免因违约导致再保险接受人拒绝承担责任的情况发生。

9.3 追偿

对存在追偿可能性的保险事故,再保险分出人应积极向责任方进行追偿,及时将追偿情况告知再保险接受人。追偿成功后,再保险分出人应将追偿款中再保险接受人应享份额及时支付给再保险接受人。

再保险分出人未及时追偿的,再保险接受人有权代位追偿,再保险分出人应提供所有必要的配合,出具或提供追偿所需文件材料等。

10 账务结算与归档

10.1 催账管理

临分交易各方应及时、准确地做好临分业务的结算与逾期账款的催收管理,按照临分合同的约定及时结算。再保险分出人或再保险经纪人在收到再保险接受人签回的账单后,交易各方在约定的时间内完成分保结算。

10.2 轧差结算

临分交易各方在账单记载清晰且核对无误的情况下,经协商一致,可进行多笔临分业务间的轧差结算,但任何一方不应以轧差为由拖延临分业务余额的结算工作。

10.3 资料备份

临分交易各方应保存与业务相关的全部资料,业务各环节中涉及的资料均应保留清晰完整的记录,资料宜以纸质或电子文档形式保存。电子邮件往来、电子介质文件应实行集中管理,安全保存,并有备份。

注:全部资料包括项目风险资料、双方业务磋商往来电函、再保险接受人确认与签回的文本和账单、出险及结案通知等分保和摊赔文件等。

6. 财产再保险行业比例合同范本(中文版)

(中国保险行业协会2021年发布)

NON LIFE PROPORTIONAL TREATY REINSURANCE AGREEMENT
中国保险行业协会
财产再保险比例合同范本(中文版)

Between

本合同由

<CompanyName>, <City>, <Country> (the Reinsured)

<公司名称>, <城市>, <国家>(以下简称“再保险分出人”)

and

与

<ReinsurerName>, <City>, <Country> (the Reinsurer)

<公司名称>, <城市>, <国家>(以下简称“再保险接受人”)

共同签订。

TABLE OF CONTENTS

目　　录

Article 4　Exclusions

第四条　除外责任

Article 5　Errors and Omissions

第五条　错误与遗漏

Article 6　Self-insurance

第六条　自我保险

Section B. Duties of the Parties

第二部分　双方的义务

Article 7　Reinsurer's Share

第七条　再保险接受人的份额

Article 8　Reinsured's Retention(only applicable to surplus section)

第八条　再保险分出人自留额(仅适用于溢额部分)

Article 9　Retention Reporting(only applicable to surplus section)

第九条　自留额通知(仅适用于溢额部分)

Article 10　Utmost Good Faith and Due Diligence

第十条　最大诚信和谨慎原则

Article 11　Underwriting Policy

第十一条　核保政策

Article 12　Follow the Fortunes

第十二条　共命运

Article 13　Several Liability

第十三条　非连带责任

Article 14　Event/Loss Occurrence Definition

第十四条　损失事故定义

Article 15　Reinsurance Premium

第十五条　再保险保费

Article 16　Commission

第十六条　分保手续费

Article 17　Incorrect or Incomplete Information

第十七条　错误或不完整信息

Article 18 Inspection of Records
第十八条 记录检查
Article 19 Confidentiality
第十九条 保密
Article 20 Follow the Settlements
第二十条 理赔跟从
Article 21 Claim and Loss Reporting
第二十一条 出险通知
Article 22 Claim Cooperation
第二十二条 理赔合作
Article 23 Premium and Loss Reserve Deposit
第二十三条 保费和赔款准备金留存

Section C. Account and Payment
第三部分 账单和结付

Article 24 Accounts
第二十四条 账单
Article 25 Confirmation of Account and Payment of Balance
第二十五条 账单确认及结算
Article 26 Settlement Currency
第二十六条 结算货币
Article 27 Bordereaux
第二十七条 分保明细表
Article 28 Cash Call
第二十八条 现金摊赔
Article 29 Portfolio Transfer
第二十九条 业务转移
Article 30 Value Added Tax
第三十条 增值税
Article 31 Accounting System
第三十一条 核算制度

Article 32 Offset

第三十二条 轧差条款

Section D. Commencement and Termination

第四部分 起期与终止

Article 33 Commencement and Termination

第三十三条 起期与终止

Article 34 Amendments and Alterations

第三十四条 修改和变更

Article 35 Accessory Duties

第三十五条 附随义务

Article 36 Effects of Termination

第三十六条 终止效力

Section E. Law and Arbitration

第五部分 法律和仲裁

Article 37 Choice of Law

第三十七条 法律适用

Article 38 Arbitration

第三十八条 仲裁

Article 39 Changes in the Legal Environment

第三十九条 法律环境的变化

Article 40 Non-assignment

第四十条 不可转让

Appendix: List of Clauses for Reference

财产再保险比例合同范本附录(供参考)

1 General Exclusions

第 1 条 通用除外

2 Delay in Payment

第 2 条 延迟付款

3 Policies in Force at Commencement

第 3 条 保单转入

4 Losses Outstanding at Commencement

第 4 条 未决损失转入

5 Policies in Force at Termination

第 5 条 保单转出

6 Losses Outstanding at Termination

第 6 条 未决损失转出

7 Auto Commutation

第 7 条 自动结清

8 Sanction Exclusion

第 8 条 制裁除外

9 Intermediary

第 9 条 中介机构

10 Exchange Rate Fluctuations

第 10 条 汇率波动

11 Collateralization

第 11 条 担保

12 Downgrading Provision

第 12 条 评级下降规定

Section A. Terminology and System of Reinsurance
第一部分 术语和再保险机制

Article 1 Definitions

第一条 定义

"Allocated Expenses" shall mean reasonable expenses incurred by the Reinsured in handling insurance losses. Costs of external loss surveys, experts' reports and legal proceedings are included. Salaries of employees, management expenses and other internal administrative costs including travel expenses of the Reinsured are not Allocated Expenses.

分摊费用:再保险分出人在处理保险损失时产生的合理费用,包括外部损失调查费、专家报告费和法律费用。分出人的员工工资、管理费用和其他内部管理成本(包括差旅费)不属于分摊费用。

"Gross Insurance Liability" shall be the sum insured in respect of each risk, unless the parties agree on the Maximum Possible Loss or any figure other than the sum insured.

总保险责任:单一危险单位的保险金额,双方也可以约定为最大可能损失或其他金额。

"Insurance Compensation" shall mean any compensation, interest or Allocated Expenses paid or payable by the Reinsured in respect of any insurance loss under Policies covered under this Agreement.

保险赔偿金:再保险分出人就本合同项下保单已付和应付的保险损失赔偿、利息或分摊费用。

"Official Rate of Exchange" shall mean the middle price of the foreign exchange rate publicized by the Chinese government or otherwise as agreed by both parties in the Reinsurance Slip to this Agreement.

官方汇率:中国政府公布的汇率中间价或双方在本合同摘要表中约定的其他汇率。

"Original Currency" shall mean the currency applied to the Policy.

原货币:保单使用的货币。

"Policy" shall mean a contract of direct insurance or, if applicable, contract of facultative reinsurance covered under this Agreement.

保单:本合同保障的直接保险合同和临分再保险合同(如适用)。

"Reinsurance Compensation" shall mean any amounts paid or payable by the Reinsurer to the Reinsured in respect of any Insurance Compensation after taking into account salvages, recoveries and payments from third parties, including any recoveries from other reinsurers, whether collected or not.

再保险赔偿金:保险赔偿金在扣除残值、追偿款和第三方支付的款项(包括已经或尚未从其他再保险人处取得的赔款)后,再保险接受人向再保险分出人已付或应付的金额。

"Reinsurance Periods" are periods between commencement and termination of this Agreement.

再保险期间:从本合同起始日到终止日的期间。

"Surplus Liability" shall mean that portion of the Gross Insurance Liability in respect of each risk which exceeds the Retention but limited by an agreed multiple of the Retention(Surplus section only).

溢额责任(仅适用于溢额部分):每个危险单位的总保险责任超出自留额的部分,但以约定自留额倍数为限。

Article 2 Obligatory Reinsurance

第二条 固定再保险

In return for reinsurance premiums, the Reinsurer agrees to pay to the Reinsured Reinsurance Compensation in respect of each Policy, in the manner and within the limits stated in this Agreement.

This Agreement shall, except as set out below, apply automatically and without exception to all Policies within the scope of this Agreement.

The parties may however agree that in respect of certain policies specified in the Reinsurance Slip to this Agreement (hereinafter referred to as the Reinsurance Slip) reinsurance shall be on a facultative basis.

再保险分出人向再保险接受人支付再保险保费,再保险接受人同意在本合同规定的方式和额度下,向再保险分出人支付再保险赔偿金。

本合同应自动且无例外的适用于符合本合同约定条件的所有保单。

但是,对本合同摘要表(以下简称"摘要表")规定的特定保单,双方可同意基于临时分保的形式安排再保险。

Article 3 Scope of Business

第三条 业务范围

This Agreement shall cover all Policies accepted by the Reinsured with inception date during the Reinsurance Period in the classes of insurance and in the geographical areas set forth in the Reinsurance Slip, unless stated otherwise in the Reinsurance Slip.

除非摘要表中另有说明,本合同保障再保险分出人承保的在再保险合同期间内开始生效的所有保单,且保单应符合摘要表规定的险种和地域。

Article 4　Exclusions

第四条　除外责任

This Agreement shall not cover risks excluded in the Reinsurance Slip.

本合同不保障摘要表中除外的风险。

Article 5　Errors and Omissions

第五条　错误与遗漏

Any inadvertent error or omission in the fulfilment of the duties assumed with this Agreement, shall not prejudice the rights or duties of either party under this Agreement. Such error or omission is to be rectified or made good immediately upon discovery, adequate proof thereof being submitted.

Such rectification of errors or omissions shall not be possible if under this Agreement a time-bar period has been agreed upon for the relevant explanations or other measures and if this period has expired.

履行合同义务过程中发生的任何非故意的错误或遗漏都不应损害任何一方根据本合同享有的权利或义务。这种错误或遗漏一经发现应立即予以纠正,并由纠正方提交充分的证据。

如果本合同针对相关澄清或其他措施有时限规定,且已超过此时限,则任何一方不得对此错误或遗漏进行修正。

Article 6　Self-insurance

第六条　自我保险

Subject to the terms and conditions of this Agreement, an insurance granted by the Reinsured in which the Reinsured either solely or jointly with another party is named as the Insured shall be deemed to be an insurance falling within the scope of this Agreement, notwithstanding that there may be no legal liability under such an insurance.

在符合本合同约定的前提下,再保险分出人承保的以自己为被保险人、或与其他主体共同作为被保险人的保单,也应视为属于本合同范围内的保单,虽然此类保单可能不会导致分出人的法律赔偿责任。

Section B. Duties of the Parties
第二部分 双方的义务

Article 7 Reinsurer's Share

第七条 再保险接受人的份额

The Reinsured agrees to cede to the Reinsurer such shares of all policies covered by this Agreement as are set forth in the Reinsurance Slip.

The Reinsurer shall receive its share of the original gross premiums accrued to the Reinsured subject to the original terms and conditions and the Original Currencies. If the Reinsurer has assumed liability for an insured risk, it is entitled to its share of the reinsurance premium even if the Reinsured has not received the premium owing to it.

Quota share reinsurance (only applicable to Quota Share section)

Reinsurance Compensation and reinsurance premium are calculated by applying the reinsurance percentage share as defined below to the Insurance Compensation and insurance premium.

The reinsurance percentage share is calculated by multiplying the quota share by the Reinsurer's participation share set out in the Reinsurance Slip.

Surplus reinsurance (only applicable to Surplus section)

Reinsurance Compensation and reinsurance premium are calculated by applying the reinsurance percentage share as defined below to the Insurance Compensation and insurance premium.

The reinsurance percentage share is calculated by dividing the Surplus Liability by the Gross Insurance Liability. The resulting share shall then be multiplied by the Reinsurer's participation share. Surplus Liability and participation share are set out in the Reinsurance Slip.

再保险分出人同意根据摘要表的约定,将本合同保障的所有保单按照约定份额分出给再保险接受人。

再保险接受人应按照原条款和条件以及原货币向再保险分出人收取原保费的相应份额。如果再保险接受人承担了保险责任,即使再保险分出人没有收到保费,再保险接受人仍有权享有相应份额的再保险保费。

成数再保险(仅适用于成数部分)

再保险赔偿金和再保险保费等于保险赔偿金和保险保费分别乘以再保险比例。

再保险比例等于摘要表约定的成数分出比例乘以再保险接受人的参与份额。

溢额再保险(仅适用于溢额部分)

再保险赔偿金和再保险保费等于保险赔偿金和保险保费分别乘以再保险比例。

再保险比例等于溢额责任除以总保险责任,再乘以再保险接受人的参与份额。溢额责任和参与份额在摘要表中约定。

Article 8　Reinsured's Retention (only applicable to Surplus section)

第八条　再保险分出人自留额(仅适用于溢额部分)

The Reinsured shall have absolute discretion in fixing the amount of its retention on any one risk and in determining what constitutes one risk.

The amount retained by the Reinsured on each risk shall be governed by the Reinsured's Table of Retention included within the Reinsurance Slip which forms an integral part of this Agreement.

再保险分出人有权自行决定每一危险单位自留额以及危险单位的划分。

再保险分出人应按照摘要表约定的自留额表确定每一危险单位自留额,该自留额表构成本合同不可分割的组成部分。

Article 9　Retention Reporting (only applicable to Surplus section)

第九条　自留额通知(仅适用于溢额部分)

The Reinsured shall retain for its own account the full amount set out in the Reinsurance Slip. All reinsurance treaty covering its retention shall be advised to the Reinsurer before such reinsurance commences.

再保险分出人应按摘要表的约定自留全部金额。就自留额所作的所有合约再保险安排,再保险分出人应在前述再保险开始之前通知再保险接受人。

Article 10　Utmost Good Faith and Due Diligence

第十条　最大诚信和谨慎原则

The Reinsured shall carry out its insurance business as if there were no reinsurance and with the due diligence of a competent insurer following the customs and usages of the insurance business in the relevant market.

再保险分出人应当按照有关市场的保险行业惯例和规则,以一个合格的保险公司在如同没有再保险安排的情况下所应有的谨慎来开展保险业务。

Article 11 Underwriting Policy

第十一条 核保政策

The Reinsured shall inform the Reinsurer of any material changes in its established underwriting policy in respect of the lines of business to which this Agreement applies. Should the Reinsured fail to inform the Reinsurer, the Reinsurer shall be exempted any liability in respect of insurance losses under the Policies affected by such change and instead return the respective reinsurance premiums relating to any period after such change had been introduced at terms to be agreed by both parties. Notwithstanding the foregoing, the Reinsurer may negotiate with the Reinsured for any other solutions.

The established underwriting policy is set out, inter alia, in the policy forms, general conditions and tariffs used by the Reinsured at the commencement of this Agreement.

A change in the established underwriting policy is material if it may increase the Reinsurer's liability to such an extent that a reasonable Reinsurer would, under the same circumstances, have declined to cover such policies under the same terms and conditions.

本合同项下业务的现有核保政策如发生重大变化,再保险分出人应及时通知再保险接受人。否则,对受变更影响的保单项下的保险损失,再保险接受人应当免除赔偿责任,并按双方约定退还变更发生后相应再保险期间的再保险保费。双方亦可协商采取其他解决方案。

现有核保政策主要体现于再保险分出人在本合同开始时使用的保单条款、条件和费率等。

重大变化是指现有核保政策的变化可能会增加再保险接受人的责任,以至于审慎的再保险接受人在同样情况下会拒绝以相同条件承保该业务。

Article 12 Follow the Fortunes

第十二条 共命运

The Reinsurer shall, subject to the terms and conditions of this Agreement, follow the underwriting fortunes of the Reinsured.

The liability of the Reinsurer in respect of each cession hereunder shall be subject to all the stipulations, clauses, waivers and modifications of the original policy and of any endorsement thereto, except insofar as they are contrary to the terms of this Agreement.

在符合本合同约定的前提下,再保险接受人跟从再保险分出人的承保结果。

再保险接受人对分保至本合同项下的每一笔业务的责任,应符合保单的所有约定、条款、豁免以及变更,但与本合同条款相悖的除外。

Article 13 Several Liability

第十三条 非连带责任

The subscribing Reinsurers' obligations under this Agreement are several and not joint and are limited solely to the extent of their individual subscriptions. The subscribing Reinsurers are not responsible for the subscription of any co-subscribing Reinsurer who for any reason does not satisfy all or part of its obligations.

各再保险接受人在本合同项下的义务是相互独立而非连带的,并以其各自承保的份额为限。各再保险接受人对因任何原因未履行其全部或部分义务的其他再保险接受人所承保的部分不承担任何责任。

Article 14 Event/Loss Occurrence Definition

第十四条 损失事故定义

Event/Loss Occurrence Definition shall be specified in the Reinsurance Slip.

损失事故定义以摘要表约定为准。

Article 15 Reinsurance Premium

第十五条 再保险保费

The Reinsured shall pay to the Reinsurer its share of the same original gross rate of premium accrued hereunder less only cancellation and return premiums.

再保险分出人应在应计原保险保费(签单保费)减去退保和返还的保费后,按再保险接受人的份额向其支付保费。

Article 16 Commission

第十六条 分保手续费

The Reinsurer shall allow the Reinsured a reinsurance commission in the manner specified in the Reinsurance Slip.

再保险接受人应按摘要表约定的方式向再保险分出人支付分保手续费。

Article 17 Incorrect or Incomplete Information

第十七条 错误或不完整信息

The terms of this Agreement are based on information supplied by the Reinsured to the Reinsurer prior to the conclusion of this Agreement.

Should the Reinsured supply the Reinsurer with information which it knows or should have known to be incorrect or incomplete, this Agreement shall be affected as follows: If the Reinsurer, in possession of the true facts, would have declined to provide reinsurance, this Agreement shall be void. If the Reinsurer, in possession of the true facts, would have provided reinsurance but on less advantageous terms, this Agreement shall be modified accordingly as from commencement.

It will be assumed that the Reinsurer, in possession of the true facts, would have acted as a reasonable reinsurer would have acted under the same circumstances, unless the Reinsured is able to show that the Reinsurer would not have so acted.

本合同条件是基于再保险分出人在合同成立前提供给再保险接受人的信息。

如果再保险分出人向再保险接受人提供了前者知道或应当知道的错误或不完整的信息,则对本合同作以下处理:如果再保险接受人获知真实信息后会拒绝提供再保险的,则本合同无效。如果再保险接受人获知真实信息后会以更不利于再保险分出人的条件提供再保险的,则应相应修改本合同并自始生效。

本条是假设再保险接受人作为合理谨慎的再保险人,其在获知真实信息后可能会采取的行动,除非再保险分出人能够证明再保险接受人不会做出此决策。

Article 18 Inspection of Records

第十八条 记录检查

Upon request the Reinsured shall make available to the Reinsurer or its duly authorized representatives, at mutually agreed time and place, all information relating to the business reinsured under this Agreement in the Reinsured's possession or under its control.

Notification of inspection shall be given at least two weeks in advance unless otherwise agreed by both parties in the event of urgent cases. The Reinsurer may exercise its right of inspection at any reasonable time. The Reinsured shall not be subject to unreasonable expense and disruption either as to the timing or the scope of the inspection.

Upon request the Reinsured shall provide the Reinsurer with copies, to be made at the Reinsurer's expense, of any of the policies, books, accounts, records or other documents containing information relating to the business reinsured hereunder.

Should arbitration or judicial proceedings be pending or initiated between the parties, the Reinsurer shall exercise its right of inspection through a person designated and authorized by the respective arbitrator or judge.

The Reinsurer's right of inspection shall continue to apply as long as either party has a claim against the other arising out of this Agreement or whilst any liability remains hereunder.

根据再保险接受人要求,在双方约定的时间和地点,再保险分出人应向再保险接受人或其指定的代表提供其所掌握的与本合同相关的信息。记录检查的通知应至少提前两个星期发出,或在紧急的情况下经双方同意的时间发出。再保险接受人可以在任何合理的时间履行检查权。再保险分出人就检查范围和时间不应承受不合理的费用支出或干扰。

再保险分出人根据要求提供给再保险接受人与本合同有关的保单、账单、账户、记录或其他文件的复印件,但费用由再保险接受人承担。

如果双方之间将要或已经开始进行仲裁或司法诉讼程序,再保险接受人应通过仲裁员或法官指定人员行使检查权。

只要任何一方因本合同对另一方提出索赔,或在本合同下仍有未了责任,则再保险接受人的检查权将持续有效。

Article 19　Confidentiality

第十九条　保密

The Reinsurer hereby undertakes to regard this Agreement and any information provided by the Reinsured in relation hereto (together referred to as "Confidential Information") as strictly confidential.

The Reinsurer further declares and agrees that it will not at any time during the duration of this Agreement or subsequently make use directly or indirectly of the information afforded by the Reinsured in relation to this Agreement without the prior consent of the Reinsured.

Notwithstanding the foregoing, the Reinsurer is allowed to make use of such Confidential Information which is necessary for the execution and performance of this Reinsurance Agreement and its ordinary business purpose, including but not limited to storage of such Confidential Information which are necessary for administration, risk management, claims handling and accounting purposes in its information technology systems.

The Reinsurer assures that everybody having legal access to their information technology systems are contractually and/or legally bound and/or required by internal policy to hold all information that is being made available through these systems in strict confidence.

Moreover, Confidential Information shall not include information

(a) which the Reinsurer already lawfully possesses prior to disclosure by the Reinsured,

(b) which is lawfully made available to the Reinsurer by a third party free to make such disclosure without breach of any legal obligation,

(c) which the Reinsurer develops independently, or

(d) which is, or becomes, publicly available without breach of any duty of confidentiality by the Reinsurer.

The Reinsurer further agrees that it shall not disclose any Confidential Information without the prior written consent of the Reinsured except, for its ordinary business purpose, to a limited group of its directors, employees, auditors, retrocessionaires or third party service providers or other branches and/or entities of its group company.

The duty of confidentiality does not apply where disclosure has to be made as a result of subpoena, requirement or official request from any competent judicial, administrative, regulatory or legislative body including arbitration panels and auditors.

再保险接受人在此承诺对本合同和再保险分出人提供的相关信息(统称“保密信息”)严格保密。

再保险接受人声明并同意,在未经再保险分出人书面同意的情况下,不会在本合同期限内或之后的任何时间直接或间接使用再保险分出人提供的与本合同有关的信息。

但再保险接受人为签署和履行本合同以及其通常的业务经营目的可以使用保密信息,包括但不限于在其信息技术系统中出于行政管理、风险管理、赔案处理和会计目的存储保密信息。

再保险接受人保证,根据合同、法律或内部政策的规定,对其信息技术系统有合法访问权限的所有人员对通过该等系统获得的所有信息均承担严格保密义务。

保密信息不应包括以下信息

(1)再保险分出人披露前再保险接受人已经合法拥有的信息;

(2)再保险接受人从第三方合法取得的信息。该第三方在不违反任何法律义务的前提下有权进行前述信息披露;

(3)再保险接受人独立开发的信息;

(4)再保险接受人在不违反任何保密义务的前提下可以从公开渠道取得的信息。

未经再保险分出人事先书面同意,再保险接受人不得披露任何保密信息,除非是为其通常的业务经营目的向其董事、员工、审计人员、转分保接受人、第三方服务供应商、或集团公司的其他分支机构等提供保密信息。

根据任何有管辖权的司法、行政、监管或立法机构的传票、要求或正式通知,必须披露信息的,本条约定的保密义务不适用。

Article 20 Follow the Settlements

第二十条 理赔跟从

Claim settlements made by the Reinsured shall be binding upon the Reinsurer, providing such settlements are within the terms and conditions of the relevant Policy and within the terms and conditions of this Agreement and providing the Reinsured for its part has actually paid by transferring the necessary funds to or is about to pay the Insured.

The Reinsurer shall be entitled to its share of any salvages or recoveries relating to such claim.

Ex-gratia payments by the Reinsured to the Insured shall only be binding upon the Reinsurer where its written approval is obtained prior to any payment.

在保单和本合同条款承保范围之内,赔案由再保险分出人处理并对再保险接受人具有约束力,前提是再保险分出人已经支付或将要支付赔款。

再保险接受人应有权利按其份额得到与该赔案相关的残值或追偿款。

再保险分出人支付给被保险人的通融赔付只有事先得到再保险接受人书面同意时才对其有约束力。

Article 21 Claim and Loss Reporting

第二十一条 出险通知

The Reinsured shall give immediate written notice of any claim or loss where its estimated amount exceeds or may possibly exceed the figure set out in the Reinsurance Slip.

Notice shall include information about facts, legal assessment and estimated amount of loss. After such notice the Reinsured shall keep the Reinsurer informed about the development of any such claim or loss in a timely manner.

再保险分出人在估损金额超过或可能超过摘要表约定金额时,应及时以书面形式通知再保险接受人。

通知应包括有关赔案事实、法律评估以及估损金额等信息。在发出通知后,再保险分出人应及时将任何有关该索赔或损失的进展情况通知再保险接受人。

Article 22 Claim Cooperation

第二十二条 理赔合作

Claims shall be settled by the Reinsured.

As regards the settlement of any claim or loss subject to Claim and Loss Reporting clause, upontheReinsurer'srequest, the Reinsured shall cooperate with the Reinsurer or any other person designated by the Reinsurer in a timely manner.

赔案由再保险分出人负责处理。

对根据出险通知条款应及时通知的赔案,经再保险接受人要求,再保险分出人应与再保险接受人或其指定的其他人及时合作。

Article 23 Premium and Loss Reserve Deposit

第二十三条 保费和赔款准备金留存

The parties may agree on a premium reserve deposit or a loss reserve deposit as set out in the Reinsurance Slip.

双方可按照摘要表的约定进行保费或赔款准备金留存。

Section C. Account and Payment

第三部分 账单和结付

Article 24 Accounts

第二十四条 账单

The Reinsured shall provide the Reinsurer with statements of account for each period within the time limit set out in the Reinsurance Slip.

The account shall include such reinsurance premiums, Reinsurance Compensations, commissions, taxes and other items as indicated in the Reinsurance Slip.

An estimate of all outstanding losses falling under this Agreement will be furnished by the Reinsured at the same time as the accounts are rendered.

The account shall be rendered in Original Currency or currencies stipulated in the Reinsurance Slip and broken down by line of business or in the manner stipulated in the Reinsurance Slip.

再保险分出人应在摘要表中列明的期限内向再保险接受人提供约定期间的账单。

账单应包括再保险保费、再保险赔偿金、手续费、税及摘要表列明的其他项目。

再保险分出人应估算本合同项下所有未决赔款,与账单同时提供给再保险接受人。

账单应以原货币或摘要表约定的币种编制,区分不同业务类型或按摘要表约定的方式列示。

Article 25 Confirmation of Account and Payment of Balance

第二十五条 账单确认及结算

The Reinsurer shall confirm the account or object to it within the time limit set out in the Reinsurance Slip after receiving the account. Both parties reserve the right to subsequently raise any objections which have been erroneously omitted.

Any balance due under the account shall be paid within the time limit set out in the Reinsurance Slip. Should the Reinsurer raise objections to the account, the confirmed portion of the balance shall nevertheless be paid within the foregoing time limit. In case that the objections are cleared after the foregoing time limit, any difference shall be paid immediately by the debtor.

Inadvertent errors or omissions in the accounts shall not delay the payment of any balance due hereunder and corresponding correction shall be made in the next account rendered hereunder. Nevertheless, in the event that errors or omissions have a major effect on the balance, immediate correction shall be made before the payment of balance.

再保险接受人收到账单后应在摘要表约定的期限内对账单内容进行确认或提出异议。对疏忽的账单错误,双方保留后续提出异议的权利。

账单的到期余额应在摘要表列明的期限内结算。再保险接受人对账单提出异议的,仍应在前述期限内结算已经确认的部分。异议消除后,付款方应立即支付相应部分。

不得因疏忽引起的错误或遗漏延迟账单到期余额结算,同时应对此错误和遗漏及时予以纠正并在下期账单中体现。但是,错误或遗漏严重影响账单余额的,应在结算本期账单前立即予以纠正。

Article 26 Settlement Currency

第二十六条 结算货币

Payments between the parties shall be made in the currencies set out in the Reinsurance Slip (Settlement Currency). Should the Original Currency be different from Settlement Currency, conversions shall be calculated at the Official Rate of Exchange at the date stipulated in the Reinsurance Slip.

双方应以摘要表列明的货币(结算货币)进行结算。原货币与结算货币不同的,应以摘要表列明的官方汇率进行换算。

Article 27 Bordereaux

第二十七条 分保明细表

The bordereaux arrangements for the risks ceded under this Agreement and the losses incurred are set forth in the Reinsurance Slip.

The bordereaux sent to the Reinsurer by the Reinsured shall merely serve to give the Reinsurer information about the risks ceded under this Agreement. The Reinsurer's liability under this Agreement shall not be extended by unilateral advices of the Reinsured, e. g. in bordereaux or account. Risks which do not come within the scope of this Agreement or exceed their extent of liability may only be reinsured thereunder if offered separately by the Reinsured and accepted explicitly by the Reinsurer.

再保险分出人按摘要表列明的方式向再保险接受人提供本合同项下的分出风险明细表和已发生损失明细表。

明细表仅以向再保险接受人提供本合同项下分出风险信息为目的。再保险接受人在本合同项下的责任范围不因再保险分出人单方面提供的信息(如明细表或账单中的信息)而扩大。对非本合同范围内业务或超出责任范围的风险,只有在再保险分出人另行要求并经再保险接受人明确同意的情况下,本合同方得承保。

Article 28 Cash Call

第二十八条 现金摊赔

Whenever the amount of the actual or anticipated Insurance Compensation exceeds the figure set out in the Reinsurance Slip, the Reinsured may ask the

Reinsurer's written agreement for payment within the time limit set out in the Reinsurance Slip after receipt of such request.

However, the Reinsurer's duty to pay within such time limit should be subject to that the Reinsured (i) has paid or is about to pay the Insured the relevant insurance loss; and (ii) has provided the Reinsurer with all related facts, claim or loss assessment and adjusting reports.

实际或预计的保险赔偿金超过摘要表列明的金额时,再保险分出人可在征得再保险接受人书面同意后,要求其在摘要表列明的期限内支付赔款。

再保险接受人承担前述义务的前提是:(1)再保险分出人已经或将要向被保险人支付保险损失;(2)再保险分出人向再保险接受人提供了所有有关事实信息、损失评估和理算报告。

Article 29 Portfolio Transfer

第二十九条 业务转移

All cessions hereunder shall run to their natural expiry unless the Reinsurance Slip provides for the assumption and withdrawal of portfolio in which case the Reinsurer will be credited and debited respectively with its proportion of a premium portfolio at the commencement and termination of each underwriting year of which this Agreement is in force. Liability in respect of outstanding losses will be treated in the same way if so provided in the Reinsurance Slip.

本合同项下分保业务运行直至其自然终止,除非摘要表规定了业务转入和转出。为此,再保险接受人应分别贷记和借记其在本合同有效期内每一业务年度起止日所占转移业务保费的份额。摘要表如有规定,未决赔款亦可采用相同的方式转移。

Article 30 Value Added Tax

第三十条 增值税

Wherever the business ceded hereunder is subject to the Value- added Tax (VAT) of the People's Republic of China, the terms and conditions in this clause shall apply.

All amounts, including without limitation to any and all terms with references to premiums, Reinsurance Compensations and commissions in this Agreement shall always exclude VAT unless otherwise stated explicitly.

Where the Reinsurer is liable for such VAT payment, the Reinsured shall pay an additional amount to the onshore Reinsurer to cover the VAT payment due. For offshore Reinsurer, the Reinsured shall withhold the additional amount for VAT and also deduct the Surtax. The VAT is 6.00% of the premium and the Surtax is 12% of VAT or otherwise required by the applicable laws and regulations.

The Reinsured shall keep separate records of VAT exempt premium, VAT taxable premiums and VAT amount in the accounts. Business Tax premiums, if applicable, shall also be separately accounted for.

Each party agrees to do everything that may be necessary or desirable, including without limitation to timely providing all the information necessary for VAT invoices to the Reinsurer, providing VAT invoices and other documentation, to enable or assist the other party to claim any input VAT credit, set-off, rebate or refund in relation to any amount of VAT paid or payable in respect of this Agreement.

In the event that any Policies ceded hereunder are written by branch(es) of the Reinsured and as the Reinsured requests, the Reinsurer shall issue the VAT invoices to the branches as confirmed by the Reinsured. The list of branches as of the commencement date of this Agreement is defined as attached herein. The Reinsured shall provide written notice to the Reinsurer for any new branches established from time to time after the commencement date of this Agreement.

本条规定适用于本合同项下的中华人民共和国增值税业务。

除另有明确约定外,本合同中提到任何有关金额的内容,包括但不限于保费、再保险赔偿金和手续费等,均不含增值税。

再保险接受人承担缴付增值税义务的,再保险分出人应当向在岸再保险接受人额外支付相应金额。对离岸再保险接受人,再保险分出人应代扣代缴该部分额外金额作为增值税以及相应的附加税。增值税为保费的6%,附加税为增值税的12%,法律法规有其他规定的从其规定。

再保险分出人应在账单中分别列示免税保费、不含税应税保费和相应增值税金额。如仍有营业税业务,也应在账单中单独列示。

双方同意采取所有必要的措施,包括但不限于向再保险接受人及时提供开具增值税发票所需信息、开具增值税发票和提供其他文件,以便对方就本合同项下已经支付的增值税款项进行相应抵扣。

如本合同项下任何业务由再保险分出人的分支机构承保,经再保险分出人要求,再保险接受人应向再保险分出人确认的分支机构开具增值税发票。再保险分出人现有分支机构名单见附件。本合同生效后,如有新分支机构,再保险分出人应及时书面通知再保险接受人。

Article 31 Accounting System

第三十一条 核算制度

The accounting system in respect of this Agreement, meaning the system allocating items included in any accounts to the respective Reinsurance Period, shall be indicated in the Reinsurance Slip.

核算制度是指规定账单各项目在各再保险期间内进行分配的制度。本合同适用的核算制度在摘要表中规定。

Article 32 Offset

第三十二条 轧差条款

Either party to this Agreement may at its discretion set off against any undisputed amounts due from the other party hereunder or under any other agreements between the parties hereto any agreed amounts which are due under this or those other agreements. This right shall continue to exist after the termination of this Agreement or of any business relationship between the parties.

If bankruptcy or liquidation proceedings are initiated in respect of either of the parties to this Agreement, the other party may set off all the amounts owing to it under this Agreement against all the amount due or not yet due for payment by it to the extent that the governing law permits. The same right may be exercised by any party to this Agreement that exercises its right of extraordinary termination for any other reason indicated in the Commencement and Termination clause herein.

本合同双方任何一方有权抵销对方在本合同或双方之间其他合同下的达成一致的款项。该权利持续有效直到合同终止或双方合作关系结束。

如果合同双方某一方进入破产或清算程序,另一方可依法用对方应付款项或未到期款项抵销应付对方的金额。上述权利也适用于合同任何一方因起期与终止条款中列明的理由而行使特别终止权的情形。

Section D. Commencement and Termination

第四部分 起期与终止

Article 33 Commencement and Termination

第三十三条 起期与终止

This Agreement shall take effect on the date and at the time set forth in the Reinsurance Slip and shall remain effective for an indefinite period. Either party shall be free to terminate any or all of the shares listed in the Reinsurance Slip by tendering notice in accordance with the period and date indicated in the Reinsurance Slip.

Extraordinary termination

Either party shall, moreover, have the right to terminate this Agreement at any time with immediate effect if:

– it is prohibited or rendered impossible for this Agreement to be fulfilled de jure or de facto for reasons not within the responsibility of the party giving notice;

– the other party falls into arrears with payments or its license to transact business is revoked;

– the other party loses the whole or part of its paid-up capital in order to pay its debts;

– the other party merges with another company or its ownership or control undergoes an essential change;

– the reinsured portfolio is partly or completely transferred to a third party;

– the other party ceases writing new business or does not renew existing covers in the portfolio as a whole;

– the other party fails seriously to meet its obligations under this Agreement, despite a written reminder; or

– the country in which the other party has its domicile or head office becomes involved in armed hostilities with another country, whether war be declared or not, or the country in which the other party is based is involved in civil war and/or partly or completely occupied by another military power.

Form of notice

Notice of termination shall be given in writing by registered letter, fax, email or other means mutually agreed and addressed to the head office of the other party or to any address which has been supplied for this purpose.

In the event of an interruption of communications, notice of termination shall be deemed to be given as soon as it has been dispatched or dispatch has been attempted.

Automatic termination of this Agreement

This Agreement shall terminate without notice if insolvency, bankruptcy or liquidation proceedings are initiated in respect to one of the parties and/or if any of the parties is dismissed on the grounds of insufficiency of assets.

本合同应于摘要表规定的日期和时间生效,并将持续有效。任何一方均有权根据摘要表中列明的期限和日期提出通知,终止摘要表中所列的任意或全部份额。

特别终止

此外,如果出现以下情况,任何一方都有权利立即终止本合同:

- 非因发出通知一方的责任导致的法律上或者事实上都禁止或不可能再履行本合同;
- 另一方拖欠付款或营业许可被撤销;
- 另一方为了偿还债务丧失全部或者部分实收资本;
- 另一方与其他公司合并或其所有权或控制权发生重大变化;
- 本合同项下业务部分或全部转让给第三方;
- 另一方停止承保新业务或完全不续保其现有业务;
- 经书面提醒后,另一方仍严重违反其在本合同项下的义务;
- 另一方营业所在的国家或其总公司所在的国家与其他国家陷入武装战争,无论有否宣战,或者另一方所在的国家爆发内战,和/或部分或完全被另一个军事力量占领。

通知形式

终止通知应以书面形式通过挂号信、传真、电子邮件或双方同意的其他方式发给另一方总部或为此目的提供的任何地址。

如果通信中断,终止通知一经发出或执行发出操作,即应视为终止通知已经送达。

自动终止本合同

如果一方无力偿债、启动破产或清算程序和/或如果任何一方因资产不足而被解散,本合同无需发出通知即终止。

Article 34 Amendments and Alterations

第三十四条 修改和变更

This Agreement may at any time be amended by mutual consent of the parties hereto, either by addendum or correspondence, and such amendments shall be binding on both parties and be deemed to form an integral part of this Agreement.

No amendments and alterations of this Agreement shall be effective unless made in writing.

经双方同意,本合同可在任何时候通过附约或通信进行修改,此类修改应对双方均具有约束力,并被视为本合同不可分割的组成部分。

对本合同的任何修改和变更必须以书面形式作出,否则无效。

Article 35 Accessory Duties

第三十五条 附随义务

Accessory Duties under this Agreement, such as the duty to provide accounts, to report claims and insurance losses or to make information available continue as long as there is any outstanding debt under this Agreement irrespective of the reason for termination.

无论合同因何原因终止,只要本合同下有未结清的债务,本合同下的附随义务都将继续履行,例如提供账单,报告赔案和保险损失或提供信息的义务。

Article 36 Effects of Termination

第三十六条 终止效力

After the date of termination, any existing cessions shall be allowed to run to their natural expiry unless the Reinsured elects to withdraw the portfolio in accordance with the conditions contained herein, if any.

Should the parties agree on portfolio transfer in the Reinsurance Slip to cease coverage for Policies in force at termination of this Agreement in respect of losses, whose trigger falls on or subsequent to such termination date, the Reinsurer shall return unearned reinsurance premium as a premium portfolio exit. Such premium shall be calculated by applying the same methodology uses for premium portfolio entries.

The termination of this Agreement shall not affect the Reinsurer's liability to compensate the Reinsured in respect of losses outstanding at the date of termination of this Agreement.

However, should the parties agree on portfolio transfer in the Reinsurance Slip to release the Reinsurer from any such liability (clean cut), the Reinsurer shall pay the Reinsured as a loss portfolio exit the percentage share, set out in the Reinsurance Slip, of outstanding losses.

在合同终止日期后,所有已分保业务的再保险责任应持续至该业务自然满期为止,除非再保险分出人根据本合同约定(如有)选择转出业务。

如双方同意按照再保险合同约定进行业务转移,对于终止之日当日或之后的未满期业务的再保险责任,再保险接受人应退还未满期分保费给再保险分出人,以解除其未了责任。退还分保费的计算方法与未满期责任保费转入的计算方法相同。

本合同的终止应不影响再保险接受人对终止之日的未决赔款的摊赔责任。

但如果合同双方决定转移业务以解除再保险接受人责任(即结清),再保险接受人应按摘要表中规定的未决赔款的一定比例进行摊赔。

Section E. Law and Arbitration

第五部分 法律和仲裁

Article 37 Choice of Law

第三十七条 法律适用

The validity, construction and performance of this Agreement is to be governed by the law as specified in the Reinsurance Slip.

本合同的效力、解释和履行受摘要表中规定的法律管辖。

Article 38 Arbitration

第三十八条 仲裁

Where any dispute between the parties arising out of or in connection with this Agreement including formation and validity and whether arising during or after the period of this Agreement has not been settled through negotiation within sixty (60) days after a Party's request for consultation, both parties agree to submit the dispute to China International Economic and Trade Arbitration Commission (CIETAC) for arbitration. Subject to the provisions set out below, the arbitration shall be conducted in accordance with CIETAC's arbitration rules in effect at the time of applying for arbitration.

The Arbitral Tribunal shall be composed of three arbitrators. Unless the parties agree otherwise, the Arbitration Tribunal shall consist of persons (including those who have retired) with not less than ten years' experience of international insurance or reinsurance business as persons engaged in such business or advising such business in a professional capacity. If arbitrators with such experience are not on CIETAC's Panel of Arbitrators, arbitrators outside the Panel shall be appointed.

The seat of Arbitration shall be specified in the Reinsurance Slip.

The language of the Arbitration shall be Chinese.

The arbitral award is final and binding upon the parties. This arbitration agreement shall be construed as a separate and independent contract between the parties.

在本合同有效期内或者期满后，凡因本合同引起的或与本合同有关包括合同订立、效力等的任何争议，本合同当事人在一方当事人提出协商要求后六十(60)日之内仍未协商解决的，双方均同意将该争议提交给中国国际经济贸易仲裁委员会(CIETAC)申请仲裁。除下列规定外，仲裁应按照申请仲裁时中国国际贸易仲裁委员会现行有效的仲裁规则进行。

仲裁庭由三名仲裁员组成。除当事人另有约定外，仲裁庭由从事国际保险或者再保险业务或者以专业身份为该业务提供咨询的人员(包括退休人员)组成，从业经验不少于十年。如果具有上述经验的仲裁员不在中国国际贸易仲裁委员会仲裁员名册内的，应当指定仲裁员名册以外的仲裁员。

仲裁地点应当在摘要表中注明。

仲裁语言为中文。

仲裁裁决是终局的，对双方当事人均有约束力。本仲裁条款应被理解为双方当事人之间独立于本合同的约定。

Article 39　Changes in the Legal Environment

第三十九条　法律环境的变化

If, after commencement of this Agreement, either party's liability is materially increased or extended as a result of legislative or administrative acts or as a result of court decisions if applicable, the parties hereto shall immediately take up negotiations with a view to a suitable revision of the terms of this Agreement.

合同生效后,如果任何一方的责任因为法律法规、行政行为或者法院裁判(如果适用)有实质性的增加或者延长,合同双方应当立即协商,对合同条件做适当的修改。

Article 40 Non-assignment

第四十条 不可转让

No rights, duties or obligations of the parties under this Agreement shall be assigned by either party without the prior written consent of the other party. Any purported assignment in absence of such consent shall be void and ineffective.

任何一方未经对方书面同意,不得转让在本合同项下的权利、责任和义务,否则任何意图转让的行为都是无效的。

IN WITNESS WHEREOF, the parties hereto have caused this Agreement to be executed by their duly authorised representatives as of the following dates:

本合同相关各方已于下述日期正式签署本合同,特此为证。

In [insert City], [insert Country], this day of [insert date].

地点 :(国家)(城市)　　日期:

Authorized Signature

签名

And in [insert City], [insert Country], this day of [insert date].

地点 :(国家)(城市)　　日期:

Authorized Signature

签名

Appendix: List of Clauses for Reference

财产再保险比例合同范本附录(供参考)

1. General Exclusions

第 1 条 通用除外

This Agreement shall not apply to the following:

a) obligatory reinsurance and retrocession treaties;

b) facultative reinsurance on an excess of loss basis;

c) direct or proportional facultative acceptance of excess policies, layered polices, primaries, umbrella policies, first loss policies and policies with increased deductibles;

d) retroactive cover in respect of known losses, incidents or circumstances likely to give rise to a loss;

e) liabilities transferred to the Reinsured by another insurer in respect of outstanding losses;

f) Policies including a financial side and a risk side where the financial side is clearly predominant;

g) liability of any kind arising out of the delegation of underwriting authority to any third party, unless the Reinsurer agrees expressly and in advance on the conditions and tariffs, including the underwriting material;

h) Extra Contractual Obligations, meaning those liabilities of the Reinsured to the Insured or a third party which are not within the coverage granted by any Policy covered under this Agreement. They include any liability of the Reinsured to pay damages to the Insured or any other party, including but not limited to punitive, exemplary, compensatory or consequential damages;

i) risks which can be assumed in a pool that has been formed for the purpose of covering such risks, including any share allocated to the Reinsured by the pool;

j) any actual or alleged liability whatsoever for any claim or claims in respect of loss or losses directly or indirectly arising out of, resulting from or in consequence of asbestos, in whatever form or quantity (Total Asbestos Exclusion);

k) cyber risk exclusion, if applicable, as stipulated in the Reinsurance Slip;

l) nuclear exclusion, if applicable, as stipulated in the Reinsurance Slip;

m) war, strikes, riots and civil commotion exclusion, if applicable, as stipulated in the Reinsurance Slip;

n) terrorism exclusion, if applicable, as stipulated in the Reinsurance Slip;

o) radioactive contamination, chemical, biological, biochemical and electromagnetic weapons exclusion, if applicable, as stipulated in the Reinsurance

Slip;

p) seepage and pollution exclusion, if applicable, as stipulated in the Reinsurance Slip;

q) any other exclusions, if any, as stipulated in the Reinsurance Slip.

在下列任何情形下,本合同不适用:

a)固定分保合约和转分保合约;

b)超赔临分再保险;

c)直接或比例临分的超赔保单、分层保单、首层保单、伞式保单、第一损失保单和高免赔额保单;

d)对已知损失、事故或可能引起损失的情形提供的回溯保障;

e)其他保险人转移给再保险分出人的未决赔款责任;

f)以财务(而不是风险转移)功能为主要目的的保单;

g)因向第三方授予核保权限而产生的任何责任,除非再保险接受人事先明确同意了相关条件与费率(包括核保材料);

h)合同外义务,是指再保险分出人对被保险人或第三方的保单责任范围以外的责任,包括再保险分出人向该被保险人或任何其他方支付的损害赔偿金(包括但不限于惩罚性、补偿性或间接损害赔偿);

i)可以通过专门建立的共同体承担的风险,包括再保险分出人在该共同体中承担的任何份额;

j)对因石棉直接或间接导致的任何形式或数量的损失引起的索赔而产生的实际的或声称的责任(石棉完全除外);

k)网络风险,具体规定见摘要表(如有);

l)核风险,具体规定见摘要表(如有);

m)战争、罢工、暴动和内乱,具体规定见摘要表(如有);

n)恐怖主义,具体规定见摘要表(如有);

o)放射性污染、化学品、生物、生化和电磁武器,具体规定见摘要表(如有);

p)渗漏和污染,具体规定见摘要表(如有);

q)摘要表中约定的其他除外情形。

2. Delay in Payment

第 2 条　延迟付款

Any undisputed amount due from either party to this Agreement which is outstanding one month after the due date shall be subject to the payment of interest by the debtor party as from the expiry of the one month period of grace at the rate set out in the Reinsurance Slip.

Should the Settlement Currency under this Agreement be different from the Original Currency, the debtor party shall pay the creditor party's loss through currency fluctuation in case of delay in payment if the difference in exchange exceeds 5%.

本合同项下无争议的到期应付款项延迟支付超过 1 个月的,付款方应按摘要表规定的利率自 1 个月宽限期满之日起向收款方支付利息。

如果结算货币非原货币,延迟期间汇率波动超过 5% 的,汇率损失应由付款方承担。

3. Policies in Force at Commencement

第 3 条　保单转入

Should the parties agree in the Reinsurance Slip to cover Policies in force at commencement of this Agreement in respect of losses which fall on or subsequent to such commencement date, the Reinsured shall pay reinsurance premium as a premium portfolio entry in respect of the period subsequent to the commencement date of this Agreement. Such premium shall be calculated pro rata temporis or by applying statistical methods, in particular proportional and flat-rate methods, expected to give approximately the same results as individual calculations, as agreed in the Reinsurance Slip.

如果双方在摘要表中约定,本合同承保在其起期时已生效保单在本合同起期日或其后发生的损失,作为业务(保费)转入,再保险分出人应就该等保单在本合同起期后的未了责任期间支付相应的再保险保费。根据摘要表中约定,再保险保费应按时间比例计算或应用如比例和固定费率等统计方法计算,以得到和逐单计算相近的结果。

4. Losses Outstanding at Commencement

第4条 未决损失转入

Should the parties agree in the Reinsurance Slip that the Reinsurer shall assume liability to compensate the Reinsured in respect of losses outstanding at commencement of this Agreement, the Reinsured shall pay the Reinsurer as a loss portfolio entry the percentage share, set out in the Reinsurance Slip, of outstanding losses.

如果双方在摘要表中约定本合同承保其起期时的未决损失,作为损失转入,再保险分出人应就转入份额根据摘要表的约定向再保险接受人支付对价。

5. Policies in Force at Termination

第5条 保单转出

Should the parties agree in the Reinsurance Slip to cease coverage for Policies in force at termination of this Agreement in respect of losses which fall subsequent to such termination date, the Reinsurer shall return unearned reinsurance premium as a premium portfolio exit. Such premium shall be calculated by applying the same methodology used for premium portfolio entries.

However, the parties may agree in the Reinsurance Slip that after termination of this Agreement due to ordinary termination the Reinsurer will continue to grant coverage in respect of Policies in force until their natural expiry, cancellation or next anniversary, whichever occurs first, except that for Policies with a term of twelve months plus odd time coverage shall not be granted for more than eighteen months in total.

如果双方在摘要表中约定本合同终止后不再承保已分保保单在本合同终止后发生的损失,作为业务(保费)转出,再保险接受人应返还未满期再保保费。按与业务(保费)转入相同的方式计算返还保费。

双方也可以在摘要表中约定本合同正常终止后,本合同仍然承保此前已生效保单直至其自然终止、退保或者下一个周年日,以日期在先者为准。如果保单的保险期间为12个月,并提供零星时段保障,保险期间合计最长不得超过18个月。

6. Losses Outstanding at Termination

第6条　未决损失转出

The termination of this Agreement shall not affect the Reinsurer's liability to compensate the Reinsured in respect of losses outstanding at the date of termination of this Agreement.

However, should the parties agree in the Reinsurance Slip to release the Reinsurer from any such liability (clean cut), the Reinsurer shall pay the Reinsured as a loss portfolio exit the percentage share, set out in the Reinsurance Slip, of outstanding losses.

本合同终止不影响再保险接受人对终止时的未决赔款的赔偿责任。

但是,如果双方在摘要表中约定本合同终止后再保险接受人不再承担本合同项下任何责任(即结清),作为损失业务转出,再保险接受人应根据摘要表约定的未决损失转出比例向再保险分出人支付对价。

7. Auto Commutation

第7条　自动结清

The parties may agree that, upon the anniversary year as set out in the Reinsurance Slip following the expiry of this Agreement ("Run-off Expiry Date"), this Agreement shall be automatically commuted by both parties in accordance with the procedure and conditions set out below:

– The Reinsured shall submit to the Reinsurer a final statement of account including the total amount of outstanding claims reserves as at the Run-off Expiry Date within the time limit as set out in the Reinsurance Slip after the Run-off Expiry Date.

– Upon agreement with the amount, the Reinsurer shall, pay the Reinsured an amount ("Commutation Amount") as set out in the Reinsurance Slip in respect of the total outstanding claims reserves within the time limit as set out in the Reinsurance Slip after receiving the final statement of account upon which the Agreement shall be deemed commuted.

– Payment of the Commutation Amount shall constitute full and final release of the Reinsurer's liability under this Agreement.

– Each party shall bear its own part of any expenses incurred in relation to the commutation process.

双方同意,再保险期间届满后,本合同在摘要表约定的周年日(结清日)按下列程序和条件自动结清:

–再保险分出人应在摘要表列明的期限内向再保险接受人提供最终账单,包含结清日未决赔款准备金总额。

–再保险接受人收到最终账单,双方就未决赔款准备金总额达成一致后,再保险接受人应根据摘要表规定的期限和方式向再保险接受人支付结清所需金额(结清金额)。

–再保险接受人在本合同项下的责任因结清金额的支付而全部解除。

–结清过程中产生的费用由双方各自承担。

8. Sanction Exclusion

第 8 条　制裁除外

Version 1:

版本一:

The Reinsurer shall not be deemed to provide cover and the Reinsurer shall not be liable to pay any claim or benefit hereunder to the extent that the provision of such cover, payment of such claim or benefit would expose the Reinsurer to any sanction, prohibition or restriction under United Nations resolutions or the trade or economic sanctions, laws or regulations of any jurisdiction applicable to the Reinsurer.

如果承保、支付相应赔偿或保险金将使再保险接受人面临任何联合国决议或适用于该再保险接受人的任何司法管辖区的贸易或经济制裁制度、法律法规项下的制裁、禁令或限制,则该再保险接受人不得被视为提供保障,且该再保险接受人不应承担该项下支付赔偿或提供保险金的责任。

Version 2:

版本二:

No (re) insurer shall be deemed to provide cover and no (re)insurer shall be liable to pay any claim or provide any benefit hereunder to the extent that the provision of such cover, payment of such claim or provision of such benefit would expose that (re) insurer to any sanction, prohibition or restriction under United

Nations resolutions or the trade or economic sanctions, laws or regulations of the European Union, United Kingdom or United States of America.

如果承保、支付相应赔偿或保险金将使(再)保险接受人面临任何联合国决议或欧盟、英国或美国的贸易或经济制裁制度、法律法规项下的制裁、禁令或限制,则该(再)保险接受人不得被视为提供保障,且该(再)保险接受人不应承担该项下支付赔偿或提供保险金的责任。

9. Intermediary

第 9 条　中介机构

All communication in connection with this Agreement and all payments thereunder shall be transmitted between the Reinsured and the Reinsurer through the firm named in the Reinsurance Slip which is recognized as the Intermediary negotiating this Agreement.

It is further stipulated that the Intermediary will act expeditiously with regard to all things in connection with this Agreement, particularly in respect of rendering and settlement of accounts and balances.

本合同项下所有沟通和款项往来应经由摘要表指定的负责洽谈本合同的中介机构完成。

该中介机构应及时履行与本合同有关的职责,特别是提供和结算账单。

10. Exchange Rate Fluctuations

第 10 条　汇率波动

If for any reason the contractual term of settlement is exceeded, the debtor shall bear the currency risk upon expiry of such term. In this case, any balance overdue shall be converted into the Settlement Currency at the Official Rate of Exchange on the day the settlement term expires.

The debtor shall pay the Original Currency balance in the Settlement Currency converted at the Official Rate of Exchange ruling on the day of settlement but no less than the amount that calculated as above in the Settlement Currency.

因任何原因延期结算的,汇率风险由债务人承担。为此,延期款项将按到期日的官方汇率转换为结算货币。

实际结算时,债务人应按当日官方汇率向债权人支付结算货币,但不得少于前述按到期日汇率转换所得金额。

11. Collateralization

第 11 条　担保

It is hereby noted and agreed that, the Reinsured may require the Reinsurer to provide collateral in line with regulatory requirements against any credit risk arising from any potential claims covered during the terms and conditions of this Agreement.

This clause shall only apply to Reinsurers domiciled outside of China.

根据监管机构要求,双方同意再保险分出人可要求再保险接受人提供符合监管要求的担保以应对本合同下可能出现的赔付带来的信用风险。

本条款仅适用于中国境外的再保险接受人。

12. Downgrading Provision

第 12 条　评级下降规定

Should the Claims Paying Ability Rating of the Reinsurer set by the Standard and Poor's or by Moody's or by any other internationally recognized agency be downgraded from that existing at the inception of this Agreement, the Reinsured shall have the right to terminate this Agreement with immediate effect.

However, this provision shall not apply if despite the downgrading the Reinsurer maintains a minimum Claims Paying Ability of A − from Standard and Poor's or the equivalent minimum rating from Moody's or any other internationally recognized rating agency.

However, this clause does not apply to the insurance or reinsurance company established in China.

当标准普尔或穆迪或任何一个国际认可的评级机构降低再保险接受人的赔款支付能力评级,使其低于再保险合同生效时的评级,再保险分出人有权选择立即终止再保险合同。

但是,如果再保险接受人维持标准普尔或穆迪或任何国际认可的评级机构 A - 及以上的评级时,本条款不适用。

另外,本条款不适用于在中国注册的保险或再保险公司。

7. 财产再保险行业非比例合同范本(中文版)

(中国保险行业协会 2021 年发布)

NON LIFENON – PROPORTIONAL TREATY
REINSURANCE AGREEMENT
中国保险行业协会
财产再保险非比例合同范本(中文版)

Between

本合同由

< CompanyName > , < City > , < Country > （the Reinsured）

< 公司名称 > , < 城市 > , < 国家 > (以下简称“再保险分出人”)

and

与

< ReinsurerName > , < City > , < Country > （the Reinsurer）

< 公司名称 > , < 城市 > , < 国家 > (以下简称“再保险接受人”)

共同签订。

TABLE OF CONTENTS

目　　录

第三条 业务范围

Article 4 Net Retained Lines

第四条 净自留额

Article 5 Exclusions

第五条 除外责任

Article 6 Errors and Omissions

第六条 错误与遗漏

Article 7 Self-insurance

第七条 自我保险

Section B. Duties of the Parties

第二部分 双方的义务

Article 8 Reinsurance Compensation

第八条 再保险赔偿

Article 9 Ultimate Net Loss

第九条 最后净损失

Article 10 Utmost Good Faith and Due Diligence

第十条 最大诚信和谨慎原则

Article 11 Incorrect or Incomplete Information

第十一条 错误或不完整信息

Article 12 Underwriting Policy

第十二条 核保政策

Article 13 Several Liability

第十三条 非连带责任

Article 14 Event/Loss Occurrence Definition

第十四条 损失事故定义

Article 15 Confidentiality

第十五条 保密

Article 16 Reinsurance Premium

第十六条 再保险保费

Article 17 Follow the Settlements

第十七条 理赔跟从

Article 18 Claim and Loss Reporting

第十八条 出险通知

Article 19 Claim Cooperation

第十九条 理赔合作

Article 20 Inspection of Records

第二十条 记录检查

Article 21 Reinstatement

第二十一条 复效

Section C. Account and Payment

第三部分 账单和结付

Article 22 Accounts

第二十二条 账单

Article 23 Confirmation of Account and Payment of Balance

第二十三条 账单确认及结算

Article 24 Loss Payment

第二十四条 摊赔

Article 25 Settlement Currency

第二十五条 结算货币

Article 26 Value Added Tax

第二十六条 增值税

Article 27 Accounting System

第二十七条 核算制度

Article 28 Offset

第二十八条 轧差条款

Section D. Commencement and Termination

第四部分 起期与终止

Article 29 Commencement and Termination

第二十九条 起期与终止

Article 30 Amendments and Alterations

第三十条 修改和变更

Article 31 Accessory Duties

第三十一条 附随义务

Article 32 Extended Expiration

第三十二条 延后到期

Article 33 Run-off

第三十三条 自然终止

Section E. Law and Arbitration

第五部分 法律和仲裁

Article 34 Choice of Law

第三十四条 法律适用

Article 35 Arbitration

第三十五条 仲裁

Article 36 Changes in the Legal Environment

第三十六条 法律环境的变化

Article 37 Non-assignment

第三十七条 不可转让

Appendix: List of Clauses for Reference

财产再保险非比例合同范本附录(供参考)

1 General Exclusions

第1条 通用除外

2 Sanction Exclusion

第2条 制裁除外

3 Two Risk Warranty (for per Event section only)

第3条 两个危险单位保证(适用于事故超赔)

4 Basis of Recovery (for per Risk and per Event combined only)

第4条 赔偿原则(适用于险位事故联合超赔)

5 Intermediary

第5条 中介机构

6 Delay in Payment

第 6 条 延迟付款

7 Exchange Rate Fluctuations

第 7 条 汇率波动

8 Collateralization

第 8 条 担保

9 Downgrading Provision

第 9 条 评级下降规定

Section A. Terminology and System of Reinsurance

第一部分 术语和再保险机制

Article 1 Definitions

第一条 定义

"Allocated Expenses" shall mean reasonable expenses incurred by the Reinsured in handling insurance losses. Costs of external loss surveys, experts' reports and legal proceedings are included. Salaries of employees, management expenses and other internal administrative costs including travel expenses of the Reinsured are not Allocated Expenses.

分摊费用:再保险分出人在处理保险损失时产生的合理费用,包括外部损失调查费、专家报告费和法律费用。分出人的员工工资、管理费用和其他内部管理成本(包括差旅费)不属于分摊费用。

(Excess of Loss per Risk) "Insurance Compensation" shall mean any compensation, interest or Allocated Expenses paid or payable by the Reinsured in respect of any single risk under Policies covered under this Agreement.

(Excess of Loss per Event) "Insurance Compensation" shall mean any compensation, interest or Allocated Expenses paid or payable by the Reinsured in respect of any loss occurrence under Policies covered under this Agreement.

保险赔偿金(适用于险位超赔):再保险分出人就本合同项下保单所承保的单个危险单位已付和应付的保险损失赔偿、利息和分摊费用。

保险赔偿金(适用于事故超赔):再保险分出人就本合同项下保单所承保的损失事故已付和应付的保险损失赔偿、利息和分摊费用。

(Excess of Loss per Risk) "Limit of Indemnity" shall mean the maximum amount the Reinsured is entitled to receive from all participating reinsurers under this Agreement in respect of any single risk.

(Excess of Loss per Event) "Limit of Indemnity" shall mean the maximum amount the Reinsured is entitled to receive from all participating reinsurers under this Agreement in respect of any one loss occurrence.

赔偿限额(适用于险位超赔):再保险分出人就单个危险单位有权从本合同项下所有再保险接受人处取得的最大赔偿金额。

赔偿限额(适用于事故超赔):再保险分出人就单一损失事故有权从本合同项下所有再保险接受人处取得的最大赔偿金额。

"Main Currency" shall mean the currency in which this Agreement's limits are expressed.

主货币:用于标示本合同限额的货币。

"Official Rate of Exchange" shall mean the middle price of the foreign exchange rate publicized by the Chinese Government or otherwise as agreed by both parties in the Reinsurance Slip to this Agreement.

官方汇率:中国政府公布的汇率中间价或双方在本合同摘要表中约定的其他汇率。

"Policy" shall mean a contract of direct insurance or, if applicable, contract of facultative reinsurance covered under this Agreement.

保单:本合同保障的直接保险合同和临分再保险合同(如适用)。

"Reinsurance Periods" are periods between commencement and termination of this Agreement.

再保险期间:从本合同起始日到终止日的期间。

(Excess of Loss per Risk) "Retention"/"Excess"/"Attachment Point" shall mean that amount in excess of which the Reinsurer provides cover in respect of any single risk.

(Excess of Loss per Event) "Retention"/"Excess"/"Attachment Point" shall mean that amount of any one loss occurrence in excess of which the Reinsurer provides cover.

自留额/免赔额/起赔点(适用于险位超赔):再保险接受人为单一危险单位提供保障的起点。

自留额/免赔额/起赔点(适用于事故超赔):再保险接受人为单一损失事故提供保障的起点。

"Gross Net Premium Income" (GNPI) shall mean the gross premium income written by the Reinsured in respect of each Policy during the respective Reinsurance Period, less only returned premiums, cancelled premiums and premiums paid for other reinsurances inuring to the benefit of this Agreement.

总净保费收入(GNPI):再保险分出人在相应再保险期间就每一保单所收取的毛保费收入减去返还保费、退保保费和因其他有利于本合同的再保险安排而优先支付的保费。

Article 2 Obligatory Reinsurance

第二条 固定再保险

In return for reinsurance premiums, the Reinsurer agrees to indemnify the Reinsured in respect of each loss under per Risk section and/or each loss occurrence under per Event section, in the manner and within the limits stated in this Agreement.

This Agreement shall except as set out below apply automatically and without exception to all Policies within the scope of this Agreement.

The parties may however agree that in respect of certain policies specified in the Reinsurance Slip to this Agreement (hereinafter referred to as the Reinsurance Slip) reinsurance shall be on a facultative basis.

再保险分出人向再保险接受人支付再保险保费,再保险接受人同意在本合同规定的方式和额度下,向再保险分出人支付再保险赔偿金。

本合同应自动且无例外的适用于符合本合同约定条件的所有保单。

但是,对本合同摘要表(以下简称"摘要表")规定的特定保单,双方可同意基于临时分保的形式安排再保险。

Article 3 Scope of Business

第三条 业务范围

This Agreement shall apply to Policies accepted by the Reinsured in the classes of insurance and in the geographical areas set forth in the Reinsurance Slip, unless stated otherwise in the Reinsurance Slip.

除非摘要表中另有说明,本合同保障再保险分出人承保的符合摘要表规定的保险业务类别和地域的保单。

Article 4　Net Retained Lines

第四条　净自留额

This Reinsurance shall only protect that portion of any business covered hereunder which the Reinsured acting in accordance with its established practices, retained net for its own account. Reinsurers' liability hereunder shall not be increased due to an error or omission which results in an increase in the Reinsured's normal net retention nor by the Reinsured's failure to reinsure in accordance with its normal practice, nor by the inability of the reinsured to collect from any other reinsurers any amounts which may have become due from them whether such liability arises from the insolvency of such other reinsurers or otherwise.

本合同仅保障再保险分出人根据惯例对任何业务的净自留的责任。再保险接受人的责任不应因为下列情形而增加:由于再保险分出人的错误或遗漏而导致常规净自留额增加,或由于再保险分出人没能按惯例安排相应的再保险,或由于其他再保险接受人因偿付能力不足或者其他原因导致再保险分出人不能从该再保险接受人处收取到期的再保险赔偿金。

Article 5　Exclusions

第五条　除外责任

This Agreement shall not cover risks excluded in the Reinsurance Slip.

本合同不保障摘要表中除外的风险。

Article 6　Errore and Omissions

第六条　错误与遗漏

Any inadvertent error or omission in the fulfilment of the duties assumed with this Agreement, shall not prejudice the rights or duties of either party under this Agreement. Such error or omission is to be rectified or made good immediately upon discovery, adequate proof thereof being submitted.

Such rectification of errors or omissions shall not be possible if under this

Agreement a time-bar period has been agreed upon for the relevant explanations or other measures and if this period has expired.

履行合同义务过程中发生的任何非故意的错误或遗漏都不应损害任何一方根据本合同享有的权利或义务。这种错误或遗漏一经发现应立即予以纠正,并由纠正方提交充分的证据。

如果本合同针对相关澄清或其他措施有时限规定,且已超过此时限,则任何一方不得对此错误或遗漏进行修正。

Article 7 Self-insurance

第七条 自我保险

Subject to the terms and conditions of this Agreement, an insurance granted by the Reinsured in which the Reinsured either solely or jointly with another party is named as the Insured shall be deemed to be an insurance falling within the scope of this Agreement, notwithstanding that there may be no legal liability under such an insurance.

在符合本合同约定的前提下,再保险分出人承保的以自己为被保险人、或与其他主体共同作为被保险人的保单,也应视为属于本合同范围内的保单,虽然此类保单可能不会导致分出人的法律赔偿责任。

Section B. Duties of the Parties

第二部分 双方的义务

Article 8 Reinsurance Compensation

第八条 再保险赔偿

For Excess of Loss per Risk

The Reinsurer hereby agrees as regards its agreed participation share to indemnify the Reinsured for that part of its Ultimate Net Loss which exceeds the excess amount stated in the Reinsurance Slip on account of each and every loss each and every risk. Thesum recoverable under this Agreement shall not exceed the limit stated in the Reinsurance Slip.

For Excess of Loss per Event

The Reinsurer hereby agrees as regards its agreed participation share to indemnify the Reinsured for that part of its Ultimate Net Loss which exceeds the excess amount stated in the Reinsurance Slip on account of series of losses arising out of one Loss Occurrence, but the sum recoverable hereunder shall not exceed the limit stated in the Reinsurance Slip.

险位超赔：

再保险接受人同意按其参与的份额赔偿再保险分出人每一危险单位每次损失的最终净损失额超过摘要表规定起赔点的部分。但本合同下总的赔偿金额不超过摘要表规定的限额。

事故超赔：

再保险接受人同意按其参与的份额赔偿再保险分出人每次损失事故所致系列损失的最终净损失额超过摘要表规定起赔点的部分，但本合同下总的赔偿金额不超过摘要表规定的限额。

Article 9　Ultimate Net Loss

第九条　最终净损失

Ultimate Net Loss shall mean the total amount of Insurance Compensation actually paid by the Reinsured less salvages, recoveries and payments from third parties.

All salvages, recoveries and payments recovered or received subsequent to a loss settlement under this Agreement shall be applied as if recovered or received prior to the said settlement and all necessary adjustments shall be made by the parties hereto.

Nothing in this clause shall be construed to mean that losses under this Agreement are not recoverable until the Reinsured's ultimate net loss has been ascertained.

Notwithstanding the above, recoveries under underlying reinsurance are for the sole benefit of the Reinsured and shall not be taken into account in computing the Ultimate Net Loss or losses in excess of which this Agreement attaches, nor in any way prejudice the Reinsured's right of recovery hereunder.

"最终净损失"是指扣除残值、追偿款和第三方支付款项后再保险分出人实际支付的保险赔偿金总额。

在本合同下的损失赔付之后取得的残值、追偿款、第三方支付款项，应视同在赔付之前取得，合同双方应对此作出必要的调整。

本条款的任何内容均不得解释为:有关本合同项下的损失只有等再保险分出人确定最终净损失后,才能向再保险接受人摊赔。

虽有上述规定,任何优先的再保险保障下的摊回是再保险分出人的单独收益,不应计入本合同适用的最终净损失或触发本合同的起赔点损失金额中,也不应以任何方式损害再保险分出人在本合同下的摊赔权利。

Article 10　Utmost Good Faith and Due Diligence

第十条　最大诚信和谨慎原则

The Reinsured shall carry out its insurance business as if there were no reinsurance and with the due diligence of a competent insurer following the customs and usages of the insurance business in the relevant market.

再保险分出人应当按照有关市场的保险行业惯例和规则,以一个合格的保险公司在如同没有再保险安排的情况下所应有的谨慎来开展保险业务。

Article 11　Incorrect or Incomplete Information

第十一条　错误或不完整信息

The terms of this Agreement are based on information supplied by the Reinsured to the Reinsurer prior to the conclusion of this Agreement.

Should the Reinsured supply the Reinsurer with information which it knows or should have known to be incorrect or incomplete, this Agreement shall be affected as follows: If the Reinsurer, in possession of the true facts, would have declined to provide reinsurance, this Agreement shall be void. If the Reinsurer, in possession of the true facts, would have provided reinsurance but on less advantageous terms, this Agreement shall be modified accordingly as from commencement.

It will be assumed that the Reinsurer, in possession of the true facts, would have acted as a reasonable reinsurer would have acted under the same circumstances, unless the Reinsured is able to show that the Reinsurer would not have so acted.

本合同条件是基于再保险分出人在合同成立前提供给再保险接受人的信息。

如果再保险分出人向再保险接受人提供了前者知道或应当知道的错误或不完整的信息,则对本合同作以下处理:如果再保险接受人获知真实信息后会拒绝提供再保险的，则本合同无效。如果再保险接受人获知真实信息后会以更不利于再保险分出人的条件提供再保险的，则应相应修改本合同并自始生效。

本条是假设再保险接受人作为合理谨慎的再保险人，其在获知真实信息后可能会采取的行动，除非再保险分出人能够证明再保险接受人不会做出此决策。

Article 12 Underwriting Policy

第十二条 核保政策

The Reinsured shall inform the Reinsurer of any material changes in its established underwriting policy in respect of the lines of business to which this Agreement applies. Should the Reinsured fail to inform the Reinsurer, the Reinsurer shall be exempted any liability in respect of insurance losses under the Policies affected by such change and instead return the respective reinsurance premiums relating to any period after such change had been introduced at terms to be agreed by both parties. Notwithstanding the foregoing, the Reinsurer may negotiate with the Reinsured for any other solutions.

The established underwriting policy is set out, inter alia, in the policy forms, general conditions and tariffs used by the Reinsured at the commencement of this Agreement.

A change in the established underwriting policy is material if it may increase the Reinsurer's liability to such an extent that a reasonable Reinsurer would, under the same circumstances, have declined to cover such policies under the same terms and conditions.

本合同项下业务的现有核保政策如发生重大变化，再保险分出人应及时通知再保险接受人。否则，对受变更影响的保单项下的保险损失，再保险接受人应当免除赔偿责任，并按双方约定退还变更发生后相应再保险期间的再保险保费。双方亦可协商采取其他解决方案。

现有核保政策主要体现于再保险分出人在本合同开始时使用的保单条款、条件和费率等。

重大变化是指现有核保政策的变化可能会增加再保险接受人的责任，以至于审慎的再保险接受人在同样情况下会拒绝以相同条件承保该业务。

Article 13 Several Liability

第十三条 非连带责任

The subscribing Reinsurers' obligations under this Agreement are several and not joint and are limited solely to the extent of their individual subscriptions. The subscribing Reinsurers are not responsible for the subscription of any co-subscribing Reinsurer who for any reason does not satisfy all or part of its obligations.

各再保险接受人在本合同项下的义务是相互独立而非连带的，并以其各自承保的份额为限。各再保险接受人对因任何原因未履行其全部或部分义务的其他再保险接受人所承保的部分不承担任何责任。

Article 14 Event/Loss Occurrence Definition

第十四条 损失事故定义

Event/Loss Occurrence Definition shall be specified in the Reinsurance Slip.

损失事故定义以摘要表约定为准。

Article 15 Confidentiality

第十五条 保密

The Reinsurer hereby undertakes to regard this Agreement and any information provided by the Reinsured in relation hereto (together referred to as "Confidential Information") as strictly confidential.

The Reinsurer further declares and agrees that it will not at any time during the duration of this Agreement or subsequently make use directly or indirectly of the information afforded by the Reinsured in relation to this Agreement without the prior consent of the Reinsured.

Notwithstanding the foregoing, the Reinsurer is allowed to make use of such Confidential Information which is necessary for the execution and performance of this Reinsurance Agreement and its ordinary business purpose, including but not limited to storage of such Confidential Information which are necessary for administration, risk management, claims handling and accounting purposes in its information technology systems.

The Reinsurer assures that everybody having legal access to their information technology systems are contractually and/or legally bound and/or required by internal policy to hold all information that is being made available through these systems in strict confidence.

Moreover, Confidential Information shall not include information:

(a) which the Reinsurer already lawfully possesses prior to disclosure by the Reinsured;

(b) which is lawfully made available to the Reinsurer by a third party free to make such disclosure without breach of any legal obligation;

(c) which the Reinsurer develops independently; or

(d) which is, or becomes, publicly available without breach of any duty of confidentiality by the Reinsurer.

The Reinsurer further agrees that it shall not disclose any Confidential Information without the prior written consent of the Reinsured except, for its ordinary business purpose, to a limited group of its directors, employees, auditors, retrocessionaires or third party service providers or other branches and/or entities of its group company.

The duty of confidentiality does not apply where disclosure has to be made as a result of subpoena, requirement or official request from any competent judicial, administrative, regulatory or legislative body including arbitration panels and auditors.

再保险接受人在此承诺对本合同和再保险分出人提供的相关信息(统称“保密信息”)严格保密。

再保险接受人声明并同意,在未经再保险分出人书面同意的情况下,不会在本合同期限内或之后的任何时间直接或间接使用再保险分出人提供的与本合同有关的信息。

但再保险接受人为签署和履行本合同以及其通常的业务经营目的可以使用保密信息,包括但不限于在其信息技术系统中出于行政管理、风险管理、赔案处理和会计目的存储保密信息。

再保险接受人保证,根据合同、法律或内部政策的规定,对其信息技术系统有合法访问权限的所有人员对通过该等系统获得的所有信息均承担严格保密义务。

保密信息不应包括以下信息：

(1)再保险分出人披露前再保险接受人已经合法拥有的信息；

(2)再保险接受人从第三方合法取得的信息。该第三方在不违反任何法律义务的前提下有权进行前述信息披露；

(3)再保险接受人独立开发的信息；

(4)再保险接受人在不违反任何保密义务的前提下可以从公开渠道取得的信息。

未经再保险分出人事先书面同意，再保险接受人不得披露任何保密信息，除非是为其通常的业务经营目的向其董事、员工、审计人员、转分保接受人、第三方服务供应商、或集团公司的其他分支机构等提供保密信息。

根据任何有管辖权的司法、行政、监管或立法机构的传票、要求或正式通知，必须披露信息的，本条约定的保密义务不适用。

Article 16　Reinsurance Premium

第十六条　再保险保费

The Reinsured shall pay a Minimum & Deposit Premium of the amount specified and at deadline set out in the Reinsurance Slip.

The exact premium for this Agreement shall be the rate specified in the Reinsurance Slip applied to the Reinsured's Gross Net Premium Income (GNPI) during the period of this Agreement, subject however, to the aforesaid Minimum and Deposit Premium.

As soon as possible after the expiry of this Agreement the Reinsured shall submit a statement showing the calculation of the exact premium. If, as a result of this calculation, the Minimum and Deposit Premium is exceeded then the Reinsured shall arrange for immediate settlement of the balance. In the event that the Minimum and Deposit premium is not exceeded, there shall be no further adjustment of premium hereunder.

Other Deductions from Premium (if any) shall be as specified in the Reinsurance Slip.

再保险分出人应按摘要表约定的时间和金额支付最低/预付保费。

本合同下最终的保费金额应按摘要表约定的费率乘以本合同期间的总净保

费收入(GNPI)计算,但不应低于最低/预付保费。

本合同期满后,再保险接受人应尽快提供账单,列明本合同下最终保费的计算情况。如果计算结果超过了最低/预付保费,再保险分出人应及时支付差额。如果计算结果低于最低/预付保费,则不需要再调整。

如有其他扣减项,应按摘要表的约定执行。

Article 17 Follow the Settlements

第十七条 理赔跟从

Claim settlements made by the Reinsured shall be binding upon the Reinsurer, providing such settlements are within the terms and conditions of the relevant Policy and within the terms and conditions of this Agreement and providing the Reinsured for its part has actually paid by transferring the necessary funds to or is about to pay the Insured.

The Reinsurer shall be entitled to its share of any salvages or recoveries relating to such claim.

Ex-gratia payments by the Reinsured to the Insured shall only be binding upon the Reinsurer where its written approval is obtained prior to any payment.

在保单和本合同条款承保范围之内,赔案由再保险分出人处理并对再保险接受人具有约束力,前提是再保险分出人已经支付或将要支付赔款。

再保险接受人应有权利按其份额得到与该赔案相关的残值或追偿款。

再保险分出人支付给被保险人的通融赔付只有事先得到再保险接受人书面同意时才对其有约束力。

Article 18 Claim and Loss Reporting

第十八条 出险通知

The Reinsured shall give immediate written notice of any claim or loss where its estimated amount exceeds or may possibly exceed the figure set out in the Reinsurance Slip.

Notice shall include information about facts, legal assessment and estimated amount of loss. After such notice the Reinsured shall keep the Reinsurer informed about the development of any such claim or loss in a timely manner.

再保险分出人在估损金额超过或可能超过摘要表约定金额时,应及时以书面形式通知再保险接受人。

通知应包括有关赔案事实、法律评估以及估损金额等信息。在发出通知后，再保险分出人应及时将任何有关该索赔或损失的进展情况通知再保险接受人。

Article 19 Claim Cooperation

第十九条 理赔合作

Claims shall be settled by the Reinsured.

As regards the settlement of any claim or loss subject to Claim and Loss Reporting clause, upontheReinsurer'srequest, the Reinsured shall cooperate with the Reinsurer or any other person designated by the Reinsurer in a timely manner.

赔案由再保险分出人负责处理。

对根据出险通知条款应及时通知的赔案，经再保险接受人要求，再保险分出人应与再保险接受人或其指定的其他人及时合作。

Article 20 Inspection of Records

第二十条 记录检查

Upon request the Reinsured shall make available to the Reinsurer or its duly authorized representatives, at mutually agreed time and place, all information relating to the business reinsured under this Agreement in the Reinsured's possession or under its control.

Notification of inspection shall be given at least two weeks in advance unless otherwise agreed by both parties in the event of urgent cases. The Reinsurer may exercise its right of inspection at any reasonable time. The Reinsured shall not be subject to unreasonable expense and disruption either as to the timing or the scope of the inspection.

Upon request the Reinsured shall provide the Reinsurer with copies, to be made at the Reinsurer's expense, of any of the policies, books, accounts, records or other documents containing information relating to the business reinsured hereunder.

Should arbitration or judicial proceedings be pending or initiated between the parties, the Reinsurer shall exercise its right of inspection through a person designated and authorized by the respective arbitrator or judge.

The Reinsurer's right of inspection shall continue to apply as long as either party has a claim against the other arising out of this Agreement or whilst any liability remains hereunder.

根据再保险接受人要求,在双方约定的时间和地点,再保险分出人应向再保险接受人或其指定的代表提供其所掌握的与本合同相关的信息。记录检查的通知应至少提前两个星期发出,或在紧急的情况下经双方同意的时间发出。再保险接受人可以在任何合理的时间履行检查权。再保险分出人就检查范围和时间不应承受不合理的费用支出或干扰。

再保险分出人根据要求提供给再保险接受人与本合同有关的保单、账单、账户、记录或其他文件的复印件,但费用由再保险接受人承担。

如果双方之间将要或已经开始进行仲裁或司法诉讼程序,再保险接受人应通过仲裁员或法官指定人员行使检查权。

只要任何一方因本合同对另一方提出索赔,或在本合同下仍有未了责任,则再保险接受人的检查权将持续有效。

Article 21 Reinstatement

第二十一条 复效

In the event of the whole or any portion of the indemnity provided hereunder being exhausted, the amount so exhausted shall be automatically reinstated from the time of the loss occurring until the expiry of this Agreement subject to payment of additional premium (Reinstatement Premium). Nevertheless, the Reinsurer shall never be liable for any amount more than the Limit in All stated in the Reinsurance Slip during the period of this Agreement unless otherwise agreed by both parties.

The Reinstatement Premium shall be calculated at pro rata of the final adjusted reinsurance premium with respect to the fraction of indemnity exhausted regardless of the unexpired term of this Agreement. The Reinstatement Premiums are due at the same time any claim or loss settlement is made hereunder. If settlement is made prior to the adjustment of the reinsurance premium, the Reinstatement Premium shall be calculated provisionally on the Minimum and Deposit Premium stated in the Reinsurance Slip.

如果本合同提供的赔偿额度部分使用或全部用尽,以支付额外保费(复效保费)为条件,前述已使用的保额在损失发生时自动恢复直至本合同期限届满。但再保险接受人在本合同期间内的累计责任不超过摘要表列明的累计限额(Limit in All),双方有其他约定的除外。

复效保费的计算应以调整后的最终再保险保费为基数乘以已使用保额的比例,不考虑再保险期间的剩余时间。应在理赔结算的同时支付复效保费。如果结算先于再保险保费调整,复效保费应暂时基于摘要表列明的最低/预付保费进行计算。

Section C. Account and Payment

第三部分　账单和结付

Article 22　Accounts

第二十二条　账单

The Reinsured shall provide the Reinsurer with accounts for each Reinsurance Period with the details and at the deadline as set out in the Reinsurance Slip.

The account shall be rendered in the Main Currency or currencies stated in the Reinsurance Slip and broken down by line of business or in the manner stipulated in the Reinsurance Slip.

再保险分出人应在摘要表中列明的期限内向再保险接受人提供约定期间的账单。

账单应以主货币或摘要表约定的币种编制,区分不同业务类型或按摘要表约定的方式列示。

Article 23　Confirmation of Account and Payment of Balance

第二十三条　账单确认及结算

The Reinsurer shall confirm the account or object to it within the time limit set out in the Reinsurance Slip after receiving the account. Both parties reserve the right to subsequently raise any objections which have been erroneously omitted.

Any balance due under the account shall be paid within the time limit set out in the Reinsurance Slip. Should the Reinsurer raise objections to the account, the confirmed portion of the balance shall nevertheless be paid within the foregoing time limit. In case that the objections are cleared after the foregoing time limit, any difference shall be paid immediately by the debtor.

Inadvertent errors or omissions in the accounts shall not delay the payment of any balance due hereunder and corresponding correction shall be made in the next account rendered hereunder. Nevertheless, in the event that errors or omissions have a major effect on the balance, immediate correction shall be made before the payment of balance.

再保险接受人收到账单后应在摘要表约定的期限内对账单内容进行确认或提出异议。对疏忽的账单错误,双方保留后续提出异议的权利。

账单的到期余额应在摘要表列明的期限内结算。再保险接受人对账单提出异议的,仍应在前述期限内结算已经确认的部分。异议消除后,付款方应立即支付相应部分。

不得因疏忽引起的错误或遗漏延迟账单到期余额结算,同时应对此错误和遗漏及时予以纠正并在下期账单中体现。但是,错误或遗漏严重影响账单余额的,应在结算本期账单前立即予以纠正。

Article 24 Loss Payment

第二十四条 摊赔

The Reinsured shall render a separate account for each requested payment giving reasonable evidence of payments made or about to be made to the Insured and providing the Reinsurer with all necessary information.

The Reinsurer shall confirm the separate accounts and pay the confirmed portion of the balance due under such accounts within the time limit set out in the Reinsurance Slip.

再保险分出人应就每个赔付申请向再保险接受人提供单独的账单、其已经或将要向被保险人支付赔款的合理证据和所有必要的信息。

再保险接受人应在摘要表列明的期限内确认前述账单并结算已确认的到期余额。

Article 25 Settlement Currency

第二十五条 结算货币

Payments between the parties shall be made in the currencies set out in the Reinsurance Slip (Settlement Currency).

Should the Settlement Currency be different from the Main Currency, conversions shall be calculated at the Official Rate of Exchange at the date stipulated in the Reinsurance Slip.

双方应以摘要表列明的货币(结算货币)进行结算。

主货币与结算货币不同的,应以摘要表列明的官方汇率进行换算。

Article 26 Value Added Tax

第二十六条 增值税

Wherever the business ceded hereunder is subject to the Value-added Tax (VAT) of the People's Republic of China, the terms and conditions in this clause shall apply.

All amounts, including without limitation to any and all terms with references to premiums, reinsurance compensations and commissions in this Agreement shall always exclude VAT unless otherwise stated explicitly.

Where the Reinsurer is liable for such VAT payment, the Reinsured shall pay an additional amount to the onshore Reinsurer to cover the VAT payment due. For offshore Reinsurer, the Reinsured shall withhold the additional amount for VAT and also deduct the Surtax. The VAT is 6.00% of the premium and the Surtax is 12% of VAT or otherwise required by the applicable laws and regulations.

The Reinsured shall keep separate records of VAT exempt premium, VAT taxable premiums and VAT amount in the accounts.

Business Tax premiums, if applicable, shall also be separately accounted for.

Each party agrees to do everything that may be necessary or desirable, including without limitation to timely providing all the information necessary for VAT invoices to the Reinsurer, providing VAT invoices and other documentation, to enable or assist the other party to claim any input VAT credit, set-off, rebate or refund in relation to any amount of VAT paid or payable in respect of this Agreement.

In the event that any Policies ceded hereunder are written by branch(es) of the Reinsured and as the Reinsured requests, the Reinsurer shall issue the VAT invoices to the branches as confirmed by the Reinsured. The list of branches as of the commencement date of this Agreement is defined as attached herein. The Reinsured shall provide written notice to the Reinsurer for any new branches established from time to time after the commencement date of this Agreement.

本条规定适用于本合同项下的中华人民共和国增值税业务。

除另有明确约定外,本合同中提到任何有关金额的内容,包括但不限于保费、再保险赔偿金和手续费等,均不含增值税。

再保险接受人承担缴付增值税义务的,再保险分出人应当向在岸再保险接受人额外支付相应金额。对离岸再保险接受人,再保险分出人应代扣代缴该部分额外金额作为增值税以及相应的附加税。增值税为保费的6%,附加税为增值税的12%,法律法规有其他规定的从其规定。

再保险分出人应在账单中分别列示免税保费、不含税应税保费和相应增值税金额。如仍有营业税业务,也应在账单中单独列示。

双方同意采取所有必要的措施,包括但不限于向再保险接受人及时提供开具增值税发票所需信息、开具增值税发票和提供其他文件,以便对方就本合同项下已经支付的增值税款项进行相应抵扣。

如本合同项下任何业务由再保险分出人的分支机构承保,经再保险分出人要求,再保险接受人应向再保险分出人确认的分支机构开具增值税发票。再保险分出人现有分支机构名单见附件。本合同生效后,如有新分支机构,再保险分出人应及时书面通知再保险接受人。

Article 27 Accounting System

第二十七条 核算制度

The accounting system in respect of this Agreement, meaning the system allocating items included in any accounts to the respective Reinsurance Period, shall be indicated in the Reinsurance Slip.

核算制度是指规定账单各项目在各再保险期间内进行分配的制度。本合同适用的核算制度在摘要表中规定。

Article 28 Offset

第二十八条 轧差条款

Either party to this Agreement may at its discretion set off against any undisputed amounts due from the other party hereunder or under any other agreements between the parties hereto any agreed amounts which are due under this or those other agreements. This right shall continue to exist after the termination of this Agreement or of any business relationship between the parties.

If bankruptcy or liquidation proceedings are initiated in respect of either of the parties to this Agreement, the other party may set off all the amounts owing to it under this Agreement against all the amount due or not yet due for payment by it to the extent that the governing law permits. The same right may be exercised by any party to this Agreement that exercises its right of extraordinary termination for any other reason indicated in the Commencement and Termination clause herein.

本合同双方任何一方有权抵销对方在本合同或双方之间其他合同下的达成一致的款项。该权利持续有效直到合同终止或双方合作关系结束。

如果合同双方某一方进入破产或清算程序,另一方可依法用对方应付款项或未到期款项抵销应付对方的金额。上述权利也适用于合同任何一方因起期与终止条款中列明的理由而行使特别终止权的情形。

Section D. Commencement and Termination

第四部分 起期与终止

Article29 Commencement and Termination

第二十九条 起期与终止

This Agreement shall take effect and terminate on the date and at the time set forth in the Reinsurance Slip.

This Agreement covers all losses as herein defined occurring during the period specified in the Reinsurance Slip. The rights and obligations of both parties to this Agreement shall remain in full force until the effective date of expiry or termination after which the liability of the Reinsurer shall cease absolutely except in respect of losses occurring during the period of this Agreement, the claims for which remain unsettled at that date.

Extraordinary termination

Either party shall, moreover, have the right to terminate this Agreement at any time with immediate effect if:

-it is prohibited or rendered impossible for this Agreement to be fulfilled de jure or de facto for reasons not within the responsibility of the party giving notice;

– the other party falls into arrears with payments or its license to transact business is revoked;

– the other party loses the whole or part of its paid-up capital in order to pay its debts;

– the other party merges with another company or its ownership or control undergoes an essential change;

– the reinsured portfolio is partly or completely transferred to a third party;

– the other party ceases writing new business or does not renew existing covers in the portfolio as a whole;

– the other party fails seriously to meet its obligations under this Agreement, despite a written reminder; or

– the country in which the other party has its domicile or head office becomes involved in armed hostilities with another country, whether war be declared or not, or the country in which the other party is based is involved in civil war and/or partly or completely occupied by another military power.

Form of notice

Notice of termination shall be given in writing by registered letter, fax, email or other means mutually agreed and addressed to the head office of the other party or to any address which has been supplied for this purpose.

In the event of an interruption of communications, notice of termination shall be deemed to be given as soon as it has been dispatched or dispatch has been attempted.

Automatic termination of this Agreement

This Agreement shall terminate without notice if insolvency, bankruptcy or liquidation proceedings are initiated in respect to one of the parties and/or if any of the parties is dismissed on the grounds of insufficiency of assets.

本合同应按照摘要表中规定的日期和时间点生效和终止。

本合同保障在摘要表中指定的期间内发生的本合同约定的所有损失。本合同双方的权利和义务应持续有效,直至本合同期满或终止;此后,除本合同期间内发生的尚未结清的损失外,再保险接受人的责任应完全终止。

特别终止

此外,如果出现以下情况,任何一方都有权利立即终止本合同:

– 非因发出通知一方的责任导致的法律上或者事实上都禁止或不可能再履行本合同;

– 另一方拖欠付款或营业许可被撤销;

– 另一方为了偿还债务丧失全部或者部分实收资本;

– 另一方与其他公司合并或其所有权或控制权发生重大变化;

– 本合同项下业务部分或全部转让给第三方;

– 另一方停止承保新业务或完全不续保其现有业务;

– 经书面提醒后,另一方仍严重违反其在本合同项下的义务;

– 另一方营业所在的国家或其总公司所在的国家与其他国家陷入武装战争,无论有否宣战,或者另一方所在的国家爆发内战,和/或部分或完全被另一个军事力量占领。

通知形式

终止通知应以书面形式通过挂号信、传真、电子邮件或双方同意的其他方式发给另一方总部或为此目的提供的任何地址。

如果通信中断,终止通知一经发出或执行发出操作,即应视为终止通知已经送达。

自动终止本合同

如果一方无力偿债、启动破产或清算程序和/或如果任何一方因资产不足而被解散,本合同无需发出通知即终止。

Article 30 Amendments and Alterations

第三十条 修改和变更

This Agreement may at any time be amended by mutual consent of the parties hereto, either by addendum or correspondence, and such amendments shall be binding on both parties and be deemed to form an integral part of this Agreement.

No amendments and alterations of this Agreement shall be effective unless made in writing.

经双方同意,本合同可在任何时候通过附约或通信进行修改,此类修改应对双方均具有约束力,并被视为本合同不可分割的组成部分。

对本合同的任何修改和变更必须以书面形式作出,否则无效。

Article 31 Accessory Duties

第三十一条 附随义务

Accessory Duties under this Agreement, such as the duty to provide accounts, to report claims and insurance losses or to make information available continue as long as there is any outstanding debt under this Agreement irrespective of the reason for termination.

无论合同因何原因终止,只要本合同下有未结清的债务,本合同下的附随义务都将继续履行,例如提供账单,报告赔案和保险损失或提供信息的义务。

Article 32 Extended Expiration

第三十二条 延后到期

If this Agreement should expire while a loss covered hereunder is in progress, it is agreed that, subject to the other conditions of this Agreement, the Reinsurer shall indemnify the Reinsured as if the entire loss had occurred during the time this Agreement is in force, provided that no part of such loss occurrence may be claimed against any renewal or replacement of this Agreement.

如果本合同到期时损失正在进行中,在符合本合同其他条件的情况下,再保险接受人向再保险分出人支付赔款时,应视为此损失全部发生在本合同期间。但是再保分出人不得在本合同的续转或替代合同项下,针对此损失的任何部分提出索赔。

Article 33 Run-off

第三十三条 自然终止

In the event of this Agreement not being renewed, it is agreed to indemnify the Reinsured for losses occurring during the period of twelve months from the expiry date hereof in respect of policies and/or covers written on or prior to such expiry date at terms to be mutually agreed.

It is understood and agreed that the Reinsured must elect to accept the "run off" provision before the effective date if such "run off" is required. It is understood and agreed that each Period shall be deemed to be a separate agreement.

如果本合同不再续签,本合同到期之日或之前承保的保单,在本合同到期之日起十二个月内发生的损失，再保险接受人按双方约定的条件进行摊赔。

双方理解并同意如有需要，再保险分出人应在延期生效之日前选择接受自然终止条款。双方理解并同意每一再保险期间应视为一个独立的合同。

Section E. Law and Arbitration

第五部分 法律和仲裁

Article 34 Choice of Law

第三十四条 法律适用

The validity, construction and performance of this Agreement is to be governed by the law as specified in the Reinsurance Slip.

本合同的效力、解释和履行受摘要表中规定的法律管辖。

Article 35 Arbitration

第三十五条 仲裁

Where any dispute between the parties arising out of or in connection with this Agreement including formation and validity and whether arising during or after the period of this Agreement has not been settled through negotiation within sixty (60) days after a Party's request for consultation, both parties agree to submit the dispute to China International Economic and Trade Arbitration Commission (CIETAC) for arbitration. Subject to the provisions set out below, the arbitration shall be conducted in accordance with CIETAC's arbitration rules in effect at the time of applying for arbitration.

The Arbitral Tribunal shall be composed of three arbitrators. Unless the parties agree otherwise, the Arbitration Tribunal shall consist of persons (including those who have retired) with not less than ten years' experience of international insurance or reinsurance business as persons engaged in such business or advising such business in a professional capacity. If arbitrators with such experience are not on CIETAC's Panel of Arbitrators, arbitrators outside the Panel shall be appointed.

The seat of Arbitration shall be specified in the Reinsurance Slip.

The language of the Arbitration shall be Chinese.

The arbitral award is final and binding upon the parties. This arbitration agreement shall be construed as a separate and independent contract between the parties.

在本合同有效期内或者期满后，凡因本合同引起的或与本合同有关包括合同订立、效力等的任何争议，本合同当事人在一方当事人提出协商要求后六十(60)日之内仍未协商解决的，双方均同意将该争议提交给中国国际经济贸易仲裁委员会(CIETAC)申请仲裁。除下列规定外，仲裁应按照申请仲裁时中国国际贸易仲裁委员会现行有效的仲裁规则进行。

仲裁庭由三名仲裁员组成。除当事人另有约定外，仲裁庭由从事国际保险或者再保险业务或者以专业身份为该业务提供咨询的人员(包括退休人员)组成，从业经验不少于十年。如果具有上述经验的仲裁员不在中国国际贸易仲裁委员会仲裁员名册内的，应当指定仲裁员名册以外的仲裁员。

仲裁地点应当在摘要表中注明。

仲裁语言为中文。

仲裁裁决是终局的，对双方当事人均有约束力。本仲裁条款应被理解为双方当事人之间独立于本合同的约定。

Article 36 Changes in the Legal Environment

第三十六条 法律环境的变化

If, after commencement of this Agreement, either party's liability is materially increased or extended as a result of legislative or administrative acts or as a result of court decisions if applicable, the parties hereto shall immediately take up negotiations with a view to a suitable revision of the terms of this Agreement.

合同生效后，如果任何一方的责任因为法律法规、行政行为或者法院裁判(如果适用)有实质性的增加或者延长，合同双方应当立即协商，对合同条件做适当的修改。

Article 37 Non-assignment

第三十七条 不可转让

No rights, duties or obligations of the parties under this Agreement shall be assigned by either party without the prior written consent of the other party. Any purported assignment in absence of such consent shall be void and ineffective.

任何一方未经对方书面同意，不得转让在本合同项下的权利、责任和义务，否则任何意图转让的行为都是无效的。

IN WITNESS WHEREOF, the parties hereto have caused this Agreement to be executed by their duly authorised representatives as of the following dates:

本合同相关各方已于下述日期正式签署本合同,特此为证。

In [insert City], [insert Country], this day of [insert date].

地点 :(国家)(城市)　　　　　　日期:

Authorized Signature

签名

And in [insert City], [insert Country], this day of [insert date].

地点 :(国家)(城市)　　　　　　日期:

Authorized Signature

签名

Appendix: List of Clauses for Reference

财产再保险非比例合同范本附录(供参考)

1. General Exclusions

第 1 条　通用除外

This Agreement shall not apply to the following:

a) obligatory reinsurance and retrocession treaties;

b) facultative reinsurance on an excess of loss basis;

c) direct or proportional facultative acceptance of excess policies, layered polices, primaries, umbrella policies, first loss policies and policies with increased deductibles;

d) retroactive cover in respect of known losses, incidents or circumstances likely to give rise to a loss;

e) liabilities transferred to the Reinsured by another insurer in respect of outstanding losses;

f) Policies including a financial side and a risk side where the financial side is clearly predominant;

g) liability of any kind arising out of the delegation of underwriting authority to any third party, unless the Reinsurer agrees expressly and in advance on the conditions and tariffs, including the underwriting material;

h) Extra Contractual Obligations, meaning those liabilities of the Reinsured to the Insured or a third party which are not within the coverage granted by any Policy covered under this Agreement. They include any liability of the Reinsured to pay damages to the Insured or any other party, including but not limited to punitive, exemplary, compensatory or consequential damages;

i) risks which can be assumed in a pool that has been formed for the purpose of covering such risks, including any share allocated to the Reinsured by the pool;

j) any actual or alleged liability whatsoever for any claim or claims in respect of loss or losses directly or indirectly arising out of, resulting from or in consequence of asbestos, in whatever form or quantity (Total Asbestos Exclusion);

k) cyber risk exclusion, if applicable, as stipulated in the Reinsurance Slip;

l) nuclear exclusion, if applicable, as stipulated in the Reinsurance Slip;

m) war, strikes, riots and civil commotion exclusion, if applicable, as stipulated in the Reinsurance Slip;

n) terrorism exclusion, if applicable, as stipulated in the Reinsurance Slip;

o) radioactive contamination, chemical, biological, biochemical and electromagnetic weapons exclusion, if applicable, as stipulated in the Reinsurance Slip;

p) seepage and pollution exclusion, if applicable, as stipulated in the Reinsurance Slip;

q) any other exclusions, if any, as stipulated in the Reinsurance Slip.

在下列任何情形下,本合同不适用:

a)固定分保合约和转分保合约;

b)超赔临分再保险;

c)直接或比例临分的超赔保单、分层保单、首层保单、伞式保单、第一损失保单和高免赔额保单;

d)对已知损失、事故或可能引起损失的情形提供的回溯保障;

e)其他保险人转移给再保险分出人的未决赔款责任;

f)以财务(而不是风险转移)功能为主要目的的保单;

g)因向第三方授予核保权限而产生的任何责任,除非再保险接受人事先明确同意了相关条件与费率(包括核保材料);

h)合同外义务,是指再保险分出人对被保险人或第三方的保单责任范围以外的责任,包括再保险分出人向该被保险人或任何其他方支付的损害赔偿金(包括但不限于惩罚性、补偿性或间接损害赔偿);

i)可以通过专门建立的共同体承担的风险,包括再保险分出人在该共同体中承担的任何份额;

j)对因石棉直接或间接导致的任何形式或数量的损失引起的索赔而产生的实际的或声称的责任(石棉完全除外);

k)网络风险,具体规定见摘要表(如有);

l)核风险,具体规定见摘要表(如有);

m)战争、罢工、暴动和内乱,具体规定见摘要表(如有);

n)恐怖主义,具体规定见摘要表(如有);

o)放射性污染、化学品、生物、生化和电磁武器,具体规定见摘要表(如有);

p)渗漏和污染,具体规定见摘要表(如有);

q)摘要表中约定的其他除外情形。

2. Sanction Exclusion

第 2 条　制裁除外

Version 1:

版本一:

The Reinsurer shall not be deemed to provide cover and the Reinsurer shall not be liable to pay any claim or benefit hereunder to the extent that the provision of such cover, payment of such claim or benefit would expose the Reinsurer to any sanction, prohibition or restriction under United Nations resolutions or the trade or economic sanctions, laws or regulations of any jurisdiction applicable to the Reinsurer.

如果承保、支付相应赔偿或保险金将使再保险接受人面临任何联合国决议或适用于该再保险接受人的任何司法管辖区的贸易或经济制裁制度、法律法规项下的制裁、禁令或限制,则该再保险接受人不得被视为提供保障,且该再保险接受人不应承担该项下支付赔偿或提供保险金的责任。

Version 2：

版本二：

No（re）insurer shall be deemed to provide cover and no（re）insurer shall be liable to pay any claim or provide any benefit hereunder to the extent that the provision of such cover, payment of such claim or provision of such benefit would expose that（re）insurer to any sanction, prohibition or restriction under United Nations resolutions or the trade or economic sanctions, laws or regulations of the European Union, United Kingdom or United States of America.

如果承保、支付相应赔偿或保险金将使(再)保险接受人面临任何联合国决议或欧盟、英国或美国的贸易或经济制裁制度、法律法规项下的制裁、禁令或限制,则该(再)保险接受人不得被视为提供保障,且该(再)保险接受人不应承担该项下支付赔偿或提供保险金的责任。

3. Two Risk Warranty（for per Event section only）

第 3 条　两个危险单位保证(适用于事故超赔)

It is warranted that no loss shall attach hereunder unless the Reinsured sustains a loss from two or more original risks involved in the same loss occurrence.

除非一次事故造成两个或两个以上危险单位发生损失,本合同就该次事故不承担任何赔偿责任。

4. Basis of Recovery（for per Risk and per Event combined only）

第 4 条　赔偿原则(适用于险位事故联合超赔)

The Reinsured shall recover a loss from the Reinsurer on the following basis：

Risk：In the event of a loss affecting a single risk only, such loss shall be recovered under per Risk section as specified in the Reinsurance Slip.

Loss Occurrence：In the event of an Event/Loss Occurrence affecting more than one risk, the Reinsured shall either recover the loss under per Risk section or under per Event section as specified in the Reinsurance Slip. A recovery for losses from one same Event/Loss Occurrence under both per Risk and per Event sections is not possible.

再保险分出人应按以下原则提出索赔：

险位超赔：仅一个危险单位发生损失的，应在摘要表所列的险位超赔项下获得赔偿。

事故超赔：一个损失事故影响到一个以上危险单位的，应在摘要表所列的险位超赔或事故超赔项下获得赔偿。一个损失事故的损失不得在险位超赔和事故超赔项下同时获得赔偿。

5. Intermediary

第 5 条　中介机构

All communication in connection with this Agreement and all payments thereunder shall be transmitted between the Reinsured and the Reinsurer through the firm named in the Reinsurance Slip which is recognized as the Intermediary negotiating this Agreement.

It is further stipulated that the Intermediary will act expeditiously with regard to all things in connection with this Agreement, particularly in respect of rendering and settlement of accounts and balances.

本合同项下所有沟通和款项往来应经由摘要表指定的负责洽谈本合同的中介机构完成。

该中介机构应及时履行与本合同有关的职责，特别是提供和结算账单。

6. Delay in Payment

第 6 条　延迟付款

Any undisputed amount due from either party to this Agreement which is outstanding one month after the due date shall be subject to the payment of interest by the debtor party as from the expiry of the one month period of grace at the rate set out in the Reinsurance Slip.

Should the Settlement Currency under this Agreement be different from the Main Currency, the debtor party shall pay the creditor party's loss through currency fluctuation in case of delay in payment if the difference in exchange exceeds 5%.

本合同项下无争议的到期应付款项延迟支付超过 1 个月的，付款方应按摘要表规定的利率自 1 个月宽限期满之日起向收款方支付利息。

如果结算货币非主货币，延迟期间汇率波动超过 5% 的，汇率损失应由付款方承担。

7. Exchange Rate Fluctuations

第7条 汇率波动

If for any reason the contractual term of settlement is exceeded, the debtor shall bear the currency risk upon expiry of such term. In this case, any balance overdue shall be converted into the Settlement Currency at the Official Rate of Exchange on the day the settlement term expires.

The debtor shall pay the Original Currency balance in the Settlement Currency converted at the Official Rate of Exchange ruling on the day of settlement but no less than the amount that calculated as above in the Settlement Currency.

因任何原因延期结算的,汇率风险由债务人承担。为此,延期款项将按到期日的官方汇率转换为结算货币。

实际结算时,债务人应按当日官方汇率向债权人支付结算货币,但不得少于前述按到期日汇率转换所得金额。

8. Collateralization

第8条 担保

It is hereby noted and agreed that, the Reinsured may require the Reinsurer to provide collateral in line with regulatory requirements against any credit risk arising from any potential claims covered during the terms and conditions of this Agreement.

This clause shall only apply to Reinsurers domiciled outside of China.

根据监管机构要求,双方同意再保险分出人可要求再保险接受人提供符合监管要求的担保以应对本合同下可能出现的赔付带来的信用风险。

本条款仅适用于中国境外的再保险接受人。

9. Downgrading Provision

第9条 评级下降规定

Should the Claims Paying Ability Rating of the Reinsurer set by the Standard and Poor's or by Moody's or by any other internationally recognized agency be downgraded from that existing at the inception of this Agreement, the Reinsured shall have the right to terminate this Agreement with immediate effect.

However, this provision shall not apply if despite the downgrading the

Reinsurer maintains a minimum Claims Paying Ability of A – from Standard and Poor's or the equivalent minimum rating from Moody's or any other internationally recognized rating agency.

However, this clause does not apply to the insurance or reinsurance company established in China.

当标准普尔或穆迪或任何一个国际认可的评级机构降低再保险接受人的赔款支付能力评级,使其低于再保险合同生效时的评级,再保险分出人有权选择立即终止再保险合同。

但是,如果再保险接受人维持标准普尔或穆迪或任何国际认可的评级机构A – 及以上的评级时,本条款不适用。

另外,本条款不适用于在中国注册的保险或再保险公司。

8. 再保险术语英中对照①

A

Access to Records Clause 记录查核条款

Accident Year 事故发生年度

Accident Year Experience 事故发生年度赔付率

Accounting Year 会计财务年度

Accumulation 累积

Acquisition Cost 保险业务获取费用

Act of God 天灾

Administration Expenses 保险业务管理费用

Admitted Assets 保险公司被监管机构认可的财产

Admitted Company 获准经营保险业务或再保险业务的公司

Admitted Reinsurance (also known as Authorized Reinsurance) 获准经营再保险业务的公司

Advance Deposit Premium 预付再保险费

Adverse Selection (Anti-selection) 逆选择

Agent Commission 保险代理佣金

Aggregate Deductibles 非比例再保险合同分出人的总自留额/免赔额

Aggregate Excess of Loss Reinsurance (also known as Excess of Loss Ratio Reinsurance, Stop Loss Reinsurance) 累积超赔再保险(也称损失率超赔再保险、止损再保险)

---

① 该再保险术语英文选自美国再保险行业协会(the Reinsurance Association of America RAA),中文翻译仅为意译。如需了解更多,请参考美国再保险行业官网 https://www.reinsurance.org/Glossary_of_Reinsurance_Terms/ 术语英文解释和本书相关章节介绍。阅读时需注意不同术语在不同法律体系下定义有所差别,中国再保险行业术语请参考《保险术语》(GB/T 36687—2018)及其他相关行业标准。

Aggregation extension clause 累积扩展条款

Annual Aggregate Deductible 分出人年度累积免赔额

Arbitrage 套购

Arbitration Clause 仲裁条款

As If 假定的保险赔付率重新评估

As original clause 如同原保单条款

Association (also known as Pool, Syndicate) 联营

Assume 接受转入保险业务或再保险业务

Assumed Portfolio 保险人向再保险人转移的已经生效的保险业务组合

Assumption 接受保险业务转移的程序

Assumption of Liability Endorsement 再保险人接受转移的风险和/或生效保单的批单

Attachment Date 再保险责任开始日期

Attachment Point 超额再保险的起赔点

Attritional Loss 小额损失

B

Base Premium (also known as Premium Base, Subject Premium, Underlying Premium) 再保险保费(计算)基础

(1) Gross Net Earned Premium Income (GNEPI) 总已赚净保险费收入

(2) Gross Net Written Premium Income (GNWPI) 总签单净保费收入

Basis of Attachment (Basis of Cover) 再保险责任生效的时间基础

(1) Underwriting Year 承保年度(再保险年度)

(2) Accident Year 事故年度

Binder 再保险经纪人再保险暂保单

Book Value 账面价值(与市场价值相对应)

Bordereau (sing); Bordereaux (pl) 定期分出业务明细或定期分出损失明细(分保明细表)

Broker 经纪人

Broker Market 经纪人渠道市场

Brokerage Commission 经纪人佣金

Buffer Layer 缓冲层

Businesslike 尽职义务

Bulk Reinsurance 交易主体是再保险

Burning Cost (also known as Pure Loss Cost)燃烧成本,纯风险损失

C

Calendar Year 日历年(统计分析基础)

Calendar Year Experience 日历年统计赔付率

Cancellation(再)保险业务取消

Capacity 承保能力

Captive Insurer 自保公司

Captive Reinsurer 自保再保险人

Casualty 责任保险

Casualty Catastrophe Cover, Clash cover 责任险巨灾再保险

Catastrophe Excess of Loss 巨灾(事故)超赔再保险

Catastrophe Reinsurance 巨灾再保险

Cede 分出

Cedent (also known as Ceding Company, Reassured, Reinsured)分出人

Ceding Commission 分保手续费

Ceding Company 分出人

Certificate of Reinsurance 再保险合同凭证

Cession 分出部分

Claim 索赔、理赔

Claims control clause 理赔控制条款

Claims co-operation clause 理赔合作条款

Claim Frequency 索赔频率

Claims Made Basis Insurance Agreements 索赔提出保单

Claims Made Basis Reinsurance Agreements 再保险索赔提出保单

Clash Cover 责任险巨灾再保险

Class of Business 保险业务种类

Combination Plan Reinsurance 成数与超赔结合再保险方案

Combined Ratio 综合成本率

Commission 手续费

Common Account Reinsurance (also known as Joint Account Excess of Loss Reinsurance)共同(超赔)再保险

Commutation Agreement 结清协议

Commutation Clause 结清条款

Contingency Cover 极端损失再保险

Contingent Commission (also known as Profit Commission)纯益手续费

Continuous Contract 连续合同

Contractors' All Risks (CAR)建筑工程一切险

Contributing Excess 分保人参与部分损失分担的超赔再保险

Convention Blank(美国)保险人年度报告

Cover(再)保险责任范围

Cover Note 暂保单

Credibility 可信度(保险定价参数)

Credit Carry Forward (CCF)收益或利润结转

Credit for Reinsurance 分出人再保险账目下的法定权益

Cumulative Liability 累积再保险责任

Cut – Through Endorsement 抄近路(直接诉讼)批单

D

Deductible 非比例再保险分出人免赔额

Deficit and Credit Carry Forward (DCCF)亏损和收益结转

Deficit Carry Forward (DCF)亏损或损失结转

Deposit 留存、准备金

Direct Writer 无中介(再)保险人

Direct Written Premium 签单保险费

Domestic Company 境内保险公司

Drop – Down (also known as Second Event Retention)自留额递减(巨灾)超赔再保险

E

Early Warning Test(美国)保险监管预警指标

Earned Premium 已赚取(满期)保险费

(1)Accounting Earned 会计满期保险费(财务年报常用)

(2)Exposure Earned 损失当期满期保险费

Earned Reinsurance Premium 满期再保险费

Endorsement 批单

Entire Agreement Clause 完整协议条款

Equalization Reserve 监管要求的(再)保险平衡储备准备金

Errors and Omissions Clause 错误与遗漏条款

Estoppel (also known as Non – Waiver Clause)禁止反言(未弃权)条款

Event 事件,我国习惯称作事故

Evergreen Clause 长青条款

Ex Gratia Payment 通融赔付

Excess Judgment Loss 不当多赔

Excess of Line Reinsurance 线数超赔再保险

Excess of Loss (XL) Reinsurance (also known as Non – Proportional Reinsurance, NP)超赔再保险(非比例再保险)

Excess of Loss Ratio Reinsurance 赔付率超赔再保险

Excess Per Risk Reinsurance 险位超赔再保险

Exclusions 除外条款

Expense Ratio 费用率

Experience Ratings 历史损失率定价

Exposure 承保风险暴露/敞口

Exposure Curves 风险暴露曲线

Exposure Rating 风险暴露定价

Extended Reporting Period 索赔提出保单的延展报告期

Extra Contractual Damages (Extra Contractual Obligations, ECO) 保险责任外损害赔偿

F

Facultative Certificate of Reinsurance 临时分保合同

Facultative Reinsurance 临时分保(临分)

Financial Reinsurance 财务再保险

Financing Function 融资功能

Finite Reinsurance (also known as Financial Reinsurance, Limited Risk Reinsurance, Nontraditional Reinsurance, Structured Reinsurance)另类再保险,也称财务再保险,非传统再保险,结构再保险(利用金融工具的新型风险转移产品)

First Loss Policy 第一危险保单

First Loss Retention 小额自留、净自留、起赔点

First Surplus Treaty 最低层溢额合约

Flat Commission 固定比例再保险手续费

Flat Premium 非比例再保险固定再保险费

Flat Rate 固定保险费率,或适用于全部分保业务的再保险费率

Follow the Fortunes 共命运

Follow the Settlements 理赔跟随条款

Follow the leader clause 跟随首席保险人条款

Following Reinsurer 共同再保险人

Foreign Insurance Company 不在管辖地成立的保险公司

Foreign Reinsurer 不在管辖地成立的再保险人

Franchise Covers 相对免赔保单

Fronting 前端分保

Full reinsurance clause 充分再保险条款

Funded Cover 有分出人损失分担的超赔再保险合同

Funds Held Account (or Funds Withheld)分出人持有未到期责任准备金或未决准备金

G

GAAP (Generally Accepted Accounting Principles)通用会计准则

Gross Earned Premium 总已赚保费

Gross Line 分出人的总保险责任

Gross Net Earned Premium（G. N. E. P.）总已赚净保费

Gross Net Written Premium（G. N. W. P.）总签单净保费

Gross Premiums 总保费

Gross Written Premium（G. W. P.）总签单保费

Ground – Up Loss 分出人在再保险摊赔前的总损失

Group Policy 团体保单

Guarantee Endorsement（抵押）担保批单

I

Incorporation 并入

Incurred But Not Reported（IBNR）已发生但未报告的损失

Incurred Loss（also known as Loss Incurred）已发生的损失

Incurred Loss Ratio 赔付率

Indemnity 赔偿

Indexing 指数

Insolvency Clause 破产条款

Interest and Liabilities Agreement 标明所有再保险人接受比例的再保险合同

Interlocking Clause 再保险人分担损失条款

Intermediary 中介

Intermediary Clause 中介条款

Intermediate Excess 中等超赔再保险合同

Inuring Reinsurance 使其他再保险人受益的关联再保险合同

Investment Income 投资收益

J

Joint Account Excess of Loss Reinsurance 共同超赔再保险

L

Law of Large Numbers 大数法则

Layer 层

Layer Policy 分层的再保险

Leading Reinsurer 首席再保险人

Leading Underwriter 首席保险人

Letter of Credit 信用证

Leveraged Effect 杠杆效果

Liability Insurance 责任保险

Life Insurance 人身保险

Limit 限额

Limited Risk Reinsurance 另类再保险

Line 线、限额、业务种类

Line Guide 分出人承保责任限额表、可分出的溢额

Line of Business 保险业务种类(条线)

Line Sheet (also known as Line Guide)分出人承保责任限额表、可分出的溢额

Line Slip 接受首席(再)保险人承保条件的分保条

Lloyd's (or Lloyds)劳合社

Long Tail Business 长尾保险业务

Long – Tail Liability 长尾保险责任

Loss 损失、索赔、事故

Loss Adjuster 损失理算

Loss Adjustment Expense (LAE)损失理算费用

Loss Excess of Policy Limits 超过保单责任限额的损失

Loss Incurred 已发生的损失

Loss Loading or Multiplier 损失转换系数

Loss Portfolio Transfer 再保险损失业务转移

Loss Rating 损失定价方法

Loss Ratio 赔付率

Loss Reserve 损失赔款准备金

Losses Occurring 损失发生时间点、事故发生

Losses Outstanding 未决损失

Losses Paid 已赔付损失

Loss settlement clause 损失支付条款

M

Management Fee Expense (also known as Reinsurance Home Office Expense [RHOE], Reinsurer's Expense)(再保险人的)管理费用

Marine and Aviation Insurance 海上和航空保险

Maximum Aggregate Amount 最大累积金额

Maximum Foreseeable Loss 最大预计损失

Maximum Possible Loss 最大可能损失

Mediation 调解

Minimum Premium 最低再保险费

Mortgagee Endorsement 抵押批单

N

National Association of Insurance Commissioners (NAIC)美国保险监管官协会

NBCR(Nuclear, biological, chemical and radiological)核、生化、化学及放射性危险

Net Line 净自留线

Net Loss 净损失

Net Retained Liability 净自留责任

Net Retention 净自留

Net Written Premium 净签单保费

Nine – Months Rule(美国)9 个月内必须生效规则

Ninety – Day Rule(美国)90 天内计入再保险摊回规则

No Claims Discount/Bonus 无索赔优待/折扣

Non – Admitted Assets 不认可的资产

Non – Admitted Company 没有经营资质的保险公司或再保险人

Non – Admitted Insurance 不认可的保险

Non – Admitted Reinsurance (also known as Unauthorized Reinsurance)不认可的再保险

Non – Life insurance 财产保险、非寿险

Non – Proportional Reinsurance 非比例再保险

Non-traditional Reinsurance 非传统再保险

Non – Waiver Clause 未弃权条款

Novation 合同当事人变更

O

Obligatory Reinsurance 合约再保险、固定再保险

Obligatory Treaty 固定再保险合约

Occurrence 事故发生

Occurrence Coverage 事故发生保单

Occurrence Limit 事故发生责任限额

Offset (also known as Set-off)轧差条款

Operating Income/Profit 经营收入/利润

Operating Ratio 经营业绩指标

Original Conditions Clause 原保单条件条款

Original Terms Basis 同首席再保险人条件条款

Outstanding Loss Reserve (OLR, O/S)未决赔款准备金

Outwards Reinsurance 分出的再保险

Overriding Commission 支付给再保险分出人的额外手续费、或转分保佣金、或保险代理人佣金

P

Participating Reinsurance (also known as Proportional Reinsurance, Pro Rata Reinsurance, Quota Share Reinsurance)比例再保险

Pay as may be paid thereon clause 照原保险单赔偿条款

Payback Period 回本期再保险定价法

Peril 危险

Period of Contract 合同期

Per – Risk Reinsurance 险位再保险

Placement Slip 临时再保险承保条

Policy 保单

Policy Year 保单年度

Policy Year Experience 保单年度赔付率

Policyholder Surplus(美国)年度报告中保险人的净资产

Pool(再)保险联合经营

Portfolio 保险或投资业务组合

Portfolio Reinsurance 业务组合再保险

Portfolio Return 未满期再保险费退回

Portfolio Runoff 再保险责任自然终止

Possible Maximum Loss 可能最大损失

Premium 保险费

Premium Base 保险费基础

Premium Portfolio Entry 再保险人起期时的责任

Premium Portfolio Withdrawal 再保险组合转出

Premium Reserves 保费准备金,责任准备金

Premiums Earned 满已赚保费

Primary 原保险(人)(单)

Pro Rata Reinsurance (also known as Proportional Reinsurance)比例再保险

Probable Maximum Loss 可能最大损失

Professional Reinsurer 专业再保险人

Profit Commission 纯益手续费

Proportional Reinsurance 比例再保险

Provisional Notice of Cancellation 再保险终止预通知

Provisional Rate, Premium, or Commission 预付保费费率、保险费、手续费

Proximate Cause 近因

Punitive Damages 惩罚性赔偿

Pure Loss Cost 纯风险损失

Pure Premium 纯保费

Q

Quota Share Reinsurance 成数分保

Quoting/Quotation 保险报价

R

Rate 再保险费定价

Rate on Line 再保险费与再保险责任限额的比例

Rating 再保险定价方法

(1)Experience Rating (also known as Loss Rating)赔付率率定价法

(2)Exposure Rating 风险暴露定价法

Reassured 再保险分出人

Recapture 撤回分出业务

Reciprocity 再保险业务交换

Recoveries 再保险摊回

Reinstatement 再保险恢复

Reinstatement Clause 再保险恢复条款

Reinstatement Cover 再保险不恢复保单

Reinstatement Premium Reinstatement Cover 再保险恢复加收保费保单

Reinsurance 再保险

Reinsurance Assumed 接受分人的再保险业务

Reinsurance Ceded 分出的再保险业务

Reinsurance Commission 再保险佣金(手续费)

Reinsurance Conditions 再保险条款(条件)

Reinsurance Home Office Expense (RHOE)再保险人管理费用

Reinsurance Premium 再保险保费

Reinsured (also known as Cedent, Ceding Company or Reassured)再保险分出人、分出人、分出公司

Reinsurer 再保险接受人、再保险人

Reinsurer's Expense 再保险人管理费用

Reports and Remittances Clause 报告和汇款条款

Reserve 留存、准备金

Retention 自留额

Retroactive Date 追溯期

Retrocede 转分保

Retrocedent 转分保分出人

Retrocession 转分保

Retrocessionaire 转分保接受人

Retrospective Rating (also known as Self Rating, Swing Rating)转分保定价

Return Portfolio 收回分出

Risk 风险

Risk Attaching Basis 再保险生效的时间基础

(1) Lora contract (losses occurring on risks attaching) LORA 合同,再保险期内生效保单

(2) Loss-occurring approach (also called Lod contracts: losses occurring during) LOD 合同,再保险期内损失发生保单

Risk Based Capital(美国)基于承保风险所要求的保险公司最低资本

Risk Premium 风险保费

Risk Transfer 风险转移

Run Off 再保险自然终止

S

Salvages 损余,残值

Scraching 草签

Self-Insurance 自保

Semi – Automatic Treaty 半自动合约

see Facultative semi-obligatory Treaty.

Service of Suit Clause 诉讼送达条款

Settlement 支付

Setoff 冲抵、轧差

see offset.

Severability Clause 非连带责任条款

Short Tail Business 短尾业务

Sidecar 融资性再保险、边车

Sliding Scale Commission 阶梯式手续费

Slip 承保条、分保条

Solvency 偿付能力

Solvency Margin 偿付能力保证金、偿付能力准备金

Special Acceptance 特别接受再保险合同

Special Termination Clause 特别终止条款

Standard Premium 标准保费

Standstill agreement 终止协议

Stop Loss Reinsurance 止损再保险,赔付率超赔再保险

see aggregate excess of Loss reinsurance.

Structured Reinsurance 结构性再保险

see Financial reinsurance, Finite reinsurance, Limited risk reinsurance, nontraditional reinsurance.

Structured Settlements 结构性长期支付

Subject Premium 基础保险费

see Base Premium.

Subrogation 代位追偿、代位求偿权

Sunrise Clause 日出条款

Sunset Clause 日落条款

Surplus Liabilit 溢额责任

Surplus Relief 以降低过多自留责任为目的的再保险

Surplus Share Reinsurance 溢额再保险

see surplus reinsurance, Variable Quota share reinsurance.

Surplus to Policyholders(美国)保险公司的盈余资产

Syndicate 辛迪加

T

Target Risk 再保险合同除外风险

Term Contract 定期(1 年)保险合同

Total Insurable Value (TIV)总保险价值

Treaty 再保险合约

Treaty Reinsurance 合约再保险、固定再保险

Trust Agreements 信托协议

U

Uberrimae Fidei(拉丁语)最大诚信

Ultimate Net Loss 最终净损失

Umbrella Cover 一揽子再保险保障

Unauthorized Insurer, Reinsurer 未经授权的(再)保险人

Unauthorized Reinsurance 未经授权的再保险

Underlying 超赔再保险的底层

Underlying insurance 原保险

Underlying Premium 基础保费

see Base Premium.

Underwriter 保险人

Underwriting Capacity 承保能力

Underwriting Income 承保收入

Underwriting Result 承保结果

Underwriting Year Experience 承保年度赔付率

Unearned Premium Portfolio 未赚保险业务组合

Unearned Premium Portfolio Rollover 未满期(未赚取)保费业务组合续转

Unearned Premium Reserve 未赚保费准备金

Unearned Reinsurance Premium 未未赚再保费

Utmost Good Faith 最大诚信

V

Variable Quota Share Reinsurance

see surplus reinsurance 可变成数再保险(与溢额再保险同义)

W

Warranted No Known or Reported Losses (WNKORL) 保证没有已知的或已报告的损失

Working Cover or Layer 易触发的超赔再保险保障层

Working Excess 易触发的超赔再保险保障层

Working Layer 超赔再保险第一层

后　　记

本书的写作目的是为我国的非再保险专业人员了解再保险法律及实务提供一本入门中文读物，即再保险合同的法律及实务的中文普及读物；如果再保险专业人员也觉得本书有参考价值，那便已超过作者的志向和预期。

本书力求简明。首先是简，即本书没有深入地探讨再保险法方方面面的问题；其次追求明，即本书力图为我国再保险法初步建立一个完整的法律理论框架，尽可能准确阐明相关再保险法律基础概念、术语和条款的法律含义，及其可能存在的歧义和不确定性。此外，本书还注重紧密结合再保险实务来论述相关法律问题。

由于人身再保险业务可以参考的资料有限，本书仅限于介绍非人身（财产）再保险法律问题。

完整的再保险法涉及复杂的再保险业务合规问题，本书基本没有涉及，而仅限于合同法层面的讨论。

再保险的经营管理，除了法律和合同层面的问题，更多的涉及再保险方案的制定、定价、账单处理等，对此本书也只是一笔带过，好在这方面国内已经有不少著作，包括再保险实务著述和多种大学教科书。

本书的写作得到诸多朋友的帮助和鼓励，作者在此表示由衷的谢忱！感谢中国保险学会法律专业委员会主任委员、中国国际经济贸易仲裁委员会和中国海事仲裁委员会资深仲裁员李玉泉教授对本书写作的鼓励和热忱支持。感谢中国保险学会法律专业委员会副主任委员邹志洪博士在百忙中为本书审稿把关，并作序推荐。感谢中远海运香港船队经理詹先凯船长提供大量最新的英国再保险法律专著。感谢人保财险总公司程明权先生、太平财险总公司杨敬昌先生、诺德保险经纪公司霍炬先生、中国船东互保协会陈智高先生和上海海事大学的郑睿老师，与我们分享他们宝贵的再保险学识和经验。盈科大连分所的王一律师和滕立夫律师帮忙做了很多资料整理及文稿校对工作，感谢二位律师的辛勤付出。

感谢再保险同仁程然、陈洪元、程圆、俞岚、王佳欣、李瑞红、何兴龙、刘晓菲、吴一尘、盛中豪、陶芳芳、Anne Lohbeck、Christian Lang、Claudio Busarello、刘睿、马溦远、谢依寒、李研美、梁涛、任荆楠等再保险行业同仁，对本书写作提供的宝贵支持、意见和建议。

感谢佳达再保险经纪（Guy Carpenter & Company Private Limited）新加坡办公室的荀丹律师，安睿嘉尔再保险经纪（Gallagher Re）苏黎世办公室的 Peter Wedge 先生在本书写作过程中的帮助。

感谢其礼律师事务所（Clyde & Co）合伙人兼亚洲区执行理事 Ik Wei Chong（张逸伟）、合伙人 Andrew Bicknell、高级律师 Catherine Wang（汪润萌）提供英国再保险法资料及咨询意见。

最后，特别感谢北京市盈科律师事务所支撑本书的出版，同时感谢法律出版社朱海波、杨雨晴老师的悉心编辑。

本书的创作团队成员分别为海事、商事律师和国际再保险公司具有再保险承保、理赔和合同审核经验的再保险从业者。本书仅代表作者的学术观点，与作者及审稿人所在的单位无关，作者及审稿人所在的单位对本书中的观点和错误不承担任何责任。我们两位作者及审稿人通力合作，相互学习和弥补不足，以期尽量避免和减少错误和不当之处。由于我们对再保险法律和实务的认知有限，书中错误在所难免，欢迎读者和各位专家指正，以便我们今后修订时改正和完善。

汪鹏南、武东旭谨识

2023 年 10 月 11 日

李　华

盈科律师事务所创始合伙人、盈科全国业务指导委员会主任。

李华律师作为盈科全国业务指导委员会主任，负责盈科体系内的专业化建设，带领盈科律师，构建出完整的专业化法律服务体系，包括研究院、专业委员会及综合性法律中心，推动盈科律师专业化的法律服务，以适应法律服务市场不断细分的需要。在此基础上，通过集成各专业委员会纵深化的法律服务能力为客户提供综合性的法律服务。

曾荣获全国律师行业优秀党员律师、北京市优秀律师、朝阳区优秀律师、朝阳区首届优秀女律师、朝阳区优秀党员的荣誉称号，钱伯斯《大中华区指南2023》TMT：数据保护&隐私领域上榜律师。

汪鹏南

盈科大连合伙人律师，从事律师工作24年，曾多次获评钱伯斯亚太、大中华区海商海事领域上榜律师，获评The Legal 500 2023年度中国榜单海事海商领域推荐律师。兼任大连海事大学兼职教授，中国海事仲裁委员会仲裁员、国际海事委员会（CMI)海上保险常务委员会委员、中国保险学会法律专业委员会委员等职务。

主要学术著作包括：《英国海上保险条款详论》（1996年第1版、2007年第2版，与杨良宜先生合著）和《海上保险合同法详论》（1996年第1版，2023年第5版）。

武东旭

武东旭，现为某国际再保险公司特殊风险核保人。负责再保险业务承保工作，并参与风险研究和保险产品开发。曾负责财产险、责任险和特殊风险的再保险理赔事务。在加入再保险行业之前，曾在中国船东互保协会从事中国会员的理赔工作，同时负责保赔险理赔代理和协会防损工作。在此前，曾为境外保赔协会和船舶险保险公司提供理赔代理和咨询服务。已发表学术论文和行业报告数篇，研究领域涉及绿色保险、农业风险和保险、理赔和防损减灾。

邹志洪

法学博士，现任人保再保险股份有限公司纪委书记，历任中国人民财产保险股份有限公司董事会秘书、法律部总经理。同时担任中国海商法协会副会长、中国保险学会法律专业委员会副主任委员。